Jörg Fündling

Das Goldene Zeitalter

Jörg Fündling

DAS GOLDENE ZEITALTER

Wie Augustus Rom neu erfand

Für Martin

Die Deutsche Nationalbibliothek verzeichnet diese Publikation in der Deutschen Nationalbibliographie; detaillierte bibliographische Daten sind im Internet über http://dnb.dnb.de abrufbar.

Der Primus Verlag ist ein Imprint der WBG

Die Herausgabe des Werkes wurde durch die Vereinsmitglieder der WBG ermöglicht.

Einbandgestaltung: Jutta Schneider, Frankfurt am Main
Einbandabbildung: Augustus von Primaporta, © Wikimedia/Till Niermann; Karte der Straßen des Römischen Reiches © picture alliance/United Archives/DEA
Layout und Satz: Tanja Krichel, Verlagsbüro Wais & Partner, Stuttgart
Gedruckt auf säurefreiem und alterungsbeständigem Papier
Printed in Germany

www.primusverlag.de
ISBN 978-3-86312-035-1

Lizenzausgabe für die WBG, Darmstadt
Einbandgestaltung der WBG-Lizenzausgabe: Peter Lohse, Heppenheim
Einbandabbildung der WBG-Lizenzausgabe: Augustus-Statue/Prima Porta/ Museum Chiaramonti, Bild: © Sylvain Sonnet/Corbis
www.wbg-wissenverbindet.de
ISBN 978-3-534-25668-6

Inhalt

Prolog

Wenn Augustus heute alt wäre ...

Nachhaltigkeit und ‚zukunftssichere' Pläne nehmen in unserem Denken eine wichtige Stelle ein – Weiterentwicklung und Innovation auch. Wie stabil oder dynamisch darf ein lebenswertes Leben sein? Unsere Gesellschaft setzt sich selbst unter Druck, diese Frage immer neu zu beantworten; ihre heimliche Religion, die Betriebswirtschaftslehre, hat das Dogma verinnerlicht, mehr Druck erzeuge mehr Leistung. Neben unvorhersehbaren Problemen beruht unsere Politik auf ganzen Zyklen regelmäßiger, gewollter Krisensituationen – Wahlen und Meinungsumfragen. Aber in den meisten Bereichen wird evaluiert, hinterfragt, gegengelesen, zum Umstieg auf Updates und „neue Funktionalitäten" gedrängt. So gesehen beruht unser Leben darauf, uns immerzu aus dem Gleichgewicht zu bringen, nur nicht allzu bedrohlich. Wie laut die aktiven Elemente des Systems sich privat „weniger Stress" wünschen und ihn gern zurückschrauben wollen, gehört dazu.

Dennoch ist Veränderung für unsere Zeit im Zweifelsfall positiv – nicht erst seit gestern, aber auch noch nicht übermäßig lang. „Weiter so" und „Keine Experimente!", sprichwörtliche Wahlkampfslogans der Adenauerzeit, sind seitdem gleich mehrmals in Mode gewesen. Die Institutionen und ihre Grundmuster nehmen sie sich zu Herzen, allen voran Behörden und Betriebssysteme. Von der materiellen Ausstattung, dem Spektrum der sozialen Kontaktmöglichkeiten und vom Tagesablauf der Nachkriegszeit oder selbst der Beatles-Generation sind wir andererseits verwirrend weit entfernt. Ein Überblick über dieses Gegeneinander ist nicht leicht zu gewinnen und bringt Spezialwissenschaften, Bücher und Sendereihen hervor – Gesellschaften und ihre Zeit sind hochgradig erklärungsbedürftig und auf einen Blick nicht zu erfassen. Für das Rom der Zeitenwende gilt dasselbe.

Das große Augustus-Jubiläum von 2014, der zweitausendste Todestag des Reichsgründers, hat die Magie der glatten Jahreszahlen für sich – und so abgeschlossene Epochen wie die Gründungsphase der römischen Kaiserherrschaft erwecken ohnehin leicht den Eindruck von etwas Rundem, wie Silberhochzeiten oder Thronjubiläen. Dabei muss der 19. August des Jahres, das in unserer Zeitrechnung das vierzehnte der christlichen Ära ist – Rom schrieb das Jahr der Konsuln Sextus Pompeius und Sextus Appuleius –, auf die Miterlebenden einen beklemmenden Eindruck gemacht haben. Insofern ist das Datum dem Tod Karls des Großen am 28. Januar 814 oder gar den Augusttagen des Jahres 1914, als die Welt des 19. Jahrhunderts zerbrach, verwandter, als man denken sollte.

Die Institution Augustus

Dies beruht auf einem der größten persönlichen Erfolge des Mannes, der die Augen für immer schloss – dem selbst für antike Maßstäbe unerhörten Umfang an Kontinuität in der Herrschaft. Wir können

1 Der Gesichtsausdruck der offiziellen Porträts von Roms Eroberer und Neugründer – in sich ruhend, vom Alter unberührbar, gelassen und forschend zugleich – ist bis heute das Markenzeichen einer ganzen Epoche. Die Augustusstatue mit ihrer über den Kopf gezogenen Toga (lateinisch: *capite velato*) stellt den Kaiser, selbst schon von einer Aura der Heiligkeit umgeben, bei einer Kulthandlung dar.

uns das einfach vor Augen führen durch eine Verschiebung der Daten um glatte zweitausend Jahre. Würde Augustus in diesem Moment noch regieren, dazu bestimmt, im Sommer 2014 sein Leben zu beenden, dann hätten wir einen 1938 geborenen Politiker vor uns, der 1957 in einem aberwitzigen Schritt das Erbe seines soeben ermordeten Onkels antrat, 1958 bereits Mitglied einer dreiköpfigen Militärjunta war, seine letzte Konkurrenz 1970 besiegte und seit 1974 jenen Beinamen führte, der ihn der menschlichen Sphäre beinahe entrückt. Er hätte eine ganze Serie mutmaßlicher Nachfolger überlebt, seine Verwandten teils wegsterben sehen, teils verdrängt und sich auf den einstweilen Letzten in der Reihe soeben erst, 2013, restlos festgelegt.

Solche Zeitspannen erreichen unter den autoritären Herrschern der jüngsten Vergangenheit nur die Diktatoren; Fidel Castro etwa, Kubas unumstrittener Herr von 1959 bis zu seinem Rückzug aus

2 Die Sphinx als selbst gewähltes Symbol des Augustus – hier auf einem Siegelring, der seinem nachempfunden ist – verkörpert nicht nur einen Kopf, in den so leicht niemand hineinschauen konnte. Auch das unbewegte Äußere des Fabelwesens passt zur Selbstdarstellung des Alleinherrschers: Seine Porträts veränderten sich zwar mit den Jahrzehnten, zeigten ihn jedoch niemals als alten Mann.

der Öffentlichkeit 2008. Muammar al-Gaddafi (1969–2011) oder Nordkoreas Gründungsdiktator Kim Il-Sung (1948–1994) kommen dieser „Dienstzeit" am ehesten nahe, mit weitem Abstand gefolgt von einst so unverrückbaren Größen wie Hafiz al-Assad, Saddam Hussein, Nicolae Ceaușescu oder Ho Chi Minh. Sie alle sind nicht gerade für die dynamische Entwicklung ihrer Staaten sprichwörtlich geworden. Die Regierungschefs parlamentarischer Systeme, selbst wenn sie nach so langen Amtszeiten wie Konrad Adenauer (1949–1963) oder Helmut Kohl (1982–1998) „nicht wegzudenken" sind, befinden sich ebenso wie als Staatsoberhaupt amtierende Könige in einer ganz anderen Lage. Verfassungen und politische Umschwünge begrenzen ihre Wirksamkeit.

Augustus, dieses scheinbare Muster eines „dranbleibenden" Alleinherrschers, ist vor allem eins gewesen – niemals völlig der, als der er erschien. Sein Siegelring, in dessen Stein eine Sphinx geschnitten war, erschien schon den Zeitgenossen symbolisch. Für sein Herrschaftssystem fanden sie nicht einmal einen Begriff, so komplex und nie dagewesen präsentierte es sich. Selbst im Namen des Erfinders blieb kein Stein auf dem anderen. Im *Imperator Caesar Divi filius Augustus* des Jahres 27 v. Chr. war der schlichte Gaius Octavius, Sohn des Gaius, des Frühlings 44 v. Chr. schwer wiederzuerkennen. Nicht weniger hatte sich der dazugehörige Mensch selbst verändert – und jenes Rom, zu dessen Symbol er sich gemacht hatte. Selten ist die römische Geschichte stürmischer verlaufen als in den ersten Jahrzehnten der Lebenszeit des Augustus; selten ist der Ereignisreichtum der vorangegangenen vierzig Jahre so sehr überlagert worden durch den Eindruck von Kontinuität, Sicherheit, Ordnung und Frieden, der das große Sinnangebot des ‚Systems Augustus' an die Römer und den römisch beherrschten Mittelmeerraum seiner Zeit war.

Eine Aura wird raubkopiert

Dieser Eindruck hat sich verselbstständigt, so wie sich auch das anfangs hochindividuelle Herrschaftsmodell von seinem Urheber löste und zum politischen System wurde, das wir als Prinzipat bezeichnen. Der ordnende Effekt stieg zum Modellcharakter auf. Kaiser in direkter Fortsetzung des augusteischen Gründungsaktes regierten in Konstantinopel bis 1453, die Erneuerung des Kaisertums im lateinischen Westen geschah unter augusteischen Vorzeichen, über Königsherrschaft in Mittelalter und Neuzeit war eher ohne David und Salomo zu sprechen als ohne Caesar und Augustus. Er war ein Klassiker in Herrschaftsfragen – und sehr früh war sich die Nachwelt einig, dass das von ihm geprägte Zeitalter für Rom in etwa das Gleiche getan hatte wie Perikles und seine Zeitgenossen aus Politik und Kultur für Athen und ganz Griechenland. Hinter diesem Kleid aus Marmor und Monumenten kann man sich und seine Absichten verstecken; so wurde das augusteische Rom zum Argument und zur Waffe.

Nichts zeigt das besser als der Anfang jenes Zyklus von Zweitausendjahresfeiern, der 2014 endet. Begonnen hat er 1937 mit der Eröffnung der *Mostra Augustea della Romanità* in Rom, der „Augusteischen Schau des Römertums", einer faschistischen Krönungsmesse für den Anspruch Mussolinis, einem selbst definierten römischen Macht- und Staatsideal noch einmal das Mittelmeer unterzuordnen. „Octavian der Parteichef" hieß damals eine italienische Biographie, die Linien zwischen dem Duce und jenem Mann, der sich als *dux*, „(An-)Führer", hatte titulieren lassen, wurden kräftig durchgezogen. Erhaltene Monumente wurden zum Fest mit brachialer Gewalt aus der gewachsenen Stadtstruktur Roms geschält, Marmor und Travertin gleißten an Stahlbetonbauten, und die Ruinen der Kaiserforen, zu Kulissen der am Forum vorbei geschlagenen Aufmarschstraße degradiert, führte jenes Modell von Italo Gismondi als unversehrte imperiale Größe vor, das bis heute unser aller Bild der antiken römischen Stadtlandschaft bestimmt.

Der Blutgeruch des totalitären Staates hat sich beharrlich auch an die Bezugsepoche geheftet. Die freie Welt eröffnete spät und desto drängender das Verfahren über Octavian-Augustus, den Propagandisten, expansiven Kriegsherrn, Massenmobilisator und Praktiker des politischen Terrors. Der Friedens-

3 Auch der Nationalsozialismus übernahm einige Versatzstücke der kaiserzeitlichen Symbolsprache. Das Spalier der SA-Standarten auf diesem Bild des „Reichserntedankfests" auf dem Bückeberg bei Hameln ist eine Mixtur des römischen Legionsadlers mit den roten Stoffbahnen des *vexillum,* das als Feldzeichen kleinerer Einheiten diente.

fürst, Kulturförderer und abwägende Monarch älterer Tage war nicht tot und vergessen, doch im Zeitalter der europäischen Brudermorde konnte man nicht mehr umhin, in die Totenlisten und auf die Verbannungsinseln zu blicken. Zwischen 1989 und 1991 zerfiel das Sowjetreich; seitdem ist die Faszination der Wissenschaftler aller Epochen angesichts der Frage, wie Imperien aufsteigen, sich festigen und niedergehen, größer denn je, werden imperiale Maßstäbe an die USA, China, das in seinen Ambitionen zurückgeworfene Russland und selbst die großen Schwellenländer wie Brasilien und Indien angelegt. Unter der zweiten Bush-Administration hatte die Frage, ob man das neue Rom sei, Konjunktur in den neokonservativen und demokratischen *Think Tanks.* Das mühsame Alltagsgeschäft der Brüsseler „Eurokraten" wird mal zu Recht, mal zu Unrecht an Personaldichte, Budget und Lebensspanne des Römischen Reiches gemessen.

Die Geschichtswissenschaft selbst hat ein halbes Jahrhundert hinter sich, in dem ihre Prioritäten auf Strukturen, nicht auf Personen gelegen haben. Der Ansicht, Veränderungen und Ereignisse seien die Privatleistung überragender Einzelner, ist derart gründlich zu Leibe gerückt worden, dass die wenigen Fälle desto mehr hervortreten, in denen eine Epoche und ihre Eigenheiten nicht ohne eine Person denkbar sind. An Augustus – nicht etwa nur an einer von ihm besetzten ‚Planstelle' – führt kein Weg vorbei. Nach ihm war Rom nicht mehr dasselbe wie vor ihm, hatten sich für mögliche Wege in der Zukunft die Türen auf einmalige Weise geöffnet oder geschlossen.

Die Zeit mit den zwei Gesichtern

Gewissermaßen hat erst Augustus Rom ‚erfunden'. Die Frage, was und wie man eigentlich war, hatten die Generationen vor ihm immer nachdrücklicher gestellt. Als der Princeps starb, hatte Rom ein Selbstbewusstsein entwickelt, das weitaus stärker in sich ruhte und niemandem mehr beweisen musste, wieso man – was man immer schon gewusst hatte – die Führungsrolle in der bekannten Welt verdiente. An die Stelle einzelner Argumente trat ein einziges, auf das man der Kürze halber mit dem Finger zeigen konnte: eine Glanzzeit materieller Festigung und des Wegfalls zerstörender Kräfte, auch wenn die römische Welt ihre reichsten Tage noch vor sich hatte. Eine Serie geistiger und künstlerischer Leistungen, die Bibliotheken schuf und füllte, eine Stadt aus Ziegeln in eine aus Marmor verwandelte (wie Augustus selbst behauptete), die bedrohte Werte von Neuem ins tägliche Leben zu holen versprach, die Rom frömmer, erhabener, römischer denn je machen wollte.

Zusätzlich war es eine Zeit der Abrechnungen und Strafaktionen, der Einschüchterung und politischen Manipulation, der Eroberungskriege und hinter Begriffen versteckten harten Realitäten. Roms Retter trat das Erbe einer Kette von Zwängen, Krisen und Persönlichkeiten an, die überhaupt erst den Bedarf für eine Rettung geschaffen hatten; er selbst und seine Verbündeten waren es, die Stadt und Imperium endgültig reif zum Gerettetwerden machten. Der Schwung tief greifender Veränderungen war längst vorhanden; überall, bis hinein in kleine italische Landstädte oder zu den von Roms Wohlwollen abhängigen Herrschern rund ums östliche Mittelmeer, konnte nichts einfach so bleiben, wie es sich in den Krisenjahrzehnten präsentierte. Genau deshalb war es mit einer neuen ‚Markenidentität' allein nicht getan. Ein unmöglich komplexes Gefüge, eine entmutigende Vielfalt, in der sich mehrere Dutzend Millionen Menschen eingerichtet hatten, musste bewohnbar gehalten und, streng genommen, jenseits des Gerichthaltens und Steuerneinsammelns überhaupt regierbar gemacht werden. Den Weg zum Römischen Reich als einem Organismus mit einigermaßen klar verteilten Rollen, den sich seine Insassen und Bestandteile in etwa gefallen lassen konnten, schlug in aller Konsequenz wieder erst dieser eine Augustus ein, erfolgreich vor allem deshalb, weil das Indienstnehmen hochtalentierter Experten zu seinen wichtigsten Talenten gehörte.

Über Roms jüngste Vergangenheit besagt es einiges, dass sich die Stadt, Italien und die Provinzen die gewaltsame, leidvolle Art gefallen ließen, in der es zu dieser Wegweisung kam. Schon an der Opferzahl der Schlachten und Massaker von 43 bis 31/30 v. Chr. gemessen, konnte die Errichtung der augusteischen Macht ihre Abstammung als Kind der späten Republik nicht verleugnen. Mehr als bei Geburten ohnehin üblich war die des Goldenen Zeitalters weder eine harmonische noch eine saubere Angelegenheit.

4 Innerhalb weniger Jahrzehnte machte Augustus Undenkbares zum römischen Alltag. Auf beiden Seiten dieser Münze von 30/29 v. Chr. erscheint der Gewinner des Bürgerkrieges mit Blitz und Lorbeerkranz des Jupiter; der Gott mit den Gesichtszügen Octavians hält eine Statue der Siegesgöttin Victoria in der Hand – eine Interpretation des „Imp(erator) Caesar" als lebende Gottheit wird dem Betrachter förmlich aufgedrängt.

„Kriege, grausige Kriege ..."

Roms Weg durch die Spätzeit der Republik

Das Jahr 100 v. Chr., in dem ein Kind namens Gaius Iulius Caesar geboren wurde und Rom eine Serie blutiger Unruhen erlebte, war nach den Worten Appians der Moment, von dem an die Gewalt ein ständiger Gast auf den Straßen der Hauptstadt blieb. 56 Jahre – so lange, wie Augustus allein oder mit anderen die Macht in Rom haben würde – blieben Caesar für sein ganzes Leben. Ehe er erwachsen war, verlor die Republik um ein Haar die Herrschaft über Italien, erlebte zwei Staatsstreiche in einem Jahr, die erste Belagerung Roms durch Römer, zwei Jahre Schlachten und Massaker, dann Terror, Enteignungen und eine aufgezwungene Neuordnung, deren Ende Caesar selbst besiegelte. Der Staat, der an dieser Krisenserie zu zerbrechen drohte, stand nach außen hin stärker denn je da. Die Beinahekatastrophe der zwei großen Kriege mit Karthago im 3. Jahrhundert hatte unter römischen Bürgern und Bundesgenossen sechsstellige Opferzahlen gekostet; das Imperium des römischen Volkes aber war seitdem die unangefochtene Vormacht im Mittelmeerraum und hatte auch ökonomisch zu den großen hellenistischen Reichen im Osten aufgeschlossen. Doch die Spuren der Punischen Kriege gingen tief. Sie hatten Rom selbst und die Art der Herausforderungen, vor denen es stand, verändert – die politischen Strukturen, die dem begegnen konnten, jedoch nur teilweise oder gar nicht.

Mit dem Sieg über Karthago brach nicht etwa der Frieden aus. Wieder und wieder reagierte der Senat empfindlich und aggressiv auf benachbarte Mächte im Osten des Mittelmeeres, die unangenehm stark erschienen oder sich dem Führungsanspruch der Republik widersetzten. Die großen hellenistischen Reiche wurden besiegt oder geschwächt, anschließend beäugte der Senat selbst mittelgroße Gebilde wie das eng mit Rom verbündete Königreich Pergamon misstrauisch. Vor den Grenzen der römischen Provinzen begann eine teils strafende, teils präventive Zerkleinerung der politischen Landschaft, die Hass säte und die kriegerischen Spannungen vervielfachte. Im Westen verstrickten sich die römischen Statthalter auf der Iberischen Halbinsel in jahrzehntelange Kämpfe mit Städten und Stämmen, die sich nicht in die Abhängigkeit begeben wollten.

Nachholbedarf und Gewichtsverschiebungen

In all diese Kriege gestürzt hatte sich nicht etwa ein stramm durchorganisierter Zentralstaat mit einer Hauptstadt am Tiber, sondern ein Mosaik aus Regionen und Städten in wechselnden Abhängigkeitsgraden, zwischen die sich an strategischen Punkten Kolonien römischer Bürger schoben. „Echte" Römer kämpften im Durchschnitt öfter als ihre italischen Bundesgenossen, profitierten aber auch weitaus stärker von den gewonnenen Kriegen – und die Entscheidung, ob Krieg sein sollte oder nicht, fällte Rom ganz allein, ebenso wie es mit stetig wachsender Überheblichkeit in die Angelegenheiten der ungleichen Partner hineinregierte.

Wie genau sich Wirtschaft und Sozialstruktur im 2. und frühen 1. Jahrhundert v. Chr. veränderten, ist ebenso umstritten wie die Frage, ob der berühm-

te römische Imperialismus eine planmäßig betriebene Expansionspolitik war oder eine Praxis, in die man hineingestolpert war. Der Kriegsdienst jedenfalls war mittlerweile kein Saisongeschäft mehr wie früher, sondern hielt jüngere Männer im besten Alter jahrelang von Höfen und Handwerksbetrieben fern. Oft wurden die Daheimgebliebenen zum Verkauf ihres Landes gedrängt oder sanken zu Pächtern von Großgrundbesitzern ab. Bessere Chancen als auf dem Land sahen zumindest viele Italiker in Rom selbst. In seinen Mauern kamen Arbeitssuchende, Landhungrige, Interessenten an einem besseren Rechtsstatus zusammen und gerieten in Konkurrenz um Vorrechte und Möglichkeiten.

Ausgerechnet für die römischen Oberschichten galt dasselbe. Immer stärker kollidierten die Interessen der in den Provinzen tätigen Geschäftsleute mit denen der vom Senat ernannten Statthalter. Die Mehrzahl derer, die als „Ritter" (*equites*) in den Volksversammlungen abstimmten, Bankiers, Landbesitzer, Großhändler, rückte von den Senatoren – die dem Steuervermögen nach zu ihnen zählten – teils ab, teils übte sie Druck auf sie aus. Eine ökonomische Gegenelite mit politischem Ehrgeiz war im Entstehen.

Im Senat selbst, ideell eine Versammlung gleichberechtigter, nur durch Lebensalter, persönliches Ansehen und erreichte Ämter unterschiedener Aristokraten, hatte sich eine Elite aus wenigen Dutzend Familien von den übrigen abgesetzt. Diesem kleinen Kreis, in der modernen Forschung als *nobiles* („Leute, deren Namen man sich merken muss") bezeichnet, gelang es, den Zugang zum Konsulat – ohnehin auf zwei Träger pro Jahr begrenzt – praktisch zu monopolisieren. Zur Nobilität aber zählte nur, wessen Familie in der eigenen oder der Elterngeneration einen Konsul gestellt hatte; der Aufstieg eines Außenseiters wurde zum seltenen Ereignis.

5 Römer werden beim Census, der alle fünf Jahre stattfindenden Volkszählung, in Steuerklassen eingeteilt und den entsprechenden Teilen der Armee zugewiesen. Sogenanntes Domitius-Ahenobarbus-Relief, wohl vom Tempel des Neptun, um 100 v. Chr. (heute im Louvre).

6 Sulla (mutmaßliches Porträt), Roms erster Alleinherrscher seit über vier Jahrhunderten, beabsichtigte sich mit Statuen und Großbauten ebenso tief in die Stadtgeschichte einzuschreiben wie als Politiker. Sein Erfolg war auch hier kurzlebig: Bis heute ist umstritten, welche Bilder den Dictator darstellen sollen.

Wer als Exkonsul die Beute eines besiegten Königs oder die Einkünfte aus einer Provinzverwaltung in den Wahlkampf seiner Verwandten stecken konnte, schlug solche Konkurrenten aus dem Feld. Selbst reiche Senatoren mussten sich verschulden, um mithalten zu können.

Die Folgen waren gravierend. Kriege zu provozieren war das eine Mittel, Wahlschulden abzutragen oder zu umgehen; unerbittliche Ausbeutung der Provinz, die einem durch die Prätur oder den Konsulat offenstand, das andere. Obendrein aber stellte ein militärisches Kommando Scharen ‚kostenloser' Wähler für den Inhaber und dessen politische Freunde bereit. Die unter einem Feldherrn dienenden Soldaten (mehr und mehr auf ihren Sold, Beuteaussichten und eine Abfindung nach der Dienstzeit angewiesen) fühlten sich, je länger sein Kommando dauerte, ihm persönlich verbunden, nicht mehr so sehr der Republik insgesamt.

Damit hatten sich die Gewichte verschoben. Die Innenpolitik in den klassischen Ämtern brachte einem Senator außer Kosten hauptsächlich die Chance, sich nach Ablauf der Amtszeit der Kontrolle des versammelten Senats weitgehend zu entziehen – als Statthalter. Schlachten zu gewinnen wiederum war angesehener und lukrativer als eine Provinz bloß zu verwalten. Je größer besiegte Gegner und neue Provinzen wurden, je ferner die Kriegsschauplätze von Rom rückten, desto unabhängiger, reicher und kampfkräftiger wurden seine Prokonsuln und Proprätoren.

Der Weg in den ersten Bürgerkrieg

Um dieselbe Zeit als Tiberius und später Gaius Gracchus zwischen 133 und 121 v.Chr. die Probleme des Landhungers und der Armut in der Hauptstadt auf ihre Fahnen schrieben, reagierten beachtliche Teile des Senats auf den doppelten Druck aus der Bevölkerung und aus den Reihen jener *nobiles*, die in eine unbeschränkte Machtposition zu enteilen drohten. Ihr Gegenrezept war, jede grundsätzliche Veränderung zu unterbinden. So formierte sich die politische Richtung, die wir als Optimaten kennen; sie suchten möglichst viel politische und soziale Macht beim Senat als Ganzem zu halten und blockierten Reformversuche teils aus Prinzip, teils aus der völlig zutreffenden Überlegung, jeder große Reformerfolg werde einen übermächtigen, also unkontrollierbaren Politiker hervorbringen. Massive Rechtsbrüche waren der Preis dieser Taktik, die Entstehung eines neuen Politikertyps die Antwort – des „popularen" Senators, der seine ganz persönlichen Ambitionen unter Berufung auf die Interessen der *plebs Romana* im engeren Sinn, der armen bis existenzbedrohten Bevölkerungsmehrheit, verfolgte.

Während der Senat nicht umhin konnte, immer neue Statthalter mit tendenziell wachsenden Amtszeiten zu ernennen, verfestigte sich nach dem blutigen Scheitern der Gracchen und ihrer Anhänger die innenpolitische Blockade. Der politische Eigensinn der Ritter verstärkte sich dabei ebenso wie die Unruhe unter den Italikern. Eine Serie von

Skandalen weckte die Sehnsucht nach jemandem, der ‚aufräumte'. Teile der Nobilität spielten mit. Gaius Marius, ein politischer Neuling (*homo novus*) vom Land, brachte es dadurch bis zum Konsul; in einer Serie militärischer Herausforderungen nutzte er sein frisch gewonnenes Profil als Feldherr in nie erlebter Weise, ließ sich fast alljährlich zum Konsul wählen und lieferte die gewünschten Siege. Ihn trotz seiner Beliebtheit ins Abseits zu drängen, gelang der Senatsaristokratie erst 100 v. Chr. durch das fatal missglückte Zusammenspiel des Kriegshelden mit dem Agitator Appuleius Saturninus. Mehrere Jahre lang bestimmte die optimatische Senatsfraktion nun das Geschehen.

Zum Verhängnis wurde ihr der rätselhafte Mord an einem Volkstribun, der die alte Agenda mit der Frage des Bürgerrechts der Italiker verknüpft hatte. Die besonders unzufriedenen Regionen Italiens, voran die Marser und die Samniten in den mittleren und südlichen Abruzzen, erhoben sich 91 v. Chr. – und die Bundesgenossen waren nach römischem Muster trainiert. Ein Jahr lang drohte die Vernichtung Roms. Selbst die Hardliner im Senat sahen ein, dass sich hier etwas ändern musste, und stimmten parallel zu ihren militärischen Erfolgen – von denen man Marius fernhielt – einer Ausweitung des Bürgerrechts zu. 88 v. Chr. wurden damit große Teile der Bevölkerung Italiens römische Bürger, Loyale und amnestierte Rebellen gleichermaßen. Der Hass auf die angeschlagene Herrschaft Roms und des Senats saß jedoch tief.

Aus den Reihen der Erfolgsträger im Bundesgenossenkrieg stammte auch Lucius Cornelius Sulla. Als Konsul des Jahres 88 v. Chr. sicherte er sich das Kommando gegen König Mithradates VI. von Pontos, der die Schwächephase zur Eroberung Kleinasiens und Griechenlands genutzt hatte, die Roms Herrschaft verabscheuten. Ein Volkstribun, Sulpicius Rufus, nutzte den Ärger der diskriminierten Neubürger wie der um ihre Privilegien fürchtenden ‚alten' Römer und vertrieb den Konsul nach blutigen Unruhen aus Rom; als Sulla vorzeitig mit seiner Armee abziehen wollte, sah er sich zusätzlich des Kommandos enthoben, das auf Marius übergehen sollte. Kurzerhand marschierte Sulla in Rom ein, ließ Sulpicius töten und erklärte den geflüchteten Marius zum Staatsfeind. Im Rücken des Feldherrn, der sich nach flüchtigen Restaurationsversuchen in den Kampf gegen Mithradates stürzte, eroberte Marius als Verbündeter des neuen Konsuls Cinna die Macht über Rom nach einer längeren Belagerung zurück. Beide Anführer waren schon tot, als Sullas Truppen 83 v. Chr. in Italien landeten, hinter sich einen Sieg und hoch verschuldete, mit Strafzahlungen belegte Provinzen. In einem blutigen Feldzug kämpften sich die Sullaner gegen das bröckelnde Terrorregime bis vor die Stadtmauern Roms durch. Dabei kam es mehrmals zu systematischen Massakern an Tausenden gefangener Italiker; während einige Widerstandsnester noch bis zu zehn Jahre aushielten, holte Sulla 82 v. Chr. zu einer radikalen Restauration des politischen Systems aus. Der Bürgerkrieg war praktisch zu Ende.

Sullas konservative Revolution und ihr Scheitern

Die Geldmittel und die Gefügigkeit für sein Vorhaben beschaffte sich Sulla durch systematischen Terror. Auf den berüchtigten Proskriptionslisten wurden Hunderte Gegner – oder verlockend reiche Leute, bevorzugt Ritter – zur Tötung ausgeschrieben; ihr Vermögen fiel an den Staat, ihre Nachkommen verloren den Zugang zu politischen Ämtern. Städte, die im Bürgerkrieg oder davor auf der Gegenseite gestanden hatten, büßten große Teile ihres Territoriums ein, vielfach zwang ihnen Sulla seine Veteranen als Kolonisten auf, deren Entschädigung neben Rache und Habgier der Sullaner ein wichtiges Motiv der gesamten Umverteilung war. In den Städten Italiens suchten verfeindete Lokal-

> „*Wohin, wohin nur stürzt ihr, Verfluchte? Und warum habt ihr schon wieder die eben erst eingesteckten Klingen in der Hand? Ist noch zu wenig Latinerblut über Felder und Meer geströmt? (…) Ein bitteres Geschick treibt die Römer, das Verbrechen des Brudermordes, denn das Blut des unschuldigen Remus floss einst zur Erde, als Fluch über seine Nachfahren.*"
>
> Horaz, *Epode* 7 (ca. 39–36 v. Chr.)

7 Verschwörung des Catilina. Das Fresko von Cesare Maccari empfindet die dramatische Senatssitzung von 63 v.Chr. nach, als Cicero seinen geschlagenen Rivalen um den Konsulat – nach langem Zögern – offen mit dessen Umsturzplänen konfrontierte. Catilina und die Mehrheit seiner Anhänger, eine Mischung aus Opfern und gescheiterten Nutznießern der Ära Sullas, endeten wenig später auf dem Schlachtfeld von Pistoria.

adlige einander zu Regimefeinden zu stempeln. Riesige Vermögen wechselten den Besitzer und füllten die Taschen Sullas selbst wie seiner großen und kleinen Anhänger, darunter das junge Militärtalent Gnaeus Pompeius und Marcus Licinius Crassus, Erbe einer Familie einflussreicher *nobiles*. Ein mit Marius verwandter junger Patrizier, Gaius Iulius Caesar, wäre dem Zorn Sullas beinahe zum Opfer gefallen.

Dictator

Entgegen unserem heutigen Sprachgebrauch war das hauptsächlich für Kriegs- und Notzeiten vorgesehene Amt nicht etwa ein Verfassungsbruch, sondern völlig legitim. Es verlieh seinem Träger – den üblicherweise ein Konsul auf Anweisung des Senats ernannte – zwar unumschränkte Befehls- und Gerichtsbefugnisse bis hin zur Todesstrafe ohne Berufung, begrenzte deren Laufzeit aber auf maximal sechs Monate und ließ die Finanzhoheit beim Senat. Die Konsuln und alle anderen Magistrate waren dem Dictator unterstellt oder ließen ihre Ämter ruhen, wenn er es anordnete. Nach seinem Rücktritt wurde ein Dictator, anders als die regulären Magistrate, für seine Handlungen nicht zur Verantwortung gezogen.

Als Rechtsgrundlage zahlreicher Maßnahmen hatte sich Sulla das alte Amt des Dictators übertragen lassen, jedoch als Auftrag zu einer Staats- und Gesellschaftsreform umformuliert (*dictator legibus scribundis et rei publicae constituendae*) und ohne zeitliche Begrenzung. Gestützt auf diesen Bruch mit den politischen Spielregeln brachte er ein Bündel von Gesetzen ein, die den Vorrang des Senats im optimatischen Verständnis unanfechtbar machen sollten. Statthalterschaften von maximal drei Jahren Länge sollten die Machtmöglichkeiten der Armeebefehlshaber einschränken und es erlauben, sie anschließend in ihren amtsfreien Zeiten zur Rechenschaft zu ziehen.

Sullas Herrschaft, so empörend sie in den Augen vieler sein mochte, versprach immerhin ein Ende der blutigen Auseinandersetzungen. Mit dem Tod des Ex-Dictators 78 v.Chr. begann die Erosion dieser Hoffnung. Die Erben seiner Macht, die nach Sullas Ideen das gemeinsame Senatsinteresse hätten sichern sollen, konkurrierten stattdessen um Führungsansprüche, wie sie es gelernt hatten, und schreckten dabei vor Allianzen mit ihren verbliebenen Feinden nicht zurück. Die Männer um Pompeius, die häufig die freie ‚ökologische Nische' des popularen Politikstils nutzten, verschafften ihm mithilfe der Volksversammlungen eine lange Kette von

Provinzstatthalterschaften und Kampfaufträgen. Gescheiterte Neureiche, entrechtete Lokalaristokraten, Opfer der Land- und Vermögenskonfiskationen und die schon vertrauten Problemgruppen der Landlosen und Armen schufen an vielen Orten eine explosive Atmosphäre, die sich in Unruhen wie der Catilinarischen Verschwörung 63/62 v. Chr. entlud.

Die Republik und ihr „dreiköpfiges Ungeheuer“

Die Krisenstimmung, die sich in den Jahrzehnten bis 50 v. Chr. immer weiter verdichtete, ist aus den Schriften und dem Briefwechsel Ciceros, verbunden mit einer dichten Überlieferung an Geschichtsschreibern, gut zu entnehmen. Der harte Kern der Optimaten suchte sich vom Schatten Sullas, dem sie alles verdankten, ebenso unabhängig zu halten wie von den Ansprüchen militärisch erfolgreicher *nobiles*. Mit besonderer Freude holte die Senatsmehrheit solche Leute bei ihrer Rückkehr auf den Boden und hintertrieb ihre Gesetzesinitiativen – erst hielt sie aber den Atem an, ob deren Armee Sullas Marsch auf Rom wiederholte. Bei der Verleihung des Oberbefehls gegen die Piratenplage 66 v. Chr. und der Einsetzung als Statthalter gleich mehrerer östlicher Provinzen und Feldherr gegen Mithradates im Folgejahr versagten die Blockademöglichkeiten des Senats. Pompeius sammelte unerreichbare Mengen an Prestige, materiellen Vorteilen und dankbaren Schuldnern an – nicht mehr Städte und Adelsfamilien, sondern ganze Provinzen, Völker und Königreiche. Noch dazu verprellten die Optimaten gefährlich viele starke Persönlichkeiten auf einmal. Der finanziell und durch Kontakte einflussreiche Crassus war allein deshalb ein Gegengewicht zu Pompeius, weil beide einander seit Jahren intensiv hassten und dadurch in Maßen neutralisierten.

Das änderte sich durch das Auftreten Caesars, der – hochintelligent und taktisch geschickt, selbstbewusst und familienstolz bis zur Arroganz, aber nach Zeitbegriffen eher ärmlich – durch eine Mixtur aus Raffinesse, alten popularen Forderungen, der Erinnerung an Marius und klugem Schuldenmachen bis zur Praetur kam. Caesar gelang es, die Feindschaft zwischen Pompeius und Crassus weit genug für eine strategische Allianz zu dämpfen, die das politische Gleichgewicht in Rom aus den Angeln hob. Ihm selbst trug der Dreierpakt den Konsulat für das Jahr 59 v. Chr. ein, in dem er seinen optimatischen Kollegen demütigte, eine Serie von Straßenschlachten für sich entschied, die Veteranenversorgung für Pompeius – jetzt sein Schwiegersohn – rechtswidrig durchsetzte und Pompeius-Vertraute in wichtige Provinzkommandos hob. Auf volle fünf Jahre wurde Caesar selbst das Kommando im heutigen Oberitalien zugesichert, von wo aus er die Halbinsel militärisch kontrollieren konnte. Die Provinzen Illyricum (die Adriaküste des Balkans) und Gallia Narbonensis (die Provence) kamen hinzu, jede ein verheißungsvoller Ausgangspunkt für beute- und prestigeträchtige Feldzüge. Seine Feinde gedachten ihn zur Vergeltung politisch zu vernichten, sobald mit dem Prokonsulat auch die Immunität von Strafverfolgung auslief.

8 Pompeius. Der mächtigste Erbe Sullas und erfolgreichste General der Republik reorganisierte und verwaltete weite Teile des Imperiums. Sein lebenslanger Drang nach einer permanenten Vorrangstellung entwickelte Möglichkeiten, die aus der Rückschau wie ein Probelauf für die Machtmechanismen der Kaiserzeit wirken.

9 Caesar – Schieferbüste aus dem Pergamonmuseum.

Mit der vollständigen Eroberung Galliens bis zum Rhein ab 58 hätte allerdings niemand gerechnet, erst recht nicht Caesar selbst, der als Stratege wie als mitreißender Anführer beängstigende Qualitäten zeigte. Dazu gelang es ihm, Pompeius und Crassus auf den Weg zu einem gemeinsamen Konsulat zu bringen, das Caesars Statthalterschaft verlängerte, Crassus den ersehnten Kampfauftrag gegen Roms gefährlichsten verbliebenen Rivalen – das Partherreich – einbrachte und Pompeius in die einmalige Lage versetzte, die beiden spanischen Provinzen von Rom aus als abwesender Statthalter ‚fernzusteuern'.

Die Instabilität in der Hauptstadt setzte sich fort, von an- wie abwesenden Mächtigen derart geschürt, dass die Großen Drei in Ciceros Augen die Politik außer Funktion gesetzt hatten. Nach monatelangen Straßenkämpfen begann das Jahr 52 v. Chr. in Rom ohne Konsuln. Crassus war 53 v. Chr. seinem Abenteuer zum Opfer gefallen; führende Optimaten witterten die Chance, Pompeius als das kleinere Übel gegen Caesar auszuspielen, fürchteten zugleich einen Griff des „Großen" nach der Dictatur und setzten seine Ernennung zum alleinigen Konsul mit Sondervollmachten durch. Mit Verhandlungen, Verfahrenstricks und Drohgebärden vergingen die nächsten Jahre, in denen Caesar mit allen Mitteln versuchte, seine Provinzen entweder länger behalten zu können oder nahtlos einen zweiten Konsulat anzutreten. Wahrheitsgemäß, aber scheinheilig wurde das als gefährlich, unzumutbar und nicht dem Geist der Republik gemäß abgelehnt.

Der zweite Bürgerkrieg: Caesars Überraschungsstrategien

Mit dem Jahresende 50 v. Chr. lief die Frist ab, vor der Caesars Provinzen nicht neu vergeben werden durften. Ausgleichsangebote von Caesars Vertretern in Rom scheiterten, während die Gegenseite laut von Vergeltung träumte und Pompeius im Voraus zum Waffengang aufforderte. Die militärische Überlegenheit war drückend, Pompeius' Bilanz als Sieger unerreicht. Statt sich davon beeindrucken zu lassen, warf Caesar die Spitzen seiner Armee im Januar 49 v. Chr. über die Provinzgrenze nach Italien, sobald er Nachricht von seiner Amtsenthebung hatte. Eine Position nach der anderen fiel an fast lächerlich wenige, aber unerreicht kampferfahrene Angreifer. Pompeius erkannte nach wenigen Wochen, dass er die Halbinsel räumen, sich in den ressourcenreichen Osten zurückziehen und (wie vor ihm Sulla) auf die langfristige Wirkung seiner Überlegenheit setzen musste. Nur knapp gelang die Einschiffung größerer Truppenteile in Brundisium, zwei Monate nach Kriegsbeginn. Caesar wusste besser als die enttäuschte Senatsmehrheit, dass dies eine Niederlage für ihn war.

» *Gern komme ich auf Euren Rat zurück, und das noch mehr, als ich schon von mir aus entschlossen war, so schonend wie möglich zu verfahren und alles für eine Versöhnung mit Pompeius zu unternehmen. Versuchen wir, ob wir auf diese Art den guten Willen aller gewinnen und einen Sieg erreichen, aus dem man für lange Zeit etwas machen kann; die anderen Sieger sind dank ihrer Grausamkeit nicht dem Verhasstsein entgangen und konnten den Sieg auch nicht lange in der Hand behalten (…) außer allein Lucius Sulla, und den werde ich nicht nachmachen. Eine neue Art zu siegen wollen wir einführen – nämlich indem wir uns Sicherheit durch Barmherzigkeit und Großzügigkeit verschaffen.* «

Cicero, *Briefe an Atticus* 9,8(7) C – offener Brief Caesars, Anfang März 49 v. Chr., den seine Vertrauensleute verbreiteten

Während sein Gegner methodisch Kräfte sammelte, zwang der Rebell die exzellente pompeianische Armee in Spanien zur Kapitulation, ehe er unter halsbrecherischen Umständen in Griechenland Fuß fasste, in einem mehrmonatigen Belagerungskrieg seinen Meister fand und alles schon zu verlieren drohte, als die unzufriedenen Optimaten ‚ihrem' mit Misstrauen beäugten Pompeius eine Entscheidungsschlacht abzwangen, statt sich zu gedulden. Bei Pharsalos in Thessalien kam es 48 v. Chr. zu einem blutigen Gemetzel. Die geschlagene Armee des Pompeius zerstreute sich unter verschiedenen Anführern oder lief über. Pompeius selbst floh nach Ägypten, wo ihn die Berater des Kinderkönigs Ptolemaios XIII. ermorden ließen, um die Autonomie des Landes zu sichern. Stattdessen

10 und **11** Curia Iulia. Rekonstruktion des Innenraums von Peter Connolly und heutiger Zustand (rechte Seite). Ein spätantiker Neubau und restaurierende Eingriffe der Moderne haben tiefe Spuren hinterlassen. Die Innenansicht zeigt eine Senatssitzung unter Vorsitz des Kaisers.

stürzte sich der Verfolger in sein ägyptisches Abenteuer und war monatelang beinahe ohne Verbindung zur Außenwelt. Als Caesar Ägypten 46 v. Chr. verließ, blieb auf dem Thron Kleopatra VII. zurück, seine Verbündete und Geliebte. In Kleinasien, Nordafrika und abermals in Spanien ging der Widerstand der Republikaner weiter, ohne aber stark genug zum Gegenangriff zu sein. Zwischen 46 und 45 v. Chr. nahm Caesar sich diese drei Kriegsschauplätze vor. Aufenthalte in Rom und Italien, wo die Mehrzahl der überlebenden Senatoren ihren Frieden mit ihm machte, waren die Ausnahme.

Spürbar war seine Hand dort aber sehr wohl. Erst als Dictator, dann als Konsul war Caesar der Alleinherrscher, noch ehe er 46 v. Chr. eine Dictatur auf volle zehn Jahre übertragen bekam. Ausgerechnet Sulla hatte er aber als Negativbeispiel bezeichnet, und zu seinen ersten Maßnahmen zählte die Aufhebung der letzten Diskriminierungen gegen die Verlierer und Opfer von 82/81 v. Chr. Die von Caesar ausgegebene Parole lautete *clementia*, je nachdem als (persönliche) „Milde" oder als (für Monarchen typische) „Gnade" zu verstehen; gefangene Soldaten des Gegners wurden in die eigene Armee eingereiht, ihre Anführer verschont oder freigelassen. Der durchaus gnadenlose Umgang mit ‚Wiederholungstätern' geriet dahinter ebenso in Vergessenheit wie die Schlächterei, die die Caesarianer 46 v.Chr. nach dem Sieg bei Thapsus in Nordafrika veranstalteten, oder die Massaker an den Verlierern der Schlacht beim spanischen Munda 45 v.Chr. Von den dortigen Anführern entkam nur Sextus Pompeius, jüngster Sohn des Imperators, während Caesar nach Rom zurückkehrte.

Kein Grund zur Zufriedenheit: Rom unter Caesar

Das politische Gesicht der Hauptstadt veränderte sich während der Kriegsphase in durchaus vertrauter Weise. Erneut wurde der Senat vergrößert und mit Kandidaten ‚niedrigster' sozialer Herkunft aus Ritterstand, der italischen Lokalaristokratie und der Armee aufgefüllt – ähnlich wie schon zu Sullas Zeiten, nur diesmal mit bewährten Caesarianern. Die Versorgung der siegreichen Veteranen und aktiven Soldaten war allein aus der Kriegsbeute, zu der relativ bescheidene Enteignungen führender Gegner und Bußgelder ihrer Ex-Verbündeten kamen, kaum möglich; auch das war wohl ein Grund, weshalb Caesar schon bald an einen neuen großen Krieg gegen die reichen Parther dachte. Riesige Bauprojekte sollten Einkommen für die römische Plebs bieten und dienten selbstverständlich der Monumentalisierung des Dictators. Eher unsystematisch, fast lustlos rückte eine Serie von Gesetzen einigen der vielen liegengebliebenen Strukturprobleme zu Leibe.

Der überlebende caesarfeindliche Teil der Pompeianer und der verschiedenen republikanischen Strömungen war isoliert und ohnmächtig; ihre Überlebenden im Senat konnten sich in engen Grenzen äußern und für schonenden Umgang mit den Verlierern plädieren (Cicero ist ein Beispiel), aber die Machtverhältnisse waren klar. Die Mehrzahl verhielt sich ruhig und kooperierte in Maßen. Für Spott und Unmutsbekundungen sorgten eher – wie unter Sulla – die unkonventionelleren Aufsteiger, Zenturionen oder ‚Gallier' aus Oberitalien und einigen wenigen Fürstenfamilien jenseits der Alpen. Beschlagnahmte Häuser und Wertgegenstände der gens Pompeia und ihrer näheren Vertrauten wanderten in den Besitz hoher Caesaranhänger wie des Marcus Antonius, seiner Frau Fulvia und seiner Brüder. Alles in allem war es ein deutlich konventionellerer Bürgerkriegssieg gewesen als vom Sieger behauptet, wenn auch die befürchtete Terrorwelle ausgeblieben war.

Das prominenteste Opfer war – nach einem Empfinden, das bis tief ins Lager der Caesarianer reichte – die Republik. Caesar selbst glänzte ein ums andere Mal mit abfälligen Äußerungen über diesen zentralen Wert, aus dem er selbst herausgewachsen war, der aber anderen Römern buchstäblich die Existenz und mehr zu bedeuten schien. Der Fortgang von Wahlen und Senatssitzungen war sichtbar belanglos, außer als technische Angelegenheit und Loyalitätsbekundung; selbst die caesartreuen Konsuln standen im Schatten ihres Anführers und Herrn, der sich nach der Rückkehr aus Spanien 45 v.Chr. die Dictatur auf Lebenszeit verleihen ließ, gefolgt von einer ganzen Kette aus Experimenten mit königsähnlichen Symbolen und Befugnissen. Statt die Republik – wie Sulla – eine Zeit lang praktisch auszusetzen und dann zu eige-

nen Bedingungen wiederzubeleben, hatte Caesar sie dauerhaft kurzgeschlossen und ließ sie als leere Formsache weitervegetieren. Sein Abstand zu den übrigen Senatoren und den ‚einfachen' Römern wuchs. Er legte es darauf an, demonstrativ keiner mehr von ihnen zu sein, sondern ein Wesen, für das eigene Regeln galten. Wie die einst aussehen sollten, war nicht abzusehen, und die mal eingeforderten, mal auf Vorrat beschlossenen Ehren und Kompetenzen erweckten den Eindruck, das Schlimmste komme erst noch. Die Urangst vor

» Worte, die nicht weniger nach Enthemmtheit klingen, äußerte er in aller Öffentlichkeit, schreibt Titus Ampius: Die Republik sei ein Nichts, ein bloßer Name ohne Körper und Gestalt. Sulla sei ein Analphabet gewesen, dass er die Dictatur niedergelegt habe. Die Leute sollten endlich besser nachdenken, wenn sie mit ihm (Caesar) redeten, und seine Worte als Gesetze nehmen. «

Sueton, *Leben des vergöttlichten Iulius* 77

12 Münze für den Dictator Caesar (46 v. Chr.). Um nicht zu provozieren, nennt die Prägung lediglich Caesars Konsulate und zeigt Attribute seines Priesteramtes als Pontifex maximus. Eine Göttin (Vesta?) nimmt die Vorderseite ein – nur Könige erschienen zu Lebzeiten auf Münzen.

einer Rückkehr der Könige und dem Zusammenbruch der Freiheit – Freiheit der Aristokratie, ihre Vorrechte zu sichern, und Freiheit der Bürger schlechthin von einer Unterordnung, die als unwürdig galt – war geweckt und wurde von Caesar selbst geschürt.

Alles vergeblich? Die Iden des März

Die Verschwörung, die Caesar am 15. März 44 v. Chr., kurz vor dem Aufbruch in den großen Partherkrieg, trotz mehrerer Warnungen überraschte und tötete, verband übrig gebliebene Republikaner und Gefolgsleute des Pompeius mit langjährigen Caesaranhängern wie Gaius Cassius und den Brüdern Marcus und Decimus Iunius Brutus. Manche von ihnen trafen eine Grundsatzentscheidung, andere handelten unter dem Eindruck, um den angemessenen Anteil am Sieg betrogen worden zu sein. Der Mann, um den sie sich gesammelt hatten, war von sich selbst zu fasziniert gewesen. Caesar – ungeduldig mit den ‚Bagatellen' der inneren Ordnung Roms, ein Opfer seiner alten Leidenschaft, riskante Situationen zu suchen, und Träger eines Überlegenheitsgefühls, aus dem er die Lizenz zu verletzender Arroganz ableitete – war vielleicht der wichtigste aller Verschwörer, die unsichtbare Hand, die seine Schwachstellen offenlegte, wie er allein es konnte.

Antonius, Caesars Kollege im Konsulat von 44, überlebte ebenso wie der Stellvertreter des Dictators, Marcus Aemilius Lepidus, und die vorab für das Folgejahr bestimmten Konsuln Hirtius und Pansa, zwei erfahrene Militärs. Die Reaktionen in Rom begannen mit Freudenkundgebungen und kippten in einen Überschwang aus Schmerz und Zukunftsangst um; der Tote war beliebter gewesen, als die Verschwörer gedacht hatten. Eine Menschenmenge verbrannte die Leiche des Getöteten auf einem improvisierten Riesenscheiterhaufen auf dem Forum. Die republikanischen Anführer – selten „Befreier", in der deutschsprachigen Literatur meist (und sonderbar empört) „Caesarmörder" genannt – zogen sich bald aus der Hauptstadt zurück und warteten ab, was sich entwickeln würde. Mehreren unter ihnen hatte der Dictator das Kommando über starke Provinzarmeen zugedacht. Der Senat, der sie stärken oder schwächen konnte, schien führerlos. Andererseits gab es keinen designierten politischen Erben oder Nachfolger, und Antonius als derzeit stärkster Kandidat konnte sich der übrigen Caesarianer nicht sicher sein, die teils

13 Guillaume Guillon-Lethière, „La Mort de Cèsar“. Das klassizistische Gemälde zeigt den Stimmungsumschwung der römischen Bevölkerung gegen die Verschwörer. Mit einer Rede an der Leiche Caesars soll Marcus Antonius (links) seine Zuhörer so aufgewühlt haben, dass sie das Mobiliar der Umgebung in einen Scheiterhaufen für den Toten verwandelten (rechts). Brutus, Cassius und ihre engsten Anhänger verließen bestürzt die Stadt.

auf Rache, teils auf Ausgleich mit den moderat republikanischen Kräften drängten. Die existierenden Heere waren so stark wie nie zuvor und, falls sie gegen Mitbürger oder gar alte Kameraden zu kämpfen bereit waren, sofort für einen neuen Bürgerkrieg verfügbar. Eine gütliche Einigung zwischen all den vielen, die Ämter oder Truppen in der Hand hielten, schien unmöglich.

Von Sullas Sieg bis zum nächsten Bürgerkrieg hatten die Überreste seiner Restauration rund dreißig Jahre gehalten. Caesars undeutliche Vorstellung, was aus Rom werden sollte, war vier Jahre nach der Entscheidungsschlacht und nicht einmal ein Jahr nach seinem letzten großen Sieg wie weggewischt. Außer Baustellen, Ansätzen und Entwürfen überlebte nur seine tief zerstrittene Anhängerschaft und ihr enormes Kriegspotenzial. Weder das Fortführen der Alleinherrschaft noch der Neuaufbau irgendeiner republikanischen Struktur waren ohne sie denkbar. Alles stand wieder auf dem Spiel, für Gewinner und Überlebende. So leicht war Rettung nicht in Sicht und mit Sicherheit keine Spur dessen zu sehen, wonach Ausschau zu halten man sich schon beinahe gewöhnt hatte – eine Retterfigur.

Häutungen eines Naturtalents

Von Octavius zu Augustus

Direkte leibliche Erben hatte Caesar so wenig hinterlassen wie ein festes Nachfolgekonzept. Seine geliebte Tochter Iulia war noch vor dem Bürgerkrieg im Kindbett gestorben, sein mutmaßlicher Sohn mit Kleopatra, Kaisarion, war zwar in Ägypten herrschaftsfähig, aber nach römischem Recht illegitim. Schon aus Gründen des Familienkults (der in jedem standesgemäßen Haus fortgesetzt werden musste) hatte sich Caesar allerdings um seine nächsten Verwandten gekümmert, auf die – falls er keine Adoption vornahm oder noch legitime Söhne zeugte – zumindest sein beachtliches Vermögen übergehen würde. Je königlicher sich seine Position in Rom gestaltet hatte, desto ‚interessanter' und gefährlicher wurde diese Rolle.

» *Mütterlicherseits stammt die Familie meiner Tante Iulia von den Königen ab, väterlicherseits ist sie mit den unsterblichen Göttern verbunden. Denn von König Ancus Marcius kommen die Marcii Reges her, deren Namen ihre Mutter trug; von Venus kommen die Julier, aus deren Geschlecht meine Familie kommt. In diesem Geschlecht findet sich also die Heiligkeit der Könige, die unter den Menschen am meisten zählen, und die scheu verehrte Macht der Götter, die selbst über die Könige Gewalt haben.* «

Der junge Caesar 69 v. Chr. in der Leichenrede auf seine Tante (Sueton, *Leben des Divus Iulius* 6)

Die Iulii, an sich eine alte patrizische Familie, waren erst in der Generation vor Caesar, zur Zeit des Bundesgenossenkrieges, dank der Mithilfe des Marius wieder in die Nobilität vorgestoßen. Caesar selbst war Sohn eines Mannes, den der Tod am Erreichen des Konsulats gehindert hatte – wie höfliche Geschichtsschreiber sagten. Dieser ältere Gaius Iulius Caesar, der Schwager des Marius, hatte zwei bekannte Töchter; beide heirateten so unscheinbar, dass die Ehen wohl in die schwere Zeit der Familie unter Sullas Herrschaft fallen.

Eine dieser Iuliae ging an Marcus Atius Balbus, einen weitläufigen Pompeius-Verwandten aus Aricia, der es bis zum Praetor brachte, als er seinerseits schon Großvater war. Atius' ältere Tochter wurde mit einem weiteren Senator der dritten Reihe verheiratet, dem Nachkommen römischer Bankiers aus dem Städtchen Velitrae, Gaius Octavius, der sein Glück in Rom versuchte: eine Allianz von moderatem Vermögen und moderat vornehmer Herkunft. Atias Mann erwies sich als so ehrgeizig wie talentiert; 61 v. Chr. brachte er es zum Praetor, fuhr während seiner Statthalterschaft in Macedonia militärische Achtungserfolge ein, die eine Kandidatur als Konsul aussichtsreich machten, starb aber auf der Rückreise in Nola bei Neapel. Man schrieb das Jahr 59 oder 58 v. Chr.

Atia blieb mit zwei Kindern zurück, dem am 23. September 63 v. Chr. geborenen Gaius und seiner rund sechs Jahre älteren Schwester Octavia – dazu hatte sie für eine Stieftochter aus einer früheren Ehe zu sorgen. Die besten Chancen, entschied sie (oder eher ihr Vater nach Rücksprache mit Caesar, der inzwischen den größten Trumpf der Familie darstellte), lagen in einer Wiederheirat. Sie fand einen angehenden Konsul als Mann, Marcius Philippus, der politisch einen neutralen Kurs einschlug und seinem Stiefsohn Octavius einen soliden, wenn auch glanzlosen Einstieg in die Senats-

laufbahn garantierte, selbst wenn Caesars Ambitionen scheiterten.

Der Großonkel des Jungen aber wollte Octavius zügig in eine prominente Rolle bringen. Ob Caesar besondere Talente in ihm witterte oder die bloße Verwandtschaft reichte, ist nicht bekannt. Ende 51 v. Chr., als der Bürgerkrieg sich abzeichnete, bestimmte der Prokonsul jedenfalls den Zwölfjährigen zum Leichenredner für Caesars verstorbene Schwester Iulia – und diese Rede, sicher eine Gemeinschaftsarbeit mit Caesars Kontaktleuten in Rom, war mit den Ansprüchen der Familie und ihres Oberhauptes zweifellos so gespickt wie dessen eigene Reden bei ähnlichen Gelegenheiten.

Ende 49 v. Chr., relativ früh für einen jungen Römer, wurde Octavius für mündig erklärt und in der Bürgertoga auf das Forum geleitet – Caesar hielt sich gerade zwischen zwei Feldzügen in der eingenommenen Stadt auf. Im folgenden Jahr, im geradezu absurden Alter von fünfzehn, rückte der Jugendliche ins Priesterkollegium der Pontifices ein, an die Stelle eines gefallenen Bürgerkriegsgegners. Solche spektakulären Momente unterbrachen eine gewöhnliche Senatorenerziehung in Rom, mit Unterrichtsstunden, der Begleitung älterer Politiker – und dem ständigen Wissen, dem Machthaber nahezustehen und von seinem Erfolg abzuhängen. Ein selbstbewusster und lerneifriger, aber kränklicher junger Mann verfolgte an privilegierter Stelle die Tagesereignisse. Gezielt zum nächsten Alleinherrscher erzogen wurde er nicht, bekam aber einige Blätter von Caesars Lorbeeren ab. So ehrte der Senat Octavius für seine Verdienste um den Feldzug in Afrika, an dem er krankheitsbedingt gar nicht teilgenommen hatte. In seinem Element war Caesars mutmaßlicher Erbe sowieso eher, als er dem zum Triumphzug 46 v. Chr. gehörenden Wettkampf präsidieren durfte, so als hätte er ein Senatsamt. Auch später zog es ihn nicht ins Kampfgetümmel; Strategie war seine Sache, die eigentlichen Operationen konnten andere besser leiten, und persönliche Tapferkeit ging ihm entweder ab oder war keine Priorität für ihn. Zur gleichen Zeit aber drängte er Caesar, einen Begleiter des toten Cato zu begnadigen, den Bruder seines Studienfreundes Marcus Vipsanius Agrippa. Wie man Menschen an sich band und ihre Talente nutzte, wusste dieser nicht ganz typische junge Römer früh. Caesars Charme fehlte ihm, an Systematik und Überlegung dagegen war er ihm mindestens ebenbürtig.

Im Frühjahr 45 v. Chr. reiste Octavius nach Spanien und sammelte – allerdings nach der Entscheidungsschlacht von Munda vom 17. März – Eindrücke vom Alltag eines Feldherrn und Diplomaten. Auf der Rückreise fuhr er im Wagen gleich hinter Caesar – dem Dictator selbst leistete dessen bester Kommandeur, Marcus Antonius, Gesellschaft. Eine größere Herausforderung wartete in Rom, wo ein vorgeblicher Enkel des Marius riesigen Zulauf hatte und nun von Octavius die Anerkennung als Verwandter forderte – geschickt verwies der so Bedrängte ihn an Caesar. .

In den Augen des Dictators war sein Großneffe tüchtig genug für einen neuen Karrieresprung. Octavius wurde nicht nur unter die Patrizier erhoben,

14 Octavians ältere Schwester Octavia. Die beiden verband über persönliche Zuneigung hinaus auch der politische Einsatz der eigenen Person: Erst stellte sich Octavia als Gattin für den Hauptverbündeten Marcus Antonius zur Verfügung, später übernahm sie eine Schlüsselrolle als Vorbild und Mentorin für die jüngeren Generationen im Kaiserhaus.

also mit dem seit Königszeiten im Senat sitzenden ‚Uradel' wie den Juliern gleichgestellt, sondern für den anstehenden Partherkrieg obendrein zum Stellvertreter des Dictators, zum *magister equitum* („Oberbefehlshaber der Kavallerie") designiert. Auf der jahrelangen Riesenexpedition konnte er in die tatsächlichen Aufgaben des Amtes hineinwachsen; in jedem Fall zeigte es, dass Caesar den Jungen im Eilverfahren in eine nur zu reale Verantwortung hob – und ihn womöglich als Nachfolger sah.

Dies war der Stand der Dinge, als die Nachricht von Caesars Ermordung die an der griechischen Adriaküste versammelten Truppen erreichte, wo Octavius die letzten ruhigen Wochen vor Feldzugsbeginn für Rhetorik- und Literaturstudien nutzte. In aller Stille setzte er nach Italien über, um die Lage zu sondieren. So erfuhr er Näheres über die Eröffnung von Caesars Testament. Zu drei Vierteln hatte der Dictator Octavius als Erben eingesetzt, für den Rest zwei Nachkommen seiner zweiten Schwester; sollten sie alle ablehnen, waren Antonius und Decimus Brutus (jetzt einer seiner Mörder) die Ersatzerben. Als krönenden Abschluss adoptierte er seinen Haupterben. Für das römische Volk und zahlreiche große wie kleine Nutznießer waren atemberaubende Summen vorgesehen; wer das Testament vollstrecken konnte, war Caesars politischer Erbe (welche Form das auch annehmen mochte), wer dabei scheiterte, ein toter Mann. Octavius' Stiefvater Philippus riet energisch ab, sein Freundeskreis war ebenso begeistert dafür. Der Bedachte selbst traute es sich zu und stellte sich der wartenden Armee als Gaius Iulius Caesar vor – den nach Adoptionen üblichen Zusatz „Octavianus" als Hinweis auf seine Ursprungsfamilie ließ er lieber weg, so gewissenhaft die neuzeitliche Geschichtsschreibung ihn darunter führt. Der vormalige Octavius, den wir seitdem Octavian nennen, wollte ausschließlich Caesars Erbe sein, sonst nichts und niemand.

Der ungebetene Mitspieler

In den Augen der römischen Öffentlichkeit war es so absurd wie folgerichtig, dass Caesars Neffe – trotz allem ein so unbeschriebenes Blatt, dass wir nicht einmal sicher wissen, ob sein ursprünglicher Name außer Gaius Octavius noch eine dritte Komponente hatte – trotz der bedrohlichen Situation erklärte, sein Erbe anzunehmen. Absurd, weil es kaum lebensverlängernd erschien, sich unnötig nahe an Caesar zu stellen; absurd auch, weil Octavian – nach römischen Maßstäben ein halbes Kind – den politisch gefärbten Teil der Testamentsbestimmungen unmöglich durchsetzen konnte, mit der finanziellen Seite aber heillos überfordert war – er konnte aus eigenen Mitteln die festgesetzten Summen niemals auszahlen.

Jeder ‚wusste', wer die Zukunft Roms entscheiden würde: Marcus Antonius (soweit kein anderer Name vorausgeht, ist mit ‚Antonius' im Folgenden immer Marcus gemeint), seine Brüder, die übrigen caesarianischen Politiker der Hauptstadt, die verschiedenen Statthalter wie Aemilius Lepidus, Asinius Pollio oder Munatius Plancus mit ihren bürgerkriegserfahrenen Armeen – oder aber die immer noch große Zahl republikanisch denkender Senatoren, darunter der Kreis der Verschwörer, und alles, was sie an Provinzen zu mobilisieren vermochten. Die römische Öffentlichkeit war gespalten zwischen Trauer um Caesar, Verlangen nach politischer Mitwirkung und dem Wunsch nach Ruhe.

Wie sollte ein gerade erst kriegstauglicher Teenager in dieses Bild passen? Indem er es besser durchschaute und skrupelloser zu seinen Gunsten veränderte als die anderen. Der drohende Ausgleich zwischen Antonius und der Gruppe um Brutus stand nicht nur Octavians persönlicher Pflicht zur Rache im Weg, er hätte auch keinen Platz für ihn gelassen. Anders als all seine Rivalen trat der vermeintlich chancenlose Außenseiter mit einem Team an, das bereitwillig in seinem Schatten blieb und untereinander weniger zerstritten war als die anderen. Junge, talentierte, machthungrige Militärs wie Agrippa oder Salvidienus Rufus, der finanzkräftige, kulturell interessierte Maecenas (der Bekanntschaften sammelte und ein ‚Netzwerker' erster Güte war) und ähnliche Freunde aus Octavians engstem Umfeld taten sich mit den etwas Älteren zusammen, die durch Caesar in die ersten Phasen der Senatslaufbahn und zu kleinen Kommandoposten gelangt waren; wichtiger noch, ihnen schlossen sich Caesars mit Geld wie Kontakten reich versorgte ‚zivile' Drahtzieher Oppius und Cornelius Balbus an. Das Geflecht von Unterstützern, Spionen und Geldgebern der Siegerpartei stellte sich zu weiten Teilen in den Dienst des Erben. Überraschender noch war, wie schnell Tausende Caesar-Veteranen aus ganz Italien sich um ihn scharten und ihn als auserkorenen Rächer in die hohe Politik zu bringen suchten.

Eine Reihe brillanter Vabanquespiele öffnete Octavian den Weg dahin. In Antonius' Abwesenheit erlaubten dessen Brüder ihm, das Erbe Caesars formell anzunehmen; als der Konsul sich Mitte 44 v. Chr. dreist weigerte, das Vermögen freizugeben, verkaufte Octavian den riesigen Landbesitz, über den er verfügen konnte, und zahlte daraus Ende Juli einen Großteil der Legate. Ein Komet erschien während der Spiele zu Caesars Ehren und wurde als Zeichen für den Aufstieg des Dictators zu den Göttern genommen. Monate der Spannungen folgten, in denen Antonius mit Schikanen die Bestätigung von Octavians Adoption und Caesars offizielle Anerkennung als Gott hintertrieb, Octavian ihn seinerseits als ‚Optimatenknecht' hinstellte und die Armee des Konsuls aufwiegelte. Es endete mit einer Flucht aus Rom und dem Marsch auf die Hauptstadt à la Sulla an der Spitze einer Veteranenarmee, die allerdings beim Staatsstreich nicht mitmachen wollte. Als Rebellenführer rettete sich Octavian aufs Land; zwei kampfkräftige Legionen des Antonius liefen Ende 44 v. Chr. zu ihm über. So oder so war der Bürgerkrieg wieder eröffnet.

Das war der Moment, als Octavian der republikanischen Senatsfraktion zur Freude ihres Wortführers Cicero ein Bündnis gegen Antonius anbot – und damit indirekt eine Allianz mit den Mördern Caesars. Nur so konnte er die Gefahr umgehen, zum Staatsfeind erklärt zu werden oder seine Truppen wieder an andere Caesarianer zu verlieren. Antonius, der Decimus Brutus in Mutina (Modena) belagerte, hatte nun eine Armee der Republik im Rücken, deren Senat in einem gewagten Spiel sowohl Octavian als auch die führenden

15 Octavians Silberdenar, entstanden etwa 36 v. Chr., verweist auf einen wesentlichen Erfolg seiner Anfangszeit. Der vom Senat beschlossene Tempel für Caesar, in Wirklichkeit noch im Bau, erscheint hier als bereits vollendet. Im Giebel stellt der Stempelschneider den Kometen des Jahres 44 v. Chr., das *sidus Iulium* („Juliergestirn"), dar.

Caesarmörder als legitime Heerführer anerkannte – Marcus Brutus in Griechenland, Cassius in Syrien. Ein weiterer Machtfaktor hatte sich mit Schiffen und Truppen in Südfrankreich erfolgreich etabliert, Sextus Pompeius, der letzte Sohn des Feldherrn; auch seine Rebellenarmee wurde legitimiert.

Auf einmal schien Octavian entbehrlich – und Cicero selbst nährte Hoffnungen der Hardliner im Senat, bald auf ihn verzichten zu können. So kam es zur nächsten atemberaubenden Kehrtwende. In Forum Gallorum bei Mutina besiegte die ungleiche Koalition im April zwar Marcus Antonius, verlor aber unter dubiosen Umständen beide Konsuln des Jahres 43 v. Chr., was Octavian als ranghöchsten Kommandeur der Senatsarmee übrig ließ. Eilig suchte er den Ausgleich mit Antonius, den Lepidus inzwischen gefährlich verstärkt hatte, gab dadurch

» *Im Alter von 19 Jahren habe ich eine Armee aufgestellt, auf persönlichen Entschluss und eigene Kosten, mit der ich der Republik, die durch die Gewaltherrschaft einer Clique unterdrückt war, die Freiheit schenkte. Aus diesem Grund hat mich der Senat durch ehrenvolle Beschlüsse im Jahr der Konsuln C. Pansa und A. Hirtius (43 v. Chr.) in seinen Stand aufgenommen, erkannte mir für Anträge den Rang eines Konsulars zu und verlieh mir ein militärisches Imperium. Damit die Republik keinen Schaden nehme, befahl er mir, vereint mit den Konsuln als Proprätor Maßnahmen zu ergreifen. Das Volk aber wählte mich im selben Jahr zum Konsul, da beide Konsuln im Kampf gefallen waren, und zum Triumvirn zur Wiederherstellung der Republik.* «

Augustus, *Res gestae* 1

unausgesprochen der wachsenden Kritik der Caesarianer nach und verständigte sich mit weiteren Armeekommandeuren. Der Senat sah sich mit Octavians Forderung nach einem Konsulat und der Anerkennung des Antonius konfrontiert. Seine Weigerung war ehrenhaft, aber fatal.

» Du weißt ja, mein lieber Cicero, was die Liebe zu Caesar (Octavian) angeht, sind wir beide ganz einer Meinung. Erstens habe ich mich als Caesars (des Dictators) enger Freund schon zu seinen Lebzeiten dazu gedrängt gefühlt, ihn in meine Obhut zu nehmen und gern zu haben. Zweitens hat er immer den Eindruck gemacht – soweit ich ihn eben kennengelernt habe – ein Mann zu sein, der absolut Maß halten kann und völlig menschenfreundlich ist. Drittens käme es mir mit Blick auf die außergewöhnliche Freundschaft zwischen mir und Caesar abscheulich vor, wenn ich ihn, den Caesar und auch Ihr (der Senat) an Kindes statt angenommen habt, nicht ganz genauso behandle. «

Munatius Plancus, caesarianischer Statthalter und Heerführer, am 28. Juli 43 v. Chr. Cicero, *Briefe an seine Bekannten* 10,24,5.

Ohne Widerstand marschierten die Legionen Octavians vor die Tore Roms; am nächsten Tag, dem 19. August 43 v. Chr., zog der Hochverräter und Erbe Caesars umjubelt in die Stadt ein, raubte die Staatskasse, bat höflich um seine Wahl zum Konsul (ein weiterer Caesarneffe war sein Kollege) und wartete den Untergang der Republik entspannt auf freiem Feld ab. Jede Hoffnung, dieser gewaltlose Auftakt werde stilbildend sein, zerschlug sich fast augenblicklich. Octavians Mitkonsul Pedius brachte umgehend ein Gesetz ein, das ein Schnellgericht zur Ächtung der Caesarmörder einsetzte. Der Machthaber begab sich nach Norden, wo Decimus Brutus inzwischen tot und sein Heer kampflos zu den Caesarianern übergelaufen war – zumindest die Soldaten schwankten zwischen Kampfbereitschaft und Abneigung gegen weiteres Morden, wenn es gegen alte Kameraden ging.

16 Der seltene Aureus vom Herbst 43 v. Chr. zeigt den – leicht bärtigen – Putschisten Octavian als Konsul, Pontifex und Augur. Caesars Porträt auf der Rückseite untermauert den Machtanspruch des Zwanzigjährigen.

Zeiten des Hungers

Die Partner des Bündnisses, das inmitten waffenstarrender Legionen auf einem Inselchen nahe Bononia (Bologna) entstand, trauten einander nicht über den Weg, doch sie brauchten sich, solange Brutus und Cassius existierten. Vereinbart wurde eine dreiköpfige De-facto-Dictatur aus Antonius, Lepidus und Octavian, die fünf Jahre laufen sollte. Alle Provinzen und Armeen im westlichen Reichs-

17 Massaker unter dem Triumvirat von Antonius, Octavian und Lepidus; Gemälde, 1566, von Antoine Caron (1521–1599)

teil wurden aufgeteilt, für Rom und den Krieg gegen die Todfeinde waren alle gemeinsam verantwortlich. Die Dictatur als Amt hatte Antonius nach Caesars Tod feierlich abgeschafft, doch am 27. November 43 entstand das „Dreierkollegium zur Wiederherstellung der Republik" (*tresviri rei publicae constituendae*) nach der Amtsformel Sullas. Die Caesarmörder und Sextus Pompeius, jetzt Herr von Sizilien, Sardinien und Korsika, fanden sich als Geächtete wieder – doch nicht nur sie.

Sullas Proskriptionen verschwanden hinter der Terrorwelle, die die Triumvirn entfesselten. Cicero war nur das prominenteste Opfer der ersten Mordliste, die sich auf zuletzt rund 300 Senatoren, 2000 römische Ritter und ungezählte Mitglieder der Lokalaristokratie und der einfachen Bevölkerung ausdehnte. In ganz Italien wurde rund ein Jahr lang denunziert, verfolgt, Kopfgeld kassiert. Es ging um alte Rechnungen, aber auch um einen gigantischen Geldbedarf – allein die drei Tyrannen hatten vierzig

Legionen unter Waffen, um die 200000 Mann. Auch enge Verwandte und Freunde der Triumvirn standen auf den Listen: keiner sollte und konnte die Schuld an der Vernichtung ganzer Familien abstreiten. Die Sozialstruktur der alten Republik ging in den Jahren 43 und 42 v. Chr. unter; wer überlebte, war traumatisiert und gefügig gemacht, entkommene Opfer ebenso wie Täter und Profiteure. Niemand war sicher, es sei denn durch Linientreue.

Anfang 42 v. Chr. begann der Rachekrieg gegen die Armee der Republikaner, der sich zahlreiche Opfer ihres Regimes angeschlossen hatten. Bei Philippi in Makedonien kämpften die Caesarianer – hungrig und von Italien durch eine starke feindliche Flotte abgeschnitten – mit dem Rücken zur Wand. Zwei Schlachten am Jahresende entschieden knapp für sie; Octavian entging zu Antonius' Bedauern ebenso knapp dem Tod. Unter den rund 200000 Römern, die auf beiden Seiten gekämpft hatten, gab es etwa 40000 Tote im Kampf. Dutzende, wenn nicht Hunderte Mitglieder republiktreuer Senatsfamilien fielen oder wurden hingerichtet.

Es war ein brisanter Moment, aus dem sich leicht der Endkampf zwischen den Siegern hätte ergeben können. Antonius, der Gewinner von Philippi, bekam in einer Neuverteilung der Provinzen den besten Anteil, Octavian ein um die Poebene vergrößertes, aber ausgehungertes Italien, in das er Caesars Veteranen hineinzwängen musste. Dazu beschlagnahmten die Initiatoren achtzehn wohlhabende italische Städte und jagten deren Bevölkerung, eine sechsstellige Zahl, davon. Octavian erntete den Großteil des Hasses dafür; Antonius' Bruder Lucius, der Konsul von 41, gewann den Senat und die hungernde Stadtbevölkerung für einen Versuch, die ganze triumvirale Ordnung aus den Angeln zu heben.

Der Versuch scheiterte am Eigeninteresse der Veteranen – zu viele sahen ihren frisch ergatterten Landbesitz und Sozialstatus in Gefahr. Lucius Antonius wurde monatelang in Perusia (Perugia) belagert, ohne dass sein Bruder Marcus die Loyalität der eigenen Truppen durch einen Feldzug gegen Octavian auf die Probe zu stellen wagte, und kapi-

18 Octavians Belagerung des stark ummauerten Perusia (Perugia) – hier ein erhaltener Teil der Befestigungen – drohte die Machthaber des Triumvirats vorzeitig in ein tödliches Duell zu verwickeln. Am Ende blieb das *bellum Perusinum* ein Intermezzo, das neues Leid über Italien brachte.

tulierte im Frühjahr 40 v. Chr. Während er persönlich freien Abzug erhielt, büßten Verteidiger und Einwohner. Am 15. März, so heißt es, starben über 300 Senatoren und römische Ritter wie Opfertiere mit eingeschlagenen Köpfen und durchschnittenen Kehlen – vor dem Altar Caesars und in Octavians Beisein. Zu diesen „Altären von Perugia" (*Arae Perusinae*) kursiert die Anekdote von dem Mann, der den Triumvir um Gnade bat und die Antwort erhielt, „es sei Zeit zum Sterben".

Sextus Pompeius mit der republikanischen Flotte, Zuflucht zahlreicher Flüchtlinge, suchte nun das Bündnis mit Marcus Antonius, der in Italien landete und den Hafen Brundisium belagerte. Er wie Octavian hatten es aber eilig, sich zu einigen, ehe sie Opfer einer neuen kampflosen Verbrüderung der Veteranen werden konnten. Im Vertrag von Brundisium bekam Octavian die Westhälfte der Provinzen zugesprochen, Antonius (nun sein Schwager) den Osten, mit Nordafrika als Trostpreis für Lepidus. Als für Octavian reservierter Feind sollte Sextus Pompeius auf Wunsch des Caesarerben ausgeklammert bleiben – doch schon 39 v. Chr. zwang die Aushungerung Italiens, verbunden mit wachsenden Sympathien für Sextus und erfolgreichen Landeoperationen, den Machthabern den brüchigen Vertrag von Misenum auf, der Sextus die Anerkennung als Herr über die großen Inseln und die Peloponnes, seinen Schützlingen eine Amnestie und die Chance zur sicheren Rückkehr nach Italien einbrachte. Octavian unterminierte den Frieden bei erster Gelegenheit – zum Ärger von Antonius, der einen glanzvollen Sieg gegen die Parther suchte und dafür Ruhe im Westen wollte. Vorher aber machte eine Reihe hochstehender Exilanten ihren Frieden mit dem Regime, genauer mit „Imperator Caesar, Sohn des Vergöttlichten", wie sich Octavian nun nannte – „siegreicher Feldherr" war sein Vorname geworden.

36 v. Chr. kam es zum Kampf um die Seeherrschaft, dann zur Besetzung Siziliens. Verrat einiger Admiräle des Sextus erleichterte das Geschäft. Obwohl Octavian die einzige große Niederlage der Kampagne einfuhr und um ein Haar gefangen genommen wurde, glich Agrippa, der Organisator der Flotte wie der Operationen, alles aus. Sextus Pompeius räumte die Insel im Herbst mit den Resten seiner Truppen und fand im Osten den Tod. Einen willkommenen Nebeneffekt bescherte die Intervention von Lepidus, der in drohendem Ton Sizilien für sich forderte. Stattdessen verließen ihn seine Legionen, der caesarianische General rettete sein Leben, indem er als Triumvir zurücktrat, und beendete es im Hausarrest. Der Friede, scheinbar hergestellt, war ferner denn je, weil gleich zwei Hindernisse für einen letzten Zusammenstoß der eigentlichen Machthaber entfallen waren.

19 Nach dem Bruch mit Rom im Jahr 32 v. Chr. geschlagen, zeigt dieser Denar für das – teils römische! – Militär des Antonius die skandalösen Entwicklungen. Antonius, abgebildet „nach dem Sieg über Armenien" (*Armenia devicta*) mit der Königstiara des besiegten Reiches, führt seine Verbindung mit Kleopatra vor. Sie trägt nicht nur das Diadem (die Binde) einer Königin, sondern erbt auch noch als „Königin der Könige" (*regina regum*, auf diesem Stück kaum lesbar) den Vorrang des armenischen Reiches und hat weitere Könige geboren – Caesars und Antonius' Kinder nämlich (*filiorum regum*). Rom droht damit eine offene Monarchie.

Der bestellte Krieg

Während Octavians Truppen mit kleineren Erfolgen in Dalmatien sein Prestige und ihre Kampferfahrung mehrten, entging Antonius gegen die Parther nur mit viel Geschick einer Katastrophe. Das vertiefte seine Abhängigkeit vom Wohlwollen der Vasallenstaaten Roms im östlichen Mittelmeerraum, allen voran Kleopatra VII., mit der ihn mehr als eine Affäre oder Allianz verband. Demonstrative Angebote Octavians, gleich und ohne Weiteres den Triumvirat zu beenden, waren für Antonius unannehmbar konstruiert; ein weiteres Manöver trieb ihn zur öffentlichen Demütigung seiner Frau Octavia. Um sich Kleopatras Wohlwollen zu erhalten,

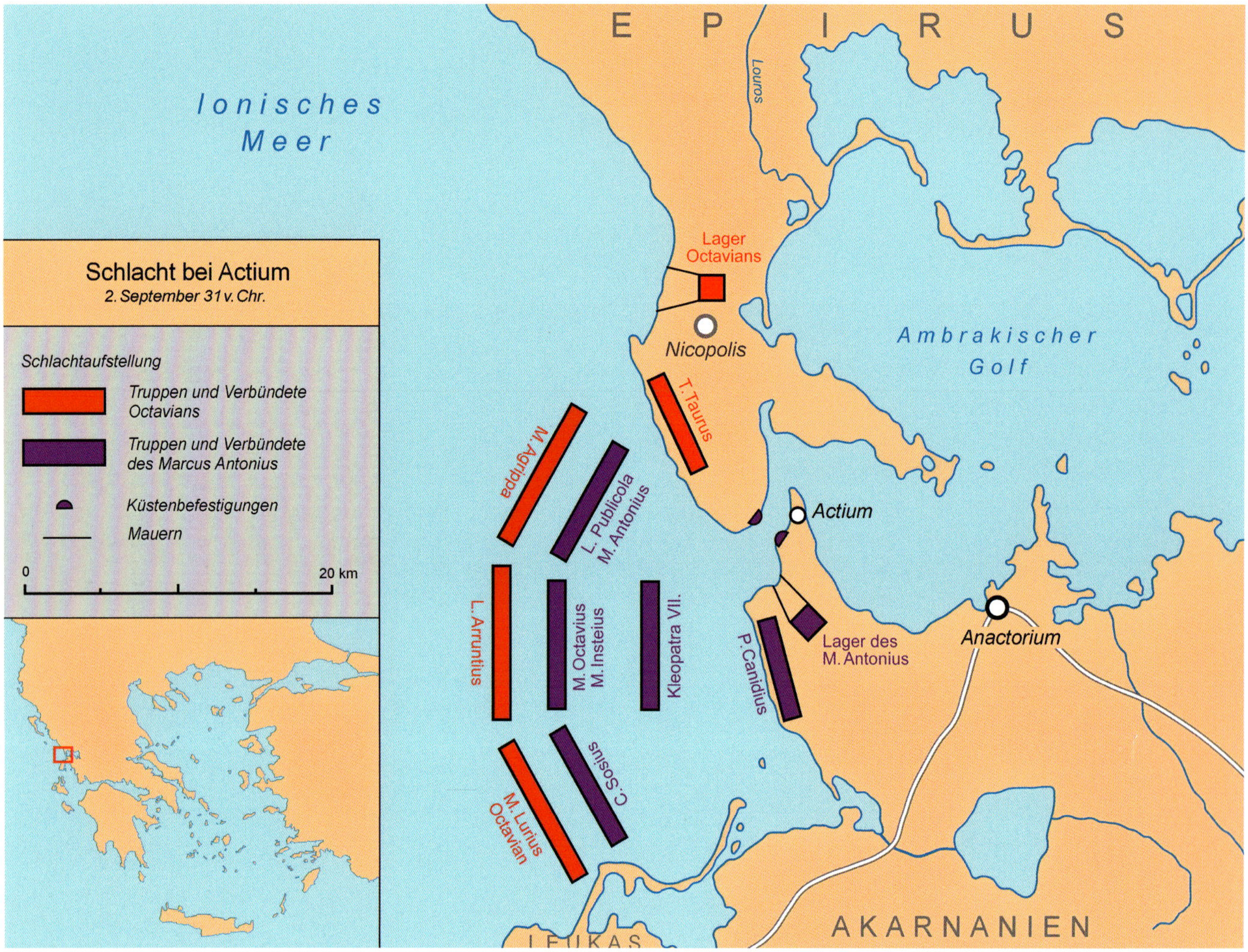

20 Die Entscheidungsschlacht von Actium im Diagramm. Der genaue Ablauf der Schlacht ist nur in groben Zügen bekannt; vermutlich ging es Antonius um den Durchbruch aufs offene Meer – aus dem eine wilde Flucht nach Süden wurde.

schenkte Antonius Ägyptens Königin öffentlich mehrere von Rom als Provinzen beanspruchte Gebiete und erkannte ihren Sohn als Caesars legitimen Erben an. Ein zweiter siegreicher Kampf gegen die Parther schien sich anzukündigen.

Was in der griechisch-hellenistischen Welt große Sympathien für Antonius bringen musste, weckte in Rom und Italien ehrliche Empörung. Für Octavian war es die propagandistisch einmalige Chance, einen – stets verwerflichen – Bürgerkrieg in einen beinahe heiligen Krieg gegen eine auswärtige Macht umzuetikettieren, die nach Roms rechtmäßigem Besitz griff. Antonius' römische Gefolgsleute begannen sofort abzuwandern, was ihn immer enger an die Kontingente der Verbündeten band und als ‚heimatvergessen', zum orientalischen König mutiert dastehen ließ. Eine Brandrede Octavians zu Jahresbeginn 33 v. Chr. – der Triumvirat war soeben abgelaufen und wurde nie formell verlängert – markierte den Beginn der Kriegsvorbereitungen; genau ein Jahr später kam es zum Eklat, als nach einer Kette dramatischer Senatssitzungen die neu gewählten Konsuln, zwei Männer des Antonius, und 300 Senatoren Rom verließen und sich nach Ephesos begaben, wo Antonius Truppen sammelte. Eine bewaffnete Leibgarde Octavians hatte die Mehrheit bei der Stange gehalten.

Im Frühjahr rückten die Armeen des Ostens bis nach Griechenland vor. Kleopatras Gegenwart schadete dem römischen Rückhalt für Antonius massiv, mehr aber noch ein kapitaler Rechtsbruch Octavians, der das Testament des Gegners an sich riss und die für die antiägyptische Propaganda interessanten Passagen veröffentlichte. Es kam zu einer feierlichen Einheitsbekundung; allen Italikern wurde ein Treueeid auf Octavians Person abgenommen, der die Frage, auf welcher Basis seine Autorität überhaupt stand, wegschob – gerade, dass wieder und wieder von Italien, nicht allein von Rom die Rede war, appellierte an die Sehnsucht, die generationenlange Selbstzerfleischung der Halbinsel zu vergessen. Nichts eignete sich dazu so wie ein äußerer Feind, den man auf fremdem Boden ohne neue Verwüstungen schlagen würde. Antonius wurden vom octavianischen Restsenat und der Volksversammlung alle Ämter und Befugnisse entzogen.

Nach gründlicher Vorbereitung sicherte Agrippas überlegene Flotte im Frühjahr 31 v. Chr. den Aufmarsch von Octavians Landarmee an der griechischen Westküste, wo Antonius sie erwartete. Vor Actium am Golf von Ambrakia stand sein Hauptkontingent den Gelandeten gegenüber; einer Entscheidung zu Land wich Octavian als der schlechtere Taktiker aus, während Agrippa eine Stadt nach der anderen eroberte. Schließlich erzwang Antonius am 2. September eine Seeschlacht, die ihn den Löwenanteil seiner Flotte kostete, und schloss sich der Flucht Kleopatras nach Ägypten an; seinen im Stich gelassenen Legionen reichte das Versprechen, versorgt zu werden, für eine rasche Kapitulation. Der Krieg war noch nicht aus, aber schon verloren – zu so geringen Kosten, dass sich Erleichterung breitmachte.

Die Verlierer zogen sich auf Ägypten zurück, das Anfang 30 v. Chr. von zwei Seiten angegriffen wurde. Antonius' letzte Armee, die er im Kampf um Alexandria riskierte, lief ihm davon. Er nahm sich das Leben; Kleopatra tat es ihm erst nach, als ihre Verhandlungen, um die Herrschaft ihrer Erben über Ägypten zu retten, scheiterten – die Beute war zu groß und Caesars leiblicher Sohn durfte nicht am Leben, geschweige denn König bleiben. Das mit Abstand reichste Land des Mittelmeergebiets ging in die persönliche Verfügung Octavians über.

Bis 29 v. Chr. war Roms Alleinherrscher mit der Neuregelung der Provinzen und Vasallenstaaten im Osten beschäftigt. Als er wiederkam, gab es nichts und niemanden als mögliche Alternative zu ihm. Kein anderer war Caesars Sohn und Rächer, war unumstrittener Anführer des hinter ihm geeinten Italien und Protektor der ins Riesige ange-

» *Jetzt wird getrunken, jetzt wird mit erlöstem Fuß auf den Boden gestampft, jetzt wäre es Zeit, Freunde, die Prunkbetten für die Götter mit einem Festmahl zu schmücken, wie es die Salierpriester tun!*

Vorher wäre es gottlos gewesen, den Caecuber aus Großvaters Weinkeller zu holen, solange dem Kapitol die Königin in ihrem Irrsinn den Untergang und dem Imperium das Ende androhte (...) sie und ihre Horde schäbiger Männer, von Krankheit gezeichnet, sie hegte irgendwelche irrsinnigen Hoffnungen, betrunken von ihrem angenehmen Geschick. Aber den Wahnsinn verflüchtigte es, als kaum ein Schiff heil den Flammen (von Actium) entkam, und in schiere Panik verwandelte ihn Caesar, als er sie, die unter Rudern floh, von Italiens Küsten verjagte (...) «

Horaz, *Ode* 1,38,1–16

schwollenen Armeen, der Ernährer der Hauptstadt, Patron der dezimierten Oberschichten – und vielleicht Versöhner. Was immer er beschloss, würde einen Neuanfang für Rom und sein Reich bedeuten. Das verschaffte Octavian eine weitere jener Gelegenheiten, in deren Ausnutzung er unübertroffen war, die größte von allen: Der mutmaßlich gnadenloseste Sieger der römischen Geschichte konnte sich wie ein neuer Mensch präsentieren, indem er seinen Untertanen jene Ziele lieferte, um die es ihm – wie sich nun in Ruhe zeigen konnte – die ganze Zeit gegangen war. Nun war die Welt reif für ihn, falls sie und er die Rettungsmaßnahmen überstehen konnten.

21 Aus den letzten Jahren des Augustus stammt diese Prägung der Provinzstadt Nemausus (Nîmes), die an den Sieg von 31/30 v. Chr. erinnert. Die Vorderseite teilen sich Augustus (mit dem Lorbeerkranz) und Agrippa, dessen *corona navalis* mit Schiffsschnäbeln auf seine Seesiege verweist. Ägyptens Eroberung symbolisiert – wie auf zahlreichen älteren Münzen – das Krokodil, das nun an eine Palme gekettet sein Schicksal als (zahme) Provinz erwartet.

„Caesar soll mir im Zentrum stehen …"

Die Herrscherideologie des Augustus

Den Bürgerkrieg und die Abfolge von Rache- und Raubaktionen konnte Rom, das seine Expansion über alle Selbstzerfleischungen hinweg fortgesetzt hatte, nicht unbegrenzt länger durchhalten. Sieg im jeweiligen Konflikt war das gängige Versprechen gewesen. Sulla, Marius und Cinna, Caesar, aber auch Pompeius und die Triumvirn hatten alle miteinander für den Sieg einer Personengruppe gestanden. Unter ihnen hatte allein Caesar außer der Wiederherstellung von Ordnung – im Sinn der je eigenen Interpretation – und der Strafe für die aktiv feindliche Seite systematisch auch versöhnliche Töne angeschlagen.

» *Eine Tollwut von Kriegslust droht uns, die Macht des Eisens wird alles, was Recht ist, gewaltsam stürzen, unaussprechliches Verbrechen wird man als ‚Tugend' bezeichnen, und dieser Wahnsinn wird sich viele Jahre lang hinziehen. Und was hilft es auch, die Götter um ein Ende für ihn anzuflehen? Dieser Friede kommt komplett mit einem Herrscher. Dehn die lange Reihe deiner Katastrophen bloß aus, Rom, und zieh dein Unglück weiter hin: frei bist du nämlich nur noch, solange Bürgerkrieg herrscht.* «

Lukan, *Pharsalia* 1, 666–672

Der Bürgerkriegssieger Octavian stand, blickte man auf seine Vergangenheit seit 44 v. Chr., quer zu den Erwartungen der römischen Mehrzahl. Er hatte systematisch und mitleidlos getötet, hatte lieber Friedensverträge scheitern lassen, als Italien eine neue Hungerblockade zu ersparen, und die Lebensgrundlagen Zehntausender mit Proskriptionen und Enteignungen vernichtet. Dieser Mann würde sich mit keinem Arrangement zufriedengeben, das seine Machtstellung schmälerte – und ‚seine' Militärs, Senatoren und Lokalpolitiker, Veteranen und sonstigen Parteigänger hätten das auch kaum ruhig mitangesehen. Er oder ein anderer musste das Wesentliche garantieren und ausbauen: ihren Gewinn an Sozialprestige und Besitz. Ohne sie war Octavian nichts; allmächtig machten auch sie ihn nicht.

Was sich Rom über ein Ende der Kriege hinaus wünschte, war klar – zumindest gab es mit Caesars Tod einen deutlichen Hinweis, wie eine akzeptable politische Zukunft nicht aussehen durfte. Auch knapp fünfhundert Jahre nach der legendären Vertreibung der Könige war eine offene Monarchie mit Thron, Titel und Diadem schlicht unerträglich. Caesars eigene Anhänger waren angesichts der Erniedrigung, die darin für die Senatsaristokratie lag, teils zu Feinden geworden. Rom erwartete die Republik zurück, deren Interpretationsweise Gegenstand der Bürgerkriege gewesen war; auch die enge Umgebung des Siegers wollte Provinzen verwalten, Konsulate erreichen und den zugehörigen Lebensstil pflegen. Falls er sie daran hinderte, drohte Unheil, falls er sie im alten Stil gewähren ließ, ein neuer Gewalt- und Kriegszyklus wie zuletzt nach den Iden des März. Aus der Rückschau unter Nero legte der Dichter Lukan (siehe Zitat links) einem Propheten in den Mund, was nach Caesars Kampf mit Pompeius wartete: Ein neuer *dominus*, Caesars Erbe, würde Frieden und Sklaverei bringen.

Die Quadratur des Kreises

Gefordert war also eine Monarchie als Republik. Auf den ersten und auch noch den zweiten Blick erschien das als Widerspruch in sich – oder als Farce. Tatsächlich aber war es lebenswichtig, die Republik in *irgendeiner* Weise zurückkehren zu lassen, sodass man sie als lebendig empfinden konnte, wenn man nur wollte. Wie glaubhaft das faszinierende Konstrukt für Zeitgenossen gewesen ist, das nun in mehreren experimentellen Schritten entstand, ist bis heute Gegenstand einer Forschungsdebatte, die durch die Eindrücke der Moderne immer neue Nahrung erhält.

Die Machtfrage im Sinn nackter Gewalt war geklärt, solange Octavian die mehreren Dutzend Legionen unter Kontrolle behielt; Truppen hatte er (aus finanzieller Sicht) eher zu viele. Im Bereich des Ideellen kam einiges hinzu. Er war seit über einem Jahrzehnt unbesiegt – andere hatten die Schlachten gewonnen, aber die Gesamtstrategie, die Koordinationsleistung und der Erfolg gehörten Octavian. Er war zudem als Caesars Sohn und Rächer mit besonderem Charisma ausgerüstet, hatte sich als Hoffnungsträger für bessere Zeiten angeboten und war durch den Treueeid zum persönlichen Oberhaupt und Schutzpatron der Bevölkerung Italiens avanciert. Mehr noch: Er war der auf Erden wandelnde Sohn eines zum Gott Aufgestiegenen und damit auf jeden Fall kein gewöhnlicher Mensch mehr.

Sobald es um Argumente ging, die Octavian zum *rechtmäßigen* Herrn in Rom machten, sah der Fall anders aus. Genau dies ist nicht erst das Problem neuzeitlicher Verfassungshistoriker gewesen; die Römer selbst waren darauf trainiert, die Feinheiten zu beachten, wer bis wann welches Mandat erhalten hatte. Der stolze, optimatisch geprägte Senat aus argwöhnischen Politikern der dritten und vierten Generation war Geschichte, aber seine Tradition blieb stark und prägend. Es musste alles korrekt zugehen – eben das konnte Octavian leider nicht bieten. Sein Triumvirat war über 32 v. Chr. hinaus nicht verlängert worden, auch wenn er sich nach wie vor so benahm. Inzwischen hatte er sich Jahr für Jahr vom Volk zum Konsul wählen lassen, aber pausenlos dasselbe Amt zu bekleiden, brach gleich zwei Grundregeln der republikanischen Ordnung und entwertete den Konsulat für Octavians Kollegen – schlimmer noch, auf diese Art würde die Elite der Exkonsuln, die für Provinzkommandos und dergleichen gebraucht wurden, sich lange nicht von den Kriegsfolgen erholen, und die eigenen Parteigänger konkurrierten um wenige Plätze.

Gesucht war eine Position, die Zugriff auf alle Schlüsselpunkte der römischen Verfassung erlaubte. Nur waren die Ämter und Aufgaben in diesem System darauf zugeschnitten, das zu verhindern – deshalb war es ja eine Republik. Ein Konsul konnte die Staatsgeschäfte leiten und Armeen führen, aber

22 Eine optische ‚Zustandsbeschreibung', die in den ersten Jahren nach dem Sieg entstand. Ohne weiteren Zusatz steht der Alleinherrscher Octavian auf der Vorderseite; seinen Titel „Imperator Caesar" trägt stattdessen das Senatsgebäude auf der Rückseite, gekrönt von der Siegesgöttin Victoria, deren Altar kurz darauf im Inneren der Kurie aufgestellt wurde. Der Senat ist jetzt ein Senat Octavians.

immer nur für ein Jahr und unter den Augen seines Kollegen. Ein Prokonsul war zeitlich nicht so eingeengt, aber sein Imperium galt nur außerhalb der religiösen Stadtgrenze Roms und konnte vom Senat beendet werden. Welche Knüppel sich beiden mittels eines Volkstribuns oder – eine Spezialität der Optimaten – mit religiösen Argumenten zwischen die Beine werfen ließen, hatte man wieder und wieder erlebt. Sicher davor wäre allein ein Dictator gewesen; doch die abgeschaffte Dictatur wiederzubeleben, wäre ein ebenso fatales Signal gewesen wie eine Erneuerung des Triumvirats als Ein-Mann-Privileg.

Die Methode, wie Octavian sich dennoch das Gewünschte verschaffte, bestand darin, sich nach und nach zum *faktischen* Inhaber verschiedener Ämter auf Lebenszeit machen zu lassen, ohne dem *Namen* nach diese Ämter innezuhaben. Das geschah, indem man die Amtsbefugnisse unabhängig

23 Die Marmorkopie des goldenen Ehrenschildes (*clupeus virtutis*) verkündet die in Krieg und Frieden unter Beweis gestellten Tugenden des Augustus. Im Kern der Sache bestätigt ihm der Schild, statt ein bloßer Dank des Vaterlandes für geleistete Dienste zu sein, die Befähigung zur dauernden Herrschaft.

vom Amt übertrug – ein Etikettenschwindel, der aber als Respekt vor der Tradition durchgehen konnte und einige Vorbilder hatte. Ehe dieser Prozess jedoch ins Rollen kam, vollzog Octavian einen spektakulären Schritt. Am 13. Januar 27 v. Chr. trat er vor den Senat und legte feierlich seine sämtlichen außerordentlichen Befugnisse in die Hände von Senat und Volk zurück. Ab diesem Moment war er ‚nur' noch Konsul (zum sechsten Mal), jedenfalls für die kurze Zeit, bis der erschütterte Senat ihm eilig die Verantwortung für eine Reihe von Provinzen übertragen hatte – zufällig deckten sie sich mit den Standorten der meisten Armeen. Falls dies nicht im Rahmen von Octavians Konsulat geschah (der bis 23 v. Chr. Jahr für Jahr erneuert wurde), dann war dies der Anfang des prokonsularen Imperiums, das ihn zu einer Art Super-Statthalter über die strategisch wichtigen Provinzen machte, gut die Hälfte des Reichsgebietes. Die tatsächlich amtierenden Gouverneure waren ‚nur' Beauftragte auf Widerruf, so schlagkräftig ihre Truppen waren. Umgekehrt wurde es dadurch für die ‚unabhängigen' Statthalter der restlichen Provinzen schwieriger und bald unmöglich, spektakuläre Siege, den Imperatortitel und einen Triumphzug zu erringen. Ein faktisches Monopol war im Entstehen begriffen.

Noch dramatischer war die symbolische Seite. Am Tag der Sitzung verlieh der Senat Octavian die Bürgerkrone aus Eichenlaub, eine Auszeichnung für Soldaten, die einen Bürger gerettet hatten – dieser Träger erhielt sie als Retter aller Römer. Über seiner Haustür sollte ein Lorbeerkranz hängen, das Zeichen des Triumphators, das Caesar vom Eintagsschmuck zum lebenslangen Attribut gemacht hatte. Für den Senatssaal selbst bestellte man einen goldenen Schild, auf dem die vier wichtigsten Tugenden des Geehrten verewigt sein sollten – ein Objekt, wie man es sonst als Beutestück in Tempel hängte, aber durch die Aufstellung einer Statue der Siegesgöttin Victoria samt Altar würde die Kurie selbst in Zukunft so etwas wie ein Tempel sein. Dieser Mann besaß Tapferkeit und die besten Qualitäten eines Mannes (*virtus*), zeigte gnädig Milde (*clementia*), hatte Gerechtigkeit geübt (*iustitia*) und war über diese – zutiefst monarchischen – Eigenschaften hinaus beseelt von ehrfürchtiger Hingabe an Rom und seine Götter (*pietas erga deos patriamque*).

Das gipfelte in einer Bezeichnung, die Octavian schon zuvor beansprucht hatte. Als *principes* (führende Männer) hatte man seit Langem den oder die jeweils Angesehensten im Senat, in ihren Heimatorten und dergleichen bezeichnet – es war ein Begriff, der eine allgemein geteilte Überzeugung ausdrückte. Der Retter Roms und Italiens war, so sagte man nun, *der* Princeps schlechthin, eine Tatsache, die es schlicht festzustellen gab, die keine Befugnisse mit sich brachte, wohl aber einen sozialen Anspruch.

Daneben jedoch suchten Octavian und seine Umgebung für die Tage der inszenierten Rückkehr zur Normalität ein besonderes Signal, das allen verdeutlichen würde, wie wenig in der wiederhergestellten Republik irgendetwas Gutes ohne diesen führenden Mann geschehen konnte. Der Senat sollte ihm einen Ehrennamen anbieten, wie ihn niemand hatte. „Romulus" soll erwogen worden sein – doch der Gründer und Urkönig Roms war auch ein Brudermörder gewesen, den nach einer Überlieferungsvariante die eigenen Senatoren in Stücke gerissen hatten. Stattdessen trug man dem Imperator Caesar am 16. Januar 27 v. Chr. an, sich nach dem Willen des ganzen Volkes künftig „Augustus" zu nennen. Das spielte auf das Himmelszeichen der zwölf Geier ein, das Romulus am Tag der Stadtgründung – und dem in Rom einmarschierten Octavian 43 v. Chr. – zuteil geworden war; die wörtliche Übersetzung („der Erhabene") verrät zu wenig von der Nähe zum Göttlichen. „Seine Heiligkeit" wäre nicht übertrieben. Romulus, zerrissen oder nicht, verehrte man übrigens als zum Himmel entrückten Gott Quirinus. Die Zukunftsperspektive für Imperator Caesar Augustus war überdeutlich.

Die Flut von Handlungen, Bildzeichen und Titeln, die in ihrer Menge an die Ehren für Caesar den Dictator heranreichte, wollte gar nicht enden. Sie bildeten allerdings nicht wie damals lauter Meilensteine auf dem Weg zum offenen Königtum, sondern ergänzten einander nach einer klugen

24 Eines der ersten Zeugnisse für die neue Selbstdarstellung, ein Aureus des Jahres 27 v. Chr. Die Vorderseite nennt den Herrscher noch „Imperator Caesar", während Jupiters Adler das neu verliehene „Augustus" auf den Schwingen emporzuheben scheint. Im Hintergrund rahmen die beiden Lorbeerbäume den Ehrentitel.

Choreographie des Maßhaltens. Dreifach hatte Octavian-Augustus im Jahr 29 v. Chr. triumphiert, wie Caesar vor ihm; einschließlich der zwei kleineren Siegesfeiern, der Ovationen, von 40 und 36 v. Chr. hatte er den Dictator überrundet. Mit einem weiteren Festakt überbot er fast die ganze römische Geschichte: Er schloss die Tempeltore des Gottes Ianus. Der Friede war ausgebrochen und Augustus sein Friedensfürst.

» *Ach, werde ich je, wenn lange Zeit vergangen ist, einst das Grundstück meiner Väter, den mit Rasen gedeckten Dachfirst der kargen Bauernhütte sehen – einst, mein Königreich, und dessen spärliche Ernte bestaunen? Der respektlose Soldat wird diese so liebevoll beackerten Felder besitzen, der Barbar diese Saaten – sieh, wohin die Zwietracht uns unglückliche Bürger gebracht hat. Für die haben wir unsere Äcker bestellt!* «

Vergil, *Ekloge* 1, 67–72 (ca. 39–37 v. Chr.)

Davongekommen

Für das Lebensgefühl war es nicht das Ende, aber der Zielzustand der römischen Geschichte. Wie genau sich dieser Eindruck Bahn brechen konnte, da noch die Schäden des Krieges ebenso sichtbar sein mussten wie die Menschenverluste in frischer Erinnerung, gibt heutigen Beobachtern Rätsel auf – angesichts der Erfahrungen mit Staats- und Parteipropaganda sind wir versucht, alles für Hysterie oder Heuchelei der Gewinnerseite zu halten, neben der das Elend der Verlierer und der Terror weitergingen. Ganz so war es nicht. Was 29 v. Chr. begann und sich in Szenen wie dem Eid ganz Italiens angekündigt hatte, war keine künstliche „nationale Erhebung" mit blutigen Hintergrundszenen. Die moralische Aufrüstung für den Kampf der Triumvirn, noch während die Proskriptionen liefen, könnte dieser allzu modernen Atmosphäre viel nähergekommen sein – doch davon wissen wir bitter wenig.

Um die Zeit des letzten Waffengangs herrschten andere Verhältnisse. Zur Nachwirkung der Proskriptionszeit hatten sich die Toten von Philippi gesellt, die Fluchtwellen auf die Inseln und die Blockade der Küsten, Perusia, mehrere Beinahe-Kriege mit Antonius' Hauptmacht, der Kampf auf Sizilien – und die mehr oder weniger brutale Etablierung der neuen Ordnung bis hinein in Roms Viertel und Hunderte von Stadtgemeinden. Nach menschlichem Ermessen war vor Actium das seit 44 v. Chr. größte Blutbad überhaupt zu befürchten, da grob gerechnet die zwei Hälften des Imperiums gegeneinanderstanden. Desto gnadenloser würde die folgende Abrechnung mit Feinden und deren Angehörigen, in der Vergangenheit Verschonten und mit völlig Unschuldigen ausfallen – so viel hatte man gelernt. Das galt auch für die bisherigen Gewinner. Eines hatten Octavians Soldaten, aus ihren Städten vertriebene Italiker, amnestierte Heimkehrer aus Sizilien und der caesarianische Lokaladlige einer Provinzstadt gemeinsam: Sie alle hatten vom Kriegsausgang viel zu befürchten; das Element der Willkür war in dieser Serie der Grausamkeiten allgegenwärtig gewesen, und so konnten sich auch im ‚richtigen' Lager die Allerwenigsten in Sicherheit wiegen.

Der Krieg endete beinahe enttäuschend schnell, die Beute – ganz Ägypten mit vielen kleinen Nebengewinnen – war zwar gigantisch, entsprach aber sicher nicht annähernd dem Maximalertrag einer neuen Terrorwelle. So muss die große Mehrheit im Zentrum des Imperiums erleichtert genug gewesen sein. Aber was war dem Aufatmen unter

25 Vergil schreibt die *Aeneis* zwischen den Musen Kalliope und Melpomene. Römisches Mosaik, frühes 3. Jahrhundert, aus dem ‚Haus des Vergil' in Hadrumetum (Sousse, Tunesien).

Caesar gefolgt? Doch in den folgenden Monaten und Jahren stieß dem abwesenden Sieger weder etwas zu, noch machte er Anstalten, von Neuem mit dem großen Aufräumen zu beginnen, als er heimkehrte. Es gab beunruhigende Momente und jähe Favoritenstürze, aber das Alltagsleben verlor etwas von seiner jahrelangen Abnormität. In dieser Stimmung kann die symbolische Beendigung des Ausnahmezustandes erschütternd genug gewirkt haben. Auch wer Menschen in nächster Nähe, Hab und Gut oder sein Ansehen verloren hatte – am Leben zu sein und auf absehbare Zeit auch zu bleiben, ließ ihn aufatmen, und sei es mit Schuldgefühlen und mit Tränen in den Augen.

» *Ich hatte das Glück, in Rom aufzuwachsen und zu studieren (...). Ein bisschen mehr von den schönen Künsten gab mir das gute Athen dazu, nämlich dass ich den rechtschaffenen vom krummen Weg unterscheiden können und unter den Bäumen der Akademie (Platons) gern die Wahrheit suchen wollte. Doch die harten Zeiten entrissen mich dem gern besuchten Ort, und die Woge des Bürgerkrieges spülte mich, den Rekruten, in eine Rüstung hinein, die dem starken Arm von Caesar Augustus nichts entgegenzusetzen hatte. Aber sobald mir Philippi meinen Entlassungsschein ausgestellt hatte – gedemütigt, mit gestutzten Flügeln, Haus und Grund des Vaters verloren –, trieb mich der Mut des Armen zum Versemachen.* «

Horaz, *Epistula* 2,2,42–52 (20 v. Chr. an Iulius Florus, einen Freund des Tiberius)

Poetische Armut

Ausgerechnet einige aus den Reihen der Kriegsverlierer kleideten dieses Dankbarkeitsgefühl in repräsentative Worte – und versuchten aus der Ambivalenz ihrer Lage etwas Konstruktives, Zukunftsfähiges zu formen. Publius Vergilius Maro aus Mantua, „das dem unglücklichen Cremona zu nahe liegt", war ein solches Beispiel. Das Dichtertalent, das noch vor Caesars Bürgerkrieg nach Rom übersiedelt war, zählte dem Wortlaut seiner Verse nach zu denen, die ihr Familieneigentum an die Veteranen der Triumvirn verloren hatten und vor dem Nichts standen. Unter Vergils Gedichten finden wir allerdings einen glücklichen Poeten, dem „ein Gott" das genommene Land wiedererstattet hatte. Die Enteignungen im Allgemeinen wurden als Fall höherer Gewalt behandelt. Vergil stellte sich fest ins Lager der Octavian-Anhänger. Nichts passte besser ins Konzept des inneren Wiederaufbaus Italiens als eine Rückbesinnung auf die charakterstärkende Wirkung des Lebens auf dem Land: am Ackerbau, in hochpoetisierter Form Thema des Lehrgedichts *Georgica*, gab es nichts Destruktives. Darin schilderte der Dichter eine metaphorisch verschlüsselte Wiederbelebung der entvölkerten Erde, widmete ganz Italien begeisternde Lobesworte – und versprach „Caesar" die Errichtung eines Tempels aus Worten, in deren Mitte der Retter stehen werde, einem Kultbild gleich. Das Riesenwerk der *Aeneis*, das Vergil zum römischen Homer machte und die Gründerfigur Aeneas für den Neugründer Augustus durchscheinend machte, löste das Versprechen ein. Staatskunst auf Bestellung war das nicht, wohl aber Kunst, die sich mit den größten poetischen Mitteln, die Rom je erlebt hatte, in den Dienst des Princeps stellte. Auf seine Weise wurde Vergil den Zwiespalt zwischen Verlusterfahrungen und Zukunftsverheißungen allerdings nie los; wie die bittere Gegenwart Italiens hinter Hirtenszenen und Fruchtbarkeitserzählungen stand, so waren die Ausblicke der *Aeneis* auf eine Endzeit des Friedens in einen grauenhaft geschilderten mythischen Krieg gestellt, ans Ende einer Irrfahrt voller Identitätsverluste.

Ein anderer Fall war der etwas jüngere Quintus Horatius Flaccus, Sohn eines Freigelassenen. Mit einem Fuß hatte er es in die Oberschicht geschafft, als ihn Brutus 44 v. Chr. vom Studium weg für seine Armee rekrutiert hatte; die Katastrophe von Philippi er- und überlebte der begeisterte junge Republikaner als Militärtribun. Das Sterben seiner Kameraden machte Horaz später nicht zum Thema. Nur gefiltert dringt durch, wie sehr er die technisch falsche Entscheidung getroffen hatte. Etwas mehr ließ er, dem alten Motiv vom armen Poeten folgend, über die materiellen Folgen durchblicken. Der Überlebende hatte seine politischen Träume ausgeträumt. Dass er der Rache der Sieger entging, lag vielleicht nur an einer zeitigen Flucht übers Meer. Von diesem Tiefpunkt aus empfahl er sich

26 Gaius Cilnius Maecenas, römischer Ritter aus etruskischem Geschlecht. Nach ihm nennt man einen freigebigen Gönner der Künste Mäzen. Porträtkopf von Maecenas im Alter von circa 45 Jahren. Marmorskulptur, um 20–16 v. Chr., gefunden 1952 in Rom, Via Crispi, neben dem Amphitheater.

Schritt für Schritt als der innovativste, anspruchsvollste Lyriker seiner Zeit, flankiert von Satiren, in denen die Leser menschliche Schwächen und viel zum Nachdenken fanden, aber doch nichts Subversives. Genau dadurch wurde er für den großen Kulturförderer in Octavians Zirkel, Maecenas, schnell unwiderstehlich. 37 v. Chr. zählte Horaz der Dichter bereits zum Nachtrab der großen Politik, die zu den Verhandlungen in Brundisium strömte. Mit den Jahrzehnten sollte er in die Landschaft des augusteischen Rom immer tiefer hineinwachsen, nicht ohne persönlichen Ehrgeiz, einen moderat unangepassten Lebensstil beizubehalten und dosiert unbequem zu sein. Wie kompliziert diese Übung in innerer Distanz war, machte Horaz zum Gegenstand seiner Gedichte – und er entwickelte wie in vielen Fällen einen beachtlichen Instinkt dafür, welches Thema gerade vordringlich war. Auf seine Art war Horaz augusteischer als andere und hatte selbst etwas von der Sphinx, die ihn persönlich fast vernichtet und später in Maßen protegiert hatte.

Zukunftssorgen und Bittgebete

Einfach war es nicht gewesen, Italien zu retten – und mit einer glanzvollen Stunde allein war es nicht getan. Die Nöte des Alltags, aber auch die über Jahrzehnte gewachsenen Ängste, all das werde nicht von Dauer sein, waren nicht mit einem oder auch zehn Staatsakten zu beschwichtigen. Schon deswegen war Augustus gezwungen, die an sich einfache Botschaft – ein befriedetes, zu neuer Stärke gelangtes Rom – in immer neuen Variationen zu wiederholen, jahre- und jahrzehntelang.

27 „FORT(unae) RED(uci)" verkündet der frisch gelobte Altar auf dieser Münze des Jahres 19 v. Chr. Der Senat als Stifter und der eigentliche Nutznießer Augustus erscheinen in der Umschrift. Zwei weitere Aspekte der Göttin füllen die Vorderseite: die Siegerin Fortuna Victrix mit ihrem Helm vor der Fortuna Felix, Spenderin guter Gaben.

Allzu tief saß das Trauma der Bürgerkriegsjahre. Rom konnte über Nacht gar kein Hort des Friedens werden. Wie in der Zeit von Caesars stärkster Macht – als Marcus Antonius monatelange Unruhen blutig niederschlug – gab es Ärger auf den Straßen. Hunger war auch ein Motiv. Zwar wurden Bauten restauriert oder neu errichtet und dadurch kam Geld unter die Plebs, aber alles war erst am Anfang. Inzwischen kämpfte Augustus in Spanien. Als er 24 v. Chr. heimkehrte, vom Blitz nur knapp verfehlt, wurden die Zeiten nicht ruhiger. 23 v. Chr. war ein schwarzes Jahr für den Princeps, mehr als die Römer auf der Straße wissen konnten – sein Leben war in Gefahr, sein Erbe starb und mit einem Mal waren die Ängste erwacht, was nach ihm kommen sollte.

Mitte 23 v. Chr. trennte sich der Geheilte – endlich und vielleicht nicht freiwillig – von seinen ständigen Konsulaten. Es war eine neue Feierstunde. Zum Ausgleich übertrug ihm das Volk auf Lebenszeit sämtliche Kompetenzen eines Volkstribuns – also auch die Möglichkeit, jeden Magistrat durch sein Veto zu blockieren und jederzeit Senatssitzungen einzuberufen. Die Unantastbarkeit der Tribunen hatte er schon 36 v. Chr. eingeräumt bekommen. Es war ein heikler Moment – lebenslängliche Kompetenzen erinnerten an Caesars ewige Dictatur. Aber genau so etwas lag in der Luft: Im Folgejahr 22 v. Chr., als sich die Ernährungskrise weiter zuspitzte, drängten große Teile der Bevölkerung, Augustus möge ihr Dictator werden. Auch als Censor forderte man ihn: er sollte den Senat ‚säubern', wieder einmal, und für eine Neubewertung der Leistungsfähigkeit aller Steuerzahler sorgen.

Während seinen Reisen und Feldzügen hatte es sich nun eingebürgert, dass Senat und Volk für den Fall seiner sicheren Rückkehr den Göttern Opfer gelobten; falls Augustus erkrankte, sowieso. Sein Wohlergehen war Staatsangelegenheit geworden. Das steigerte sich im Jahr 19 v. Chr., als die Göttin Fortuna, deren Fürsorge man den reisenden Augustus anempfohlen hatte, als Fortuna Redux („die Heimführende") einen Altar erhielt. Ein Gott, bei dem man Eide leisten konnte, war Augustus in Rom nicht, aber wer wollte (und es wollten viele), der konnte beim *Genius* des Augustus schwören, bei der ihm innewohnenden männlichen Tatkraft und Potenz. Als der Senat 13 v. Chr. einen Altar für die *Pax Augusta* beschloss, konnte man sich fragen, ob diese neue religiöse Macht vor allem die Friedensgöttin darstellte, deren Werke Augustus vollbrachte, oder in erster Linie Teil der erweiterten Persönlichkeit des Princeps war. Noch später, 6 n. Chr., weihte man einen Altar für das „in Augustus wirkende Göttliche" ein, das *numen Augusti*, nur mehr einen winzigen Schritt entfernt davon, ihn ohne Umschweife als lebenden Gott zu verehren, wie es in den Provinzen des griechischen Ostens längst geschah.

Je länger die Herrschaft des Friedensbringers bestand, desto untrennbarer war der Zustand, den er gebracht hatte, von ihm selbst geworden. Und selbstverständlich war er bis zum Ende nie. Immer noch mehr zentrierte sich alles auf Augustus, der mit wachsender Stabilität weitere Funktionen und Kompetenzen übernahm, statt welche abzugeben, und dessen schon übermenschliche Figur wuchs und wuchs.

28 Wer die neue Ordnung infrage stellen wollte, hatte es nicht nur mit Augustus zu tun. Marcus Agrippa steht geradezu symbolisch für die Aufstiegschancen im Dienst des Regimes und die – oft gnadenlose – Tüchtigkeit, die viele prominete Helfer des Princeps auszeichnete.

Ein neues Bild für Rom

Der Wiederaufstieg als gebaute Realität

Die guten Zeiten brachen nicht einfach zu einem Stichtag an und ließen sich auch nicht verordnen. Wem genau das ‚Urheberrecht' am Gedanken einer dramatischen Verbesserung der Dinge in dieser Zeit zukommt, ist nicht einmal für den Übergang von der späten Republik zur Kaiserzeit sicher zu sagen. Schon ehe man Caesars Erben als Augustus kannte, stand zweierlei fest: In den Kriegswirren und der typisch römischen Erklärung dafür – einer Abkehr von der eigenen Tradition, die in immer großartigeren Farben erschien, je tiefer die Krisenzeichen wurden – kehrte die viel ältere Idee einer welthistorischen Abwärtsentwicklung wieder.

» *Jetzt kommt das letzte Zeitalter gemäß dem Gedicht (der Sibylle) von Cumae, eine große Ordnung der Epochen wächst aus dem unversehrten Ursprung. Schon kehrt die Jungfrau (Gerechtigkeit) wieder, kehrt die Herrschaft Saturns zurück; jetzt wird vom hohen Himmel eine neue Nachkommenschaft entsandt. Wenn nur du dem Knaben, der zur Welt kommt, wohlgesonnen bist, keusche (Iuno) Lucina, mit welchem das eiserne Geschlecht endet und das goldene auf der ganzen Erde emporwächst: schon herrscht dein Apollo. Derart wird dieser Ruhm des Zeitalters mit dir, ja, dir als Konsul, Pollio, anfangen, und die großen Monate beginnen ihren Lauf zu nehmen (…) Er wird das Leben der Götter empfangen und (Menschen als) Halbgötter sich unter die Götter mischen sehen, und auch ihn selbst wird man sehen unter ihnen – und den Erdkreis, durch die Großtaten seines Vaters befriedet, wird er regieren.* «

Vergil, Ekloge 4. Zur christlichen Deutung vgl. Konstantin, *Rede an die Versammlung der Heiligen* 19

Seit den Gedichten Hesiods hielt die griechische Kultur das Denkmuster bereit, dass man im Eisernen Zeitalter lebte, dem schlimmsten seit Anbeginn der Welt, und demzufolge im maximalen Abstand vom goldenen Urzustand ohne Krieg, Krankheit und das Sichabrackern für den Lebensunterhalt. Rom selbst, Teil der latinischen Kultur, fand solche Vorstellungen in der mythischen Herrschaftszeit des göttlichen Urkönigs Saturnus über Italien wieder (den man eher gewaltsam mit Kronos, dem Vater des Zeus, gleichgesetzt hatte, als man die eigene Religion mit der griechischen Götterwelt kompatibel machte). Damit lag die Idee, Italien sei eine Art verlorenes Paradies, in der Luft.

Die Rückkehr dorthin versprach aber selbst in den Krisenjahrzehnten der späten Republik niemand. Wo die Ansicht herrschte, etwas müsse sich grundsätzlich ändern, da ging es bei ‚konservativen' Optimaten wie bei eher ‚progressiven' Befürwortern größerer Rechte für die Mehrzahl der Bürger um dieselbe Kernforderung: die Rückkehr zum *mos maiorum*, zu „alter Väter Sitte". Je nachdem, wen man fragte, hieß das mehr Respekt der gemeinen Masse vor den Senatsfamilien, größeren Einfluss für das Volk und seine Tribunen oder auch Zwang für die Reichen, ihren Wohlstand nicht mit dem Bau luxuriöser Villen, mit teuren Mahlzeiten, ruinösen Begräbnissen und anderen demonstrativen Ausgaben zur Schau zu stellen. So gab es reichlich Gelegenheiten, sich provoziert zu fühlen.

Schuld am Eindringen noch ‚radikalerer' Zukunftswünsche waren wohl die Dichter. Was sozial und politisch Roms Krisenzeit war, brachte für Dichtung und Prosa nicht allein technisch gesehen Riesensprünge in ihrer Aufholjagd gegenüber der entmutigend anspruchsvollen griechischen Literatur. Der Zeitaltermythos war dort in den berühmten *Phainomena* präsent, dem mehrfach ins Lateinische übertragenen Astronomiegedicht des Aratos. Von einer anderen Paradegattung der hellenistischen Dichtung, der Huldigung an die zahlreichen Königs- und Herrscherfamilien, wissen wir so gut wie nichts mehr. Es wäre überhaupt keine Überraschung, falls einer ihrer vielen Autoren – die für ihre Zwecke gern auch neue Mythen schufen, in jedem Fall aber die überlieferten Stoffe wie nie zuvor ausnutzten und anreicherten – schon auf den Einfall gekommen wäre, mit *seinem* Ptolemäer- oder Seleukidenfürsten wende sich die Weltgeschichte auf einmal wieder ihren idyllischen Anfängen zu.

29 Das Haus der Livia auf dem Palatin in Rom – das die Gattin des Augustus mit großer Wahrscheinlichkeit wirklich bewohnt hat – glänzt durch musterhafte Ausmalung auf der Höhe des Zeitgeschmacks. Hier blickt man in die Tiefen eines märchenhaft fruchtbaren ummauerten Gartens – um den persischen Begriff zu verwenden: eines Paradieses.

Wenig erstaunlich, dass Vergil diese Eingebung während der Triumviratszeit an eine Geburt in der Familie seines Gönners, des Caesarianers und Bürgerkriegsgenerals Asinius Pollio, ‚verschwendete', wenn sie nicht ganz neu war. Die berühmte *Vierte Ekloge* – ein weiteres Hirtengedicht, bei dem es um Fragen der Gegenwart ging – erwartete von diesem Kind Zeichen und Wunder, sobald es erst groß sein werde. Angesichts der unerreichten literarischen Nachwirkung hat man nie so richtig fassen können, es handle sich wirklich nur um ein zweit- oder drittrangiges Geburtsereignis, sondern vermutete die Erwartung eines Erben für Octavian oder Antonius – und die spätere christliche Lesart, im Stall von Bethlehem sei das fragliche Kind geboren, trug kein anderer als Kaiser Konstantin der römischen Welt als Tatsache vor.

Die Idee erwies sich als unwiderstehlich – vielleicht auch, weil sie die eher aus Verzweiflung geborenen eskapistischen Denkwege der Zeitgenossen zurück in die Gegenwart umleitete. Phantasielandschaften oder auch Szenen der Mythologie breiten sich auf den römischen Wandmalereien des ausgehenden Zweiten Stils aus, ersetzen dessen Zentralbilder voller Gebäude und scheinen durch Lücken in den Wänden ins Zimmer zu leuchten. Das bukolische Gedicht mit seinen pausenlos dichtenden, musizierenden und liebelnden Schäfern, das Vergil hier zu neuen Zwecken nutzte, faszinierte gerade durch seinen weiten Abstand von der täglichen Wirklichkeit, wie sie Horaz etwa zur gleichen Zeit in seinen Satiren einfing – leicht gesprochen und um die grimmigsten Seiten reduziert. Die behandelte der verarmte Philippi-Überlebende parallel in seinen „Römeroden", Klagen über die Selbstzerfleischung und dringenden Rufen nach einer Rückkehr zur Moral, aber mittendrin rief er auf, die Segel zu setzen und sich in die Landschaft des Mythos zu begeben, zu den Inseln der Seligen. Das war wohl nur zum Teil ein poetischer Coup; es appellierte schlicht an Sehnsüchte, der drückenden jüngsten Vergangenheit – kollektiv wie persönlich – Lebewohl zu sagen.

Dazu aber gab es viele Wege, und weder konnte noch musste jeder Römer davonsegeln. Wenn die Erneuerung einfach jeden erreichte, indem sich seine Umwelt veränderte, wenn es an Ort und Stelle einen Wiederaufbau gab, der je nach Blickwinkel einer Neuschöpfung glich, dann waren die Fluchtwünsche ebenso erledigt und erfüllt wie die nach geordneten Zuständen.

30 Das Eiserne Zeitalter: Die Fresken Pietro da Cortonas von 1641 im Florentiner Palazzo Pitti folgen der berühmtesten Beschreibung der vier Weltzeitalter überhaupt, Ovids erstem Buch der *Metamorphosen*, das die optimistische Deutung der älteren augusteischen Dichter wortlos überging und die Gegenwart fest im Eisernen Zeitalter verankert sah.

Mythen und Riten – relative Erinnerung

Charakteristisch für dieses Vorwärts in die große Vergangenheit war, wie Augustus von Anfang an nach den Kontinuitäten suchte, dem Ursprünglichen, Altverwurzelten – und wenn er es nicht fand oder die Nachrichten zu vage waren, hatte er keine Bedenken, die entsprechenden Traditionen in zeittypischen Farben nachzumalen. Den größten lebenden Experten für Fragen der römischen Vorgeschichte, ihre Sitten und Gebräuche, Marcus Terentius Varro, hatten die Triumvirn als alten Pompeianer 43 v. Chr. auf ihre Todeslisten gesetzt; in seinen letzten Lebensjahren bis 27 v. Chr. gab er Octavian, der ihn begnadigt hatte, Grund genug, diese Entscheidung nie zu bedauern. Varros Werke waren eine Fundgrube halbvergessener Sitten, Riten und Gebräuche – und er war nur der Vorreiter einer kleinen Armee antiquarischer Schriftsteller. Römische Tradition war es, in Unglücken eine Quittung für religiöse Nachlässigkeit zu sehen; wenn man sich systematisch durch alle je eingeführten Kulte arbeitete und keine Gottheit ausließ, war dem römischen Volk eine bessere Zeit sicher. Ein beispielloses Bau- und Erneuerungsprogramm für die großen und kleinen Tempel der Stadt setzte ein, noch ehe der Krieg entschieden war. Die Siege gaben Anlass zu ganz neuen Kultstiftungen – und schon für die Kriegserklärung gegen Kleopatra Ende 32 v. Chr. reaktivierte Octavian einen geradezu vorsintflutlichen Brauch. Eigenhändig schleuderte er eine Lanze in zu Feindesland erklärten Boden. Wie viel ‚echt' Altes in der neuen Tätigkeitsliste der hierzu reaktivierten Priesterschaft, der *fetiales*, noch übrig blieb (vorher waren sie nicht viel mehr als Gutachter für Formfragen bei Bündnisverträgen gewesen), ist die Frage.

31 Die neue Betonung religiöser Funktionen von Mitgliedern der Oberschicht spiegelt sich auf den augusteischen Monumenten. Hier erscheinen die ‚hauptamtlichen' Priester verschiedener Gottheiten, die *flamines*, mit ihren antennenartigen Kopfbedeckungen (*apex*) an der Spitze der großen Kultprozession auf der Ara Pacis.

Ganz wenig war es mit Sicherheit bei den *fratres Arvales*, einer Priesterbruderschaft der vor den Toren Roms verehrten Dea Dia, die ihre eigenen Ritualllieder kaum mehr verstand, wie die Zeitgenossen zugaben. Als Augustus sie 27 v. Chr. neu belebte, wurde es auf einmal zum begehrten ‚Ritterschlag' für Vertraute des Princeps, unter die Arvalbrüder aufgenommen zu werden, und die Kultpflichten konzentrierten sich fortan auffällig auf die Feier wichtiger Tage im Kalender der Herrscherfamilie. Die traditionellen Priesterkollegien, die unter Senatoren stets heiß umkämpft gewesen waren, verblassten beinahe dagegen – Augustus hatte in jedem einzelnen seinen Sitz. Auch sonst gab es auf einmal reichlich religiöse Zusatzaufgaben zu verteilen (‚hauptberufliche' Priester waren die große Ausnahme), an Senatoren, Ritter und niedere Stände, aber es wurden doch nie genug, um ihren Prestigewert zu schmälern. Aus der einen Perspektive war es ein zusätzliches Instrument des Princeps, Einzelne durch Extraprivilegien an sich zu binden – aus einer anderen konnte man ein Aufblühen der alten römischen Frömmigkeit bewundern.

In Rom verdichtete sich das Netz heiliger Orte und Handlungen besonders – und schuf neue Formen der öffentlichen Ordnung. Wenn Augustus die Hauptstadt in 14 Regionen unterteilen ließ, hatte das verwaltungstechnische Gründe. Anders

seine Entscheidung, den Kult der Schutzgeister an den wichtigsten Straßenkreuzungen – hieraus waren Kultvereine der Anwohner geworden, die oft unbequeme politische Forderungen stellten – zu einem Ehrenamt in den Händen kleiner Funktionärskollegien zu machen. Jede der 265 Nachbarschaften (*vici*) Roms hatte ihren Bezugspunkt in den Altären, die nun vielfach erneuert wurden; die jeweils zuständigen Vicomagistri, oft genug freigelassene Sklaven, bekamen ihr Stückchen Sozialprestige bei den Ritualhandlungen, in die außer den Laren, denen man opferte, nun auch die Person des Augustus einbezogen wurde. Mehr denn je wurde die Hauptstadt in den augusteischen Jahrzehnten zur religiösen Landschaft – und in ganz Italien geschah Ähnliches.

Vergils *Aeneis*, die ganz Latium und zahlreiche Orte darüber hinaus zu untrennbaren Bestandteilen der römischen Gründungsgeschichte machte, war Symbol dafür, und die Formensprache der augusteischen Monumente redete dieselbe Sprache. Lange hat man das berühmte Relief der Muttergöttin von der Ara Pacis als wortgetreue visuelle Umsetzung des Italien-Lobs aus Vergils *Georgica* gesehen; welche Gottheit genau hier inmitten von Fruchtbarkeitsbildern und Anzeichen temperierten Klimas von welchen Kindern umspielt wird, ist bis heute nicht geklärt. Die Frage scheitert wohl schon an der Vielschichtigkeit, mit der hier – in detailfreudigster hellenistischer Kunsttradition, aber um den Eindruck klassischer, alle Emotionen dämpfender Bildsprache bemüht – die Schätze der Mythologie und des künstlerischen Ausdrucks geplündert worden waren. Nichts Schreckliches war mehr zu sehen; milde Winde wehten, Pflanzen rankten so reichlich wie wohlsortiert, Tiere spielten und das Korn wuchs wie von allein. Diese Ergebnis gewordene Hoffnung verband sich mit der Erklärung, wie die Natur in solche Güte ausbrechen konnte: mit der Prozession der gottesfürchtigen Römer, Augustus, sein Haus und die Priesterschaft voran. Wie jede noch so üppige Blüte ihren festen Platz auf dem locker-strikten Dekor des Altars hatte, so auch jedes einzelne Mitglied der Bürgerschaft, Niedrige, Hohe und Höchste.

32 Die Kollegien der Distriktsvorsteher (*vicomagistri*) in Rom verwandelten sich während der Kaiserzeit in kleine Funktionäre des Kaiserkults. Dieser Altar von der Via Arenula, datiert zwischen 4 v. und 2 n. Chr., zeigt die Vicomagistri gemeinsam beim Opfer an einem Festtag. Die (teuren) Opfertiere erscheinen im Vordergrund, ein Liktor hinten links – kein freigelassener Sklave hätte sonst je die Chance gehabt, sich von einem Amtsdiener eskortiert zu finden.

Eine große Stadt entsteht

Der Altar der *Pax Augusta* allein, der bis heute ein Glanzstück der antiken Kunst ist, wäre für sich genommen im Stadtbild des augusteischen Rom beinahe verschwunden. Es bewegte sich einfach zu viel auf einmal. Tatsächlich so viel, dass selbst

33 Die teils als Italia, teils als Erdgöttin Tellus identifizierte Göttin mit spielenden Zwillingen auf der Ara Pacis. Landwind (links) und Seewind (rechts, mit Seeungeheuer) garantieren dem Fruchtbarkeitsidyll ein Wetter ohne Extreme.

Augustus damit überfordert war, allein als Bauherr aufzutreten. Mit seiner berühmten Äußerung, er habe Rom als eine Stadt aus Ziegeln übernommen und als Marmorstadt hinterlassen, überging er den Umstand, dass auch bei seinem Tod die wenigsten Römer in Villen aus Marmor lebten (auch diese üblicherweise mit Ziegelwänden). Für die öffentlichen Bauten kam er der Wahrheit umso näher. Monumentale Gebäude gab es in Rom bereits – zu Sullas Zeit hatte das eine Ende des Forums ein neues Gesicht bekommen. Caesars Bauten ließen die nüchternen Bruchsteinfassaden dieser Optimatenarchitektur fast kleinlich erscheinen: die weitläufige Basilica Iulia für Handelsgeschäfte und Gerichtsverhandlungen, der Neubau der Kurie, einen Steinwurf weiter die Platzanlage des Forum Iulium, die die Geographie von Roms Altstadt umkrempelte.

Das alles war bei der Ermordung des Dictators noch unfertig gewesen. Caesars Göttlichkeit, deren Anerkennung Octavian 42 v. Chr. erkämpfte, fügte den ererbten Baukosten eine weitere Pflicht hinzu, den Tempel des neuen Gottes. Er entstand mitten auf dem Forum, Auge in Auge mit der Rednertribüne, und schnitt den länglichen Platz in zwei Teile. Die späte Fertigstellung 29 v. Chr. ist ein Maßstab der Riesenlast, die sich ein Machthaber aufbürdete, welcher nebenher noch Kriege zu führen und die einfache Bevölkerung durchzufüttern hatte. Das hat Octavian nicht gehindert, nach dem Sieg bei Philippi gleich den Plan eines weiteren Forums zu entwerfen, vor dem selbst Caesars Anlage verblassen würde, zentriert um einen Tempel für Mars, den Rächer (Ultor), als Beistand des Triumvirn gegen die Caesarmörder.

Ehe dieses Konzept Gestalt angenommen hatte, vergingen Jahrzehnte – kein Wunder angesichts all der Baustellen, die um Arbeitskräfte, Materialien und natürlich das nötige Geld konkurrierten. Wie in republikanischen Zeiten lieferten sich anfangs noch vermögende Senatoren ein Wettrennen um die Ehre, den einen oder anderen großen Tempel in neuen Formen zu erbauen. Doch die Qualitätsmaßstäbe stiegen so sprunghaft, dass es mit dem Verbauen des blendendweißen Marmors aus Carrara allein nicht getan war; Hunderte Architekturteile waren nun in künstlerisch überzeugende Form zu bringen, die wiederum einen exakten, detailreichen Gesamtplan verlangte. Über ganz Rom verteilt vollzog sich Ähnliches, traten in die Höhe gezogene Marmortempel jeder Größe an die Stelle alter Heiligtümer mit ihren Holzdächern und Reliefplatten aus Terrakotta – selbst wenn es da und dort bei einem frischen Farbanstrich oder einem erneuerten Pflaster blieb, die Investitionen an Zeit, Arbeitskraft und Sachverstand waren enorm.

So war es unvermeidlich, ja erwünscht, wenn die Arbeiten nicht aufhörten und die Gerüste am letzten Triumphbogen – eine weitere republikanische Tradition, die Augustus in neue Dimensionen steigerte – nur verschwanden, um für die Errichtung einer Portikus neu errichtet zu werden. Die Bauwagen rollten Jahr um Jahr durch Roms Zentrum, zu den Fora oder an den Tiber zu Füßen des Kapitols, wo seit etwa 20 v. Chr. mit dem von Caesar geplanten und schließlich dem Augustuserben Marcellus gewidmeten Theater eine festlich-

» *Die Kurie (...) und den Apollotempel auf dem Palatin mit seinen Portiken, den Tempel des Divus Iulius, das Lupercal, (...) die Tempel des Iuppiter Feretrius und Iuppiter Tonans auf dem Kapitol, den Tempel des Quirinus, den der Minerva, der Iuno Regina und den des Iuppiter Libertas auf dem Aventin, einen Larentempel an der höchsten Stelle der Via Sacra, den Tempel der Penaten auf der Velia, den der Iuventas und den der Mater Magna auf dem Kapitol habe ich erbaut. (...) 82 Tempel der Götter habe ich in Rom in meinem sechsten Konsulat (28 v. Chr.) unter Genehmigung des Senats wiederherstellen lassen und dabei keinen übergangen, der zu jener Zeit wiederhergestellt werden musste.* «

Augustus, *Res gestae* 19–20

34 Geplant als Monument der erfolgreichen Rache und des Herrschaftsantritts, wurde das Forum des Augustus während seiner langen Bauzeit zu einer Bühne unerschütterlicher Selbstdarstellung. Der Tempel des Mars Ultor, sein Zentrum (hier im Bild), deutet noch als fast eingeebnete Ruine die Dimensionen des neuen, marmornen Roms an.

35 Der Ausschnitt aus dem Stadtmodell Roms von Italo Gismondi zeigt am Ende der Tiberbrücke das Marcellustheater, einen Blickfang der Uferbebauung. Genau dahinter ragen die zwei Tempel inmitten der Porticus Octavia auf, rechts davon – mit der Giebelseite zum Betrachter – der Apollotempel des Sosius. Der offene Platz links markiert die Überreste des vom Theater geschnittenen Circus Flaminus; am linken Ende entstand unter Augustus das – hier nicht sichtbare – Amphitheater des Statilius Taurus. Am oberen Bildrand sind das – kleinere – Theater und die Porticus des jüngeren Cornelius Balbus erkennbar.

festungsartige Architektur entstand, gleich neben dem Apollotempel, dessen Neubau ein rechtzeitig bekehrter Parteigänger des Marcus Antonius, Gaius Sosius, finanziert hatte. Die Umgestaltung einer Säulenhalle rings um zwei Tempel zur Porticus Octavia (zu Ehren der Schwester des Princeps) und der Bau des ersten permanenten Amphitheaters in Rom durch Augustus' Gefolgsmann Statilius Taurus gaben allein diesem relativ kleinen Areal ein völlig neues Gesicht.

Dahinter wartete aber erst das mit Abstand größte Neubaugebiet von allen – das Marsfeld, das sich von einer sumpfigen Freifläche Zug um Zug in eine durchkomponierte Landschaft aus öffentlichen Gärten und Prachtbauten verwandelte. Auch hier hatte Caesar die ersten Pflöcke eingeschlagen und das Areal für die Volksabstimmungen, die Saepta (den „Pferch"), mit riesigen Portiken zu umgeben begonnen. Sie und das Pompeiustheater mit seinen Nebengebäuden bildeten zwei Seiten eines Rechtecks, das Agrippa, rechte Hand und bald Schwiegersohn des Princeps, mit eigenen Werken füllte, während er 26 v. Chr. die Saepta vollendete. Die ersten großen Thermen Roms und das Pantheon – ein Tempel für die olympischen Hauptgötter und den Divus Iulius, in dem zwei Statuen Agrippas und natürlich des Augustus deren göttliche Zukunft vorwegnahmen – waren mit diversen Nebengebäuden nur der Kernbereich eines Freizeitparks mit einem großen Teich voll Tiberwasser, mit Baumpflanzungen und Sportanlagen für die Einwohner der eng bebauten Hauptstadt. Fast alles sollte im Lauf der nächsten Generationen unter den Bauten künftiger Kaiser verschwinden.

Die ordinäre Infrastruktur, die solche Bauten möglich machte, vergaß man darüber beinahe. Gleich drei neue Aquädukte entstanden, seit Agrippa 33 v. Chr. erstmals die Verantwortung für Roms Wasserversorgung übernommen hatte und – auf der anderen Seite der Verbrauchskette – die Abwasserkanäle sanierte. Straßenreparaturen und dergleichen waren nur ein Tropfen auf den heißen Stein; Rom als Ganzes blieb ein chaotisch gewachsenes, beängstigend enges und hochgebautes Stadtgebilde, zwischen dessen Häusern sich auch weiterhin der Dreck türmte, der Verkehr staute und die Händler drängten. Aber binnen anderthalb Generationen war mitten in diesem widerspenstigen Organismus eine Kette urbaner Knotenpunkte entstanden, die aus der *urbs* machten, was sie architektonisch nie zuvor gewesen war: eine Weltstadt, deren Lebensqualität sich um einiges gebessert hatte.

Das schuf neue Probleme – Raumnot und vertriebene Mieter aus den für öffentliche Gebäude vereinnahmten Innenstadtflächen, den Lärm und Stau der Bauwagen. Ganz zu schweigen von Entwicklungen, die in der Bilanz über die augusteische Regierungszeit fehlen: Neuer Reichtum in der Stadt bedeutete auch eine Neubauwelle der großen und kleinen Stadtresidenzen der Oberschicht mit ihren umliegenden Gartenanlagen. Es musste schon schlimm kommen, ehe Augustus einmal eingriff und die palastartige Stadtvilla des Vedius Pollio einriss – ihr neureicher Besitzer hatte sie provokant mitten in ein dicht bebautes Armenviertel gesetzt, die Subura. Augustus, Pollios Erbe, ließ an die Stelle des Monuments für Reichtum und Aufstieg eine mindestens ebenso prächtige Portikus setzen, in deren Mitte ein kleiner Park lag. Der Wunsch, hier ein Gebäude für das Volk zu schaffen, stammte von Pollio selbst, weswegen er das Gelände bei seinem Tod 15 v. Chr. mit dieser Auflage dem Princeps vermachte – die Portikus benannte der Ausführende aber nach seiner Frau Livia und deren Sohn Tiberius. An antike Sozialwohnungen dachte natürlich niemand.

» *Aber höre dies, kommendes Zeitalter: Wo jetzt Livias Porticus steht, waren einst die Dächer eines Riesenhauses. (...) Caesar übernahm es, solche Baumassen umzustürzen und als Erbe so viel eigenen Reichtum zu vergeuden. So muss ein Censor sein Amt ausüben und so werden Vorbilder geschaffen, wenn der Richter selbst tut, wozu er andere drängt.* «

Ovid, *Fasti* 6, 639–649 (kurz vor 8 n. Chr.)

Die Mitte des Ganzen

Dass die Verschönerung Roms nur das zweitwichtigste Motiv bei all dem war, zeigte sich an zwei Stellen. Augustus selbst hatte sich schon 36 v. Chr. ein zwar gepflegtes, aber demonstrativ bescheidenes Haus auf dem bevorzugten Wohnhügel der Alteingesessenen, dem Palatin, bauen lassen – in einem mythen- und geschichtsträchtigen Bezirk und mit gediegenen Wandmalereien. Noch während der Bauarbeiten änderte man die Pläne so ab, dass Caesars Sohn dem optischen Eindruck nach nur den Seitenflügel eines Apollotempels bewohnte, in dem nun regelmäßig der Senat zu Sitzungen zusammentreten konnte. Apollo, so sah es Octavian, hatte ihm den Sieg über Sextus Pompeius beschert, und Apollo war 31 v. Chr. bei Actium wiederum mit ihm. So richtete sich der Princeps als Schützling und Nachbar des Gottes ein, weit genug über gewöhnliche Menschen erhaben, dass sein nicht so ganz privates Haus zur Keimzelle der kaiserlichen Kleinstadt auf dem Hügel werden konnte, die den Begriff „Palast“ überhaupt angeregt hat.

Nicht im Mindesten bescheiden war der Anblick, den jeder von Norden kommende Romreisende hatte, wenn er der Via Lata folgte, auf das Kapitol zu und Agrippas neues Marsfeld schräg

„Nährende Sonne, Gott, der du auf strahlendem Wagen den Tag bringst und wieder nimmst, stets anders und stets gleich geboren wirst – nichts Größeres mögest du erblicken als die Stadt Rom. (...) Göttin (Juno), wollest uns Nachkommen geben und die Hoffnungen erfüllen, den Beschluss der Väter, noch über die Verbindungen mit den Frauen und das fruchtbringende Ehegesetz hinaus, das neuen Nachwuchs will. Dann wird die Welt nach elfmal zehn Jahren wieder Gesänge bringen und vielbesuchte Spiele, dreimal am hellen Tag und dreimal in schöner Nacht.“

Horaz, *Carmen saeculare*, V. 9–12; 16–24.

rechts vor sich. Denn im Vordergrund ragte ein riesiger künstlicher Hügel aus Mauerwerk, Skulpturen und Bepflanzung auf, jenes Mausoleum, das Augustus sich wohl in den Jahren nach seinem Sieg über Marcus Antonius hatte erbauen lassen. Zwei Obelisken zeigten den Sieg über Ägypten an, eine Statue im Triumphatorengewand krönte das Monument, das mehr als nur Grab sein wollte. Platz genug war für eine ganze Dynastie vorgesehen – und wer das einstweilen unbenutzte Mausoleum passierte, sah neben sich, noch ehe er das geschlossen bebaute Gebiet Roms erreichte, die Riesenfläche des Solarium Augusti, halb Platzanlage, halb (in Kombination mit seinem Obelisken) Anzeiger der Mittagsstunde. Höher konnte die Sonne Roms nicht steigen. Gleich an der Straße lud später der weiße Quader der Ara Pacis, nur wenige Schritte entfernt, zur Betrachtung des Er-

36 Augustusmausoleum, Rekonstruktion

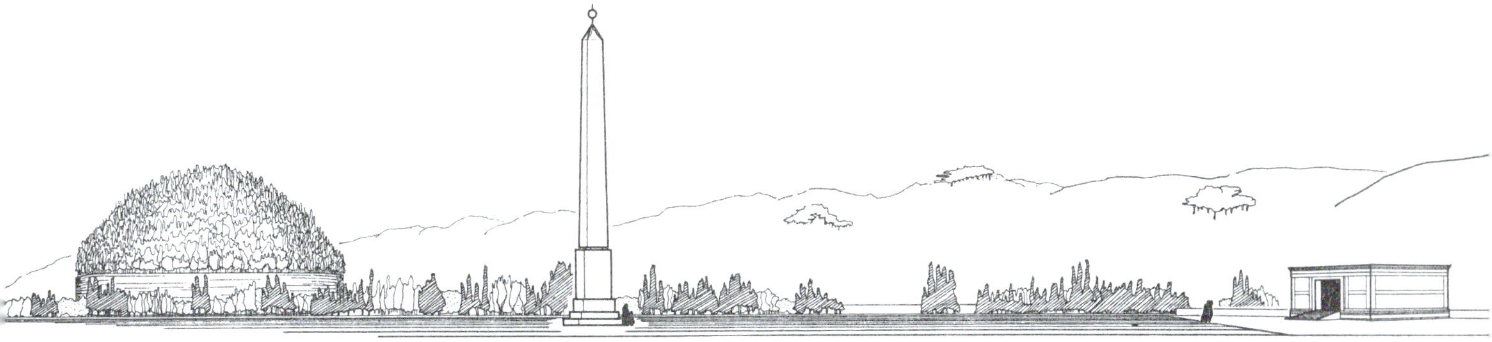

37 Das Solarium Augusti, halb Platzanlage, halb Mittagsanzeiger. Nur wenige Schritte entfernt: die Ara Pacis, dicht an der wichtigsten Ausfallstraße der Weltstadt.

reichten ein. Kein Weg führte an diesem unsichtbaren Stadttor vorbei, hinter dem jedes Jahr ein neues Wunderwerk fertig wurde.

Die „Entdeckungen“, die sich aus der Wiederherstellung der Kulte ergaben, waren unterschiedlich willkommen. Um die Zeit, als Octavian zu Augustus wurde, beanspruchte Marcus Licinius Crassus, Konsul des Jahres 30 v. Chr. und Enkel von Caesars Verbündetem, eine außergewöhnliche Ehre: Er hatte als Prokonsul von Macedonia einen feindlichen Häuptling eigenhändig im Kampf erschlagen und wollte die Rüstung des Besiegten jetzt – als der erst vierte Römer seit der Stadtgründung – als „fette Beute“ (*spolia opima*) feierlich im dafür vorgesehenen Jupitertempel aufhängen. Octavian selbst, der nichts Vergleichbares zu bieten hatte, entdeckte im Tempel eine vier Jahrhunderte alte Leinenrüstung, deren Weihaufschrift, so gut lesbar, als wäre sie eben erst geschrieben worden, Crassus’ Anspruch (und die ihn stützende historische Überlieferung) an leider sehr klar ausgeführten Anforderungen scheitern ließ. Roms Geschichtsschreiber Livius bedankte sich später bei Augustus für die persönliche Mitteilung.

Eine andere wiedergefundene Tradition betraf das Lebensgefühl der frisch angebrochenen Zeit überhaupt. Ungefähr alle 110 Jahre – so erfuhr die römische Öffentlichkeit, als sich das Jahr 17 v. Chr. näherte – verlangten die Götter gemäß alter etruskischer Überlieferung eine Feier, an der kein lebender Mensch je zweimal teilnehmen könne, die also in jeder Hinsicht unvergleichlich sei. Denn dann sei ein *saeculum*, ein Zeitalter, abgelaufen und ein neues beginne. Ein solcher Termin stehe nun an. Falls es die etruskischen Säkularfeste je gegeben hatte, dann sicher nicht in der Bedeutung, die dem Feierjahr zukommen sollte: ein Begeisterungsausbruch über die große Glückszeit, die gemäß allen Vorzeichen für Rom anbreche.

Kein anderer als Horaz, der verschonte Militärtribun aus Brutus’ letzter Armee, der Dichter verzweifelter Zwischenbilanzen und Maßhalteappelle, erhielt den Kompositionsauftrag für die Festhymne des Jahres 17 v. Chr., die ein Kinderchor auf dem Höhepunkt der Feiern im Sommer sang. Der Stolz darauf klang noch in den Gedichten der späten Jahre nach, die zu einer Reihe von Dokumenten wurden, wie eng und privilegiert Horaz’ Verbindung zu Haus und engstem Umkreis des Princeps inzwischen war. Thema und einziger Gegenstand des feierlichen Gebets selbst war der göttliche Beistand in der Segensepoche, in die man eintrat. Er wurde nicht mehr allzu drängend erfleht: er konnte als Tatsache konstatiert werden.

38 Die Goldmünze des Festjahres 17 v. Chr. stellt schematisch dar, was sich bei den *ludi saeculares* vollzog: Ein Herold (rechts) ruft die Bürger auf, sich zu Opfern und Feierlichkeiten zu versammeln – hier durch den Altar vertreten. Spätere Kaiser sollten, als sie den Festakt wiederholten, gleich dutzendweise Münzen prägen lassen.

Formierte Gesellschaft

Aufsteiger, Überlebende und Verlierer

Progressiv war die römische Sozialstruktur – ihrem Selbstverständnis nach – nie gewesen. Sie hatte die Macht in Politik und Alltagsleben stark auf die Oberschichten konzentriert, so sehr, dass sich das römische Volk zwar zu Abstimmungen versammelte, aber über die anstehende Entscheidung gefälligst nicht zu diskutieren hatte. Die Beziehungen zwischen mächtigen Patronen, deren nicht so bedeutenden Klienten und den sozial noch schwächeren Klienten der Klienten – die einen heutigen Beobachter eher an Stammesverbände oder gar das organisierte Verbrechen erinnern – hatten über weite Strecken der römischen Geschichte sozusagen Verfassungsrang. Typische Kennzeichen aller antiken Gesellschaften kamen hinzu: der enge Spielraum von Frauen und Nichtbürgern, die Sklaverei, der Abstand an Mitwirkungsmöglichkeiten zwischen Armen und Reichen, Stadt- und Landbevölkerung. Andererseits handelte es sich bei Rom (genauer: der Gemeinschaft der römischen Bürger, ihrer Angehörigen und Haushaltsmitglieder) um eine Gesellschaft, in der ein Teil der Sklaven die Freiheit gewann und das Bürgerrecht obendrein, in der für die privilegierten Senatoren eine Art (manipulierter) Wettbewerb nach dem Leistungsprinzip um die Ämter herrschte und in der es große Überraschungen beim Abstimmungsverhalten der Wähler gab.

Es war außerdem eine Gesellschaft im Wandel und unter Spannung gewesen, längst ehe die sozialen Unruhen seit der Mitte des 2. Jahrhunderts und erst recht die wiederholten Kriege und Bürgerkriege alles verändert hatten. Fragt man nach der Dynamik der Veränderungen, würde die römische Sozialstruktur von 90 bis 20 v. Chr. einen Vergleich etwa mit Deutschland zwischen 1914 und den 1990er-Jahren klar für sich entscheiden. Gleich zu Anfang dieser Zeit war die schiere Anzahl der Bürger durch den Bundesgenossenkrieg erst schmerzhaft gesunken, dann hatte sie sich durch den Zustrom der Italiker weit mehr als verdoppelt, während der Flickenteppich des römischen Bürgerlandes explosiv auf zwei Drittel des heutigen Italien anwuchs. Noch ehe Roms politisches System die Folgen richtig erreichten, geriet es in den Krieg zwischen „Sullanern" und „Marianern" mit Zehntausenden weiterer Opfer auf Straßen und Schlachtfeldern.

Sullas Proskriptionen übertrafen diese Wirkung bei Weitem: Führungskämpfe in Städten, Städtchen und Dörfern wurden entschieden, ganze Familien der jeweils unterlegenen Seite vernichtet, enteignet oder von ihrer alten Rolle ausgeschlossen. An den Bewohnern der Bergregionen Mittel- und Süd-

39 Der Augenblick der Macht für den einfachen Bürger – soweit er Zeit und Geld hatte, an Wahlen und Abstimmungen teilzunehmen. Dieser Denar des Münzmeisters Licinius Nerva (113/12 v. Chr.) zeigt zwei Wähler auf dem Laufsteg, der zu den Urnen führt, um Manipulationen im Gedränge zu vermeiden. Dem linken reicht ein Helfer gerade das Stimmtäfelchen hoch.

40 Im Bürgerkrieg gab es keine ‚richtige' Seite. Ein Beispiel ist Quintus Labienus, Sohn des bei Thapsus gefallenen Caesargegners und Helfer des Brutus. Mit parthischer Unterstützung stellte er 42/41 v. Chr. eine Armee aus Römern und Parthern auf, die den Angriff auf Syrien und Kleinasien anführte. Ob der 39 v. Chr. umgekommene Labienus sich auf dieser Münze als „parthischer Imperator" oder als „Imperator und Sieger über die Parther" vorstellt, ist ungewiss – die Niederlage machte ihn so oder so zum Verräter.

italiens und in besonders hart verteidigten Städten verübte Sulla Massaker, die die betroffenen Gebiete nachhaltig verarmen ließen. Von ehemals 300 Senatoren, unter denen viele bereits gefallen waren, wurden 90 proskribiert, während eine jahrzehntealte Entwicklung – das Verlangen des Ritterstandes nach einer politischen Sonderrolle neben dem Senat – durch die Liquidierung von 1600 seiner Mitglieder von der Tagesordnung genommen wurde. Sklaven konnten die Freiheit gewinnen und große Besitztümer anhäufen oder auch aus Prinzip gekreuzigt werden, wohlhabende Ritter sich an enteignetem Vermögen bereichern oder als Opfer ihres Geldes auf den Proskriptionslisten landen, Veteranen ein sorgloses Leben führen oder auf ihrem Landbesitz bankrott gehen.

Verwerfungen statt Sicherheit

Das war Sullas Hinterlassenschaft. Als Ziel hatte er sich gesetzt, für Ruhe und klare Verhältnisse zu sorgen. Dieser Plan scheiterte auf ganzer Linie. Von Sullas bis zu Caesars Bürgerkrieg wurde Italien wiederholt von Unruhen und Aufständen erschüttert, bildeten sich Koalitionen Unzufriedener oder schuf die Politik in der Hauptstadt neue Konflikte um ökonomische Chancen, das Verhältnis von Reichtum zu Macht und die Privilegien schwacher wie starker Gruppen.

Caesars ‚Wahlplattform' war eine Abrechnung mit den Profiteuren des sullanischen Systems; tatsächlich beendeten der Einmarsch in Italien und die Entscheidung von Pharsalos (s. dazu S. 19) die letzten Diskriminierungen der Proskribierten. Wieder gab es dabei Tausende von Gefallenen, wenn sich auch Strafmaßnahmen und Racheakte für diesmal in Grenzen hielten. Es wurden weniger Todesurteile als Extrasteuern verhängt und vielleicht Hunderte enteignet, sicher aber nicht Zehntausende. Ämter, neue Senatssitze und öffentliche Aufträge gingen dafür methodisch an die Gegenpartei. Was in einem „Staat Caesars" an bleibenden Nachteilen auf die Kriegsverlierer von 49–45 v. Chr. zugekommen wäre, ist nicht mehr offensichtlich geworden. Zum Teil jedenfalls waren die Umwälzungen unter Sulla rückgängig gemacht, durch ein kleineres Erdbeben mit neuen Schäden und neuen Aufsteigern.

Dann kam der Machtkampf zwischen den republikanischen Kräften und dem harten Kern der Caesarianer, der in die lange Katastrophe des letzten Bürgerkriegs einmündete. Buchstäblich alle Schrecken der Jahre 88–78 v. Chr. wurden an Dichte der Ereignisse und an Opferzahlen überboten. Der Angehörige einer Honoratiorenfamilie aus Italien konnte in den zwölf Jahren vom Marsch auf Rom bis Actium ohne Weiteres eine Odyssee durchmachen: Er rückte vielleicht mit der Senatsarmee gegen Decimus Brutus vor Mutina, floh nach Octavians Kommandoübernahme vor den Triumvirn zu Marcus Brutus, kam bei Philippi mit dem Leben davon, rettete sich zu Sextus Pompeius nach Sizilien, kehrte amnestiert nach Italien zurück, nahm Dienst bei Marcus Antonius, überstand dessen desaströsen Partherkrieg und trat am Ende wieder gegen eine römische Armee an. Auf jeder einzelnen Etappe konnte er Freunde und Familie verlieren oder in Lebensgefahr bringen, vom ökonomischen Ruin und dem eigenen Untergang ganz zu schweigen. Wer als Sklave nach Sizilien entkam, für den handelte Sextus Pompeius im Vertrag von Brundisium die Freilassung aus; kämpfte er daraufhin als freier Mann in Sextus' Armee und kapitulierte 36 v. Chr. vor Octavian und Lepidus, wurde er bestenfalls seinem ehemaligen Besitzer überstellt, wahrscheinlich, damit der ihn ans Kreuz schlug. Einfache Soldaten in einer Bürgerkriegsarmee lebten ähnlich riskant, so sehr ihre Feldherren darauf

41 Diese Augustusbüste aus der Münchner Glyptothek zeigt den Princeps mit dem Eichenlaubkranz, der *corona civica*, die ihm als Retter aller Bürger verliehen worden war. Der Anspruch, dauerhaft für soziale Stabilität zu sorgen, ließ sich daraus unschwer ableiten.

bedacht waren, die Veteranen als Ganzes um jeden Preis zu versorgen.

Für die Zivilbevölkerung Roms und Italiens, reich oder arm, sah es eher schlimmer aus. Das Kernland des Imperiums war voll mit Vertriebenen, formal oder brachial Enteigneten, mit Kriegswaisen, Mittellosen, Halbverhungerten, Untergetauchten, Verfolgten rachsüchtiger Anhänger der Triumvirn, Ex-Sklaven mit prekärem Status, misstrauisch beäugten Amnestierten. Sie waren geplündert, geprügelt, vergewaltigt und zu widersprüchlichen Treueeiden gezwungen worden, hatten ihre Schutzherren gewechselt und ihre Erbstücke verkauft. Manche dieser Opfer hatten es in späteren Stadien auf die Gewinnerseite geschafft – und womöglich zu Tätern gebracht.

Die Sieger eines solchen Kampfes waren auf ihre Art ebenfalls gebrannte Kinder. Nach den Wetterumschlägen dieser Zeit schliefen sie nicht ruhig. Es gab die Feindbilder unter ihnen, die man seit Sulla kannte: den empörend reichen Freigelassenen, der seinen menschlichen Besitz und die ärmeren Mitbürger schikanierte, den Fabrikanten minderwertiger Kriegsartikel oder den zum Senator mutierten Zenturio, der, wie man sich zuflüsterte, sein Vermögen mit Mordkommandos gemacht hatte. Viel mehr „Octavianer" waren unspektakuläre Ersteigerer eines Landstücks, Nachrücker auf blutig freigemachte Posten und Pöstchen, Neubesitzer eines Hauses oder von Silbergeschirr, über dessen Herkunft nicht viel bekannt war. Und auch ihnen konnte alles wieder genommen werden.

Neue Chancen und neue Regeln

Aber genau dazu kam es nicht – oder nicht aus den alten Gründen. Die zertrümmerte Gesellschaft bekam nach 31 v. Chr. tatsächlich Gelegenheit, zur Ruhe zu kommen. Sie in eine geordnete Form zu bringen, betrachtete nicht allein Augustus als ein Hauptanliegen, es entsprach auch römischen Erwartungen an einen führenden Politiker, zu bewirken, dass jeder und jede am richtigen Platz stand und sich nicht mehr herausnahm, als dem entsprach. Aber nie zuvor war das Platzanweisen dermaßen Sache eines Einzelnen gewesen.

Wer die neue Ordnung des Princeps sehen wollte, hatte sie bei jeder Theatervorführung vor Augen, und im Amphitheater, wenn Gladiatoren und wilde Tiere ihr Blut vergossen, wurde sie noch deutlicher. Standestypische Kleidung und Privilegien hatte es seit Jahrhunderten gegeben; nun pochte wieder jemand auf Einhaltung. Wer nicht römischer Bürger war – geboren, durch Freilassung oder durch ein Geschenk des Princeps –, durfte zum Beispiel keine Toga tragen. Umgekehrt *musste* ein Bürger das weder preiswerte noch praktische Bürgergewand jetzt anlegen, sobald er vorhatte, aufs Forum oder zu den Spielen zu gehen, statt sich bequem anzuziehen. Dafür saß er bei Veranstaltungen weiter vorn als Frauen, Kinder und Sklaven, die die schlechtesten Plätze weit weg von Bühne und Arena bekamen.

> „*Auch die althergebrachten Bräuche und Kleidungsformen suchte er wiederzubeleben, und als er einmal bei einer Informationsveranstaltung statt der Bürgerschaft nur eine Masse Schlechtgekleideter sah, rief er aus: ‚Seht sie euch an, die Römer, die Herren der Welt, das togagekleidete Volk (Vergil, Aeneis 1,282)!' Den Ädilen übertrug er die Aufgabe, künftig niemanden auf dem Forum oder in dessen Umgebung stehen zu lassen, der nicht den Alltagsmantel ab- und die Toga angelegt hatte.*"
>
> Sueton, Leben des göttlichen Augustus 40,5

Nur waren nicht alle Bürger gleich. Schon vor Caesars Zeiten hatten sich die römischen Ritter die vordersten Sitzreihen reservieren lassen; unter Augustus wurden sie mehr denn je ein *ordo*, ein fest formierter Stand mit eigener Kleidung und einem geforderten Mindestvermögen, dessen Angehörige – soweit präsentabel und reitfähig – an Feiertagen in Paradeformation unter den Augen des Princeps vorbeitrabten, zur Erinnerung an die einstige Rolle der *equites* als Kavallerie der Bürgerschaft. Hier gesellten sich jetzt die reichsten Lokaladligen der Städte und Provinzen zu den altgewohnten Bankiers und Großhändlern, in Gesellschaft einer stetig wachsenden Zahl von Offizieren und Verwaltungsbeamten, die dank ihrer engen Kontakte zur Spitze der wiederhergestellten Republik bald zur neuen Elite des Standes zählten.

> „*Ein gewisser Livineius Regulus – empört, dass sein eigener Sohn und viele andere ausgelost worden waren (im Senat zu bleiben), er aber gestrichen war, wo er sich selbst doch für besser hielt als sie, zerriss seine Kleider mitten in der Kurie, entblößte seinen Körper, zählte die mitgemachten Feldzüge auf und zeigte ihnen seine Narben vor. Und Articuleius Paetus, der unter den künftigen Senatoren war, bat flehentlich, seinen Sitz für seinen Vater räumen zu dürfen, der durchgefallen war.*"
>
> Cassius Dio, *Römische Geschichte* 54,14,2–3 (18 v. Chr.)

42 Theater bildeten die soziale Schichtung ab. Der teils ausgezeichnet erhaltene, teils wiedererrichtete Bau der augusteischen Veteranenkolonie Augusta Emerita (Mérida in Spanien) geht mit seinen 6000 Plätzen auf die Gründungszeit zurück. Auf den tiefen, flachen Stufen ganz unten standen die klappbaren Amtsstühle (*sellae curules*) für Magistrate, durchreisende Senatoren und andere Mitglieder der Oberschichten.

Einen Wermutstropfen gab es: Die Senatoren und ihre Familien, schon in der späten Republik zusehends eine Welt für sich, wurden nun in aller Form aus dem Ritterstand gelöst und zu einem eigenen *ordo*, der sozialen Spitze des Imperiums. Wer zum Senatorenstand gehören wollte, hatte eine Million Sesterze als Vermögen vorzuweisen – die Zinsen einer solchen Summe reichten nicht für den standesgemäßen Lebensstil mit Landgütern, Festen, unbezahlten Senatsämtern und Geschenken an eine kleine Armee von Klienten. Natürlich wurde man nicht einfach Senator, indem man so viel Geld mitbrachte. Es zählte der gute Ruf und das würdige Verhalten.

Wer unwürdig war, das bestimmte der Princeps. Wiederholt strich Augustus zahlreiche Mitglieder aus der Senatsliste, die seinen hohen – offiziell hauptsächlich moralischen – Ansprüchen nicht gerecht zu werden schienen, und drängte damit viele alte Caesarianer ins Privatleben.

Wer ihren Platz einnehmen wollte, durfte weder politisch anecken noch die Einwohner Roms mit üppigen Festen im Stil der späten Republik provozieren; in den eigenen vier Wänden war schon mehr erlaubt. Die vornehmsten verbliebenen Angehörigen alter Familien, komplettiert um die Generäle des einstigen Octavian und deren Erben, bildeten die kleine Patrizierschicht, denen ein schnellerer Aufstieg zum Konsul und einige besonders exklusive Priestertümer vorbehalten waren – außerdem, wie sich zeigen sollte, weitgehende praktische Taten- und Machtlosigkeit, denn zu Statthaltern in Provinzen, die starke Garnisonen hatten, machten Augustus und seine Erben mehr und mehr nur diejenigen, deren Prestige allein aus der kaiserlichen Protektion herrührte und nicht aus einer langen Familiengeschichte, die sie zu einer Rebellion an der Spitze ihrer Truppen ermutigen konnte.

Privilegierte „Unterschichten"

Für die Armee waren die spektakulären Zeiten vorbei. Die große Beute war gemacht, die absurd hohe Zahl der Soldaten würde schrumpfen müssen, ehe sie die Staatskasse völlig ausbluten ließen. Für die gut zwei Dutzend verbleibenden Legionen mit ihren rund 140000 Mann, die eine bleibende Stütze des augusteischen Regimes bilden mussten, hatte ihr Imperator eine gehobene soziale Stellung vorgesehen. Im Tausch gegen eine lange Dienstzeit, die sich bei zwanzig Jahren einspielte, gab es einen Sold, der deutlich über dem Durchschnittseinkom-

men lag, dazu Geldgeschenke bei besonderen Anlässen – und die feste Aussicht, nach der Entlassung eine großzügige Abfindung zu bekommen, die den Veteranen in jeder Provinz- oder Kleinstadt unter die Wohlhabenden einreihte. Vom Zenturio konnte man es durchaus bis in den Ritterstand bringen. Der Kaiser sorgte für seine Truppen – und wer in sein religiös getöntes Schutz- und Treueverhältnis zu jedem einzelnen Legionär oder Mitglied der (aus Nichtbürgern rekrutierten) Auxiliartruppen einzudringen suchte, der lebte nicht lange, wie sich mehrmals zeigen sollte. Verstärkt galt das für die gut zehntausend Soldaten, die als Prätorianer die Sicherheit von Princeps und Hauptstadt sicherten.

43 Einfach geschmacklos, fand jeder Senator: Der freigelassene Backunternehmer Marcus Vergilius Eurysaces errichtete sich am Übergang zwischen Republik und Prinzipat vor den Toren Roms ein Grabmonument, das nicht nur Szenen aus seinem Berufsleben zeigte, sondern sich aus Bäckereiinventar aufbaute. Ob der selbstbewusste Bau aus Teigtrögen, Getreidesilos oder stilisierten Backöfen besteht, ist umstritten.

Die Existenz von Roms erster reiner Berufsarmee hatte dem römischen Volk den Kriegsdienst abgenommen. Die Hungerjahre für Italien waren ebenfalls vorbei – falls die Ernten gut ausfielen. Oft genug sah sich Augustus mit Unruhen und Hilferufen der verzweifelten Hauptstädter konfrontiert. Seine Konsequenz war, die Getreideversorgung selbst zu garantieren. Gelegentlich hungern, aber doch nie verhungern zu müssen, war ein Privileg, das andere Städte und Regionen zu gern besessen hätten. Die prächtigen Spiele zu Ehren der vielen Götterfeste und des Kaiserhauses kamen hinzu, außerdem eine Art Zuschuss zu den Lebenshaltungskosten einiger hunderttausend glücklicher Hauptstädter in Form fester Mengen an Gratisgetreide – und zu besonderen Anlässen Geldgeschenke und öffentliche Gastmähler des Kaisers für alle Bürger. Auch die Plebs von Rom stand unter dem besonderen Patronat ihres permanenten Volkstribuns, feierte ihn und bat ihn von Fall zu Fall um Hilfe oder Geschenke. Am leichtesten ging das durch Sprechchöre bei den Wagenrennen im Circus (wo die Römer rund um die Kaiserloge ungezwungen durcheinandersaßen) oder im Amphitheater.

Es gab zwar wieder Volksversammlungen, aber wen sie wählen sollten, das stand nun fest; seit 5 n. Chr. benannte ein gemischter Ausschuss aus Senatoren und Rittern die Kandidaten für die beiden obersten Ämter. Wahlkampf und Konkurrenz waren aussterbende Rituale; die Senatoren, die in ihren Ämtern genug für Spiele ausgeben mussten, trauerten dem nicht nach, der Römer auf der Straße dachte vielleicht an die politisch motivierten Gewaltszenen der späten Republik zurück, solange die Erinnerung noch lebendig war. Augustus war kaum tot, als Tiberius die Wahlen ganz in den Senat verlegte. Das Selbstbewusstsein des einfachen Bewohners der *urbs* speiste sich zu dieser Zeit bereits aus den Sonderbedingungen, die sein Princeps ihm verschaffte, ja schuldete.

Ein klarer Leitgedanke stand über vielen, wenn nicht allen Projekten. Das war aber nicht die Vollnarkose für die römische Plebs, wie wir uns gern

» *Lass dir auch den Wettstreit edler Pferde nicht entgehen; viele Vorteile hat der Circus, der ein ganzes Volk fasst. Fingerzeichen braucht es da nicht, mit denen du Geheimes ausdrückst, und du brauchst auch nicht durch Zunicken die Nachricht zu bestätigen: Setz dich neben deine Dame – niemand verbietet das – und rück Seite an Seite, so dicht es geht; wie gut, dass die Platzmarkierung zum Zusammenrutschen zwingt, auch wenn du gar nicht willst, und dass du das Mädchen unweigerlich berührst, weil der Ort eben so ist. Hier suche einen Einstieg für eine gesellige Unterhaltung (...) und die ersten Töne sollen Worte sein, die jeder ruhig hören darf.* «

Ovid, *Ars amatoria* 1,135–144

vorstellen: die Erzeugung einer trägen, manipulierbaren Spaßgesellschaft, die sich mit Wagenrennen und Gladiatorenauftritten ihr Leben so hedonistisch wie möglich einrichtete. Zwischen zwei Spielebesuchen arbeiteten die Römer der mittleren und unteren Gesellschaftsschichten hart für ihren Lebensunterhalt, schon wegen der erdrückend hohen Mieten; es war und blieb nur zu leicht, unterernährt, kränklich, arbeits- und obdachlos zu sein. Augustus selbst hatte nie die Absicht, ganz Rom permanent durchzufüttern oder auf einmal ins Theater zu schicken. Er brauchte den Jubel der Zuschauer und Passanten als eine Art ständiges Plebiszit über seine Amtsführung, ebenso wie das Fehlen von Hungerrevolten seine Herrscherqualitäten bewies.

Auf den von Marmorfassaden und Statuenreihen gesäumten Plätzen, in den Zuschauerrängen und Parkanlagen sollte sich die Bevölkerung nicht zuletzt selbst erfahren, ja erstmals kennenlernen – als „römisches Volk", und das hieß, in wohlgeordneter Form. Die Beutestücke des Orients, das aus den immer neuen Siegen finanzierte Riesenvolumen der Gebäude waren jene Machtdemonstration, die in den Jahren der Republik zu oft und zu lange gefehlt hatte. Mit ihnen schütteten Augustus und seine Vertrauten eine Art Dividende aus: nicht mehr allein der Senat war das Ziel von Aufmerksamkeiten ausländischer Delegationen, sondern fremde Diplomaten und Herrscher mussten Rom als Ganzes bewundern und sich umgekehrt von den Römern ausgiebig bestaunen lassen, wenn sie im Amphitheater ganz vorn ihre Ehrenplätze einnahmen.

Das garantierte Ansehen

Die Blicke der schlichten Besucher fielen auch auf ihresgleichen, auf die protokollarisch und architektonisch vorgegebene Reihenfolge der Stände und Bevölkerungsgruppen mit ihrer Kleidung. Die Sitzordnung war die pure soziale Berechenbarkeit; jeder war auf seinen Platz verwiesen, in seinen Vorrechten abgesichert und energisch dazu angehalten, die besseren Herrschaften auch als solche anzuerkennen. Dass sie es auch wirklich waren, darüber wachte der Princeps. Soziale Dynamik schloss das nicht aus. Augustus' leiblicher Vater war schließlich vom Land, und ob Agrippa mit seinem exotischen Gentilnamen Vipsanius überhaupt einer Familie aus Italien angehörte, ist umstritten. Zahlreiche weniger spektakuläre Fälle sind bekannt.

In die Zeit des Augustus oder ganz kurz danach gehört etwa der Aufstieg eines Senators namens Gaius Paccius Balbus bis zum Praetor und Provinzstatt-

44 Leicht exzentrisch ist die Idee des Praetors von 43 v. Chr., Gaius Cestius Epulo, seine Urne in einer mittelgroßen Pyramide beisetzen zu lassen. Die Ägyptomanie dieses und anderer Gräber ließ sich vielleicht als Zeichen des römischen Sieges hinstellen – ein Senator wie Cestius, der anderthalb Jahrzehnte nach Actium verstarb, zählte sicher so viel wie ein Pharao.

halter. Zu Hause war er in einer Stadt Kampaniens, Teanum Sidicinum, das Augustus zur Kolonie erhoben hatte – also war Teanums Oberschicht kräftig mit entlassenen Soldaten durchmischt worden. Dem Namen nach kann Paccius dennoch ein Einheimischer oder ein Kind der Region gewesen sein, ein Mitglied des Lokaladels. Paccius setzte seiner Mutter Staia, Tochter des Marcus Staius, eine Inschrift – der Name ist in Mittelitalien ebenfalls ziemlich verbreitet, und unter Tiberius war ein Marcus Staius, Sohn des Marcus, Duovir (einer der beiden lokalen Konsuln sozusagen) in Nola, südöstlich von Teanum. Den Paccii gelang mit Balbus der Sprung aus der dritten in die erste Reihe der augusteischen Gesellschaft, und im Senat hielten sie sich vielleicht mindestens zwei Generationen länger; damit hatten ihre nächsten Verwandten wie die

45 Rekonstruktion eines Wagenrennens im Circus Maximus. Die Nähe der Kaiserresidenz auf dem Palatin – dessen Bauten im Hintergrund den Zustand gut achtzig Jahre nach Augustus wiedergeben – wurde zum wichtigsten Faktor, damit die symbolischen Kontakte zwischen Roms Bevölkerung und dem Princeps so regelmäßig wie eng blieben.

Staii einflussreiche Fürsprecher in Rom, was ihren eigenen Status in Teanum und vielleicht auch anderswo massiv aufwertete – genug, um zum Beispiel Marcus Staius, wenn er denn ein Verwandter war, den Weg zum Duovir der Stadt Nola zu erleichtern.

Das faszinierend Neue war die vorgeführte Stabilität – die mit den Jahren zu einer erlebten, nicht bloß inszenierten Tatsache wurde. In dem von ihr vorgegebenen, tagtäglich erfahrbaren Rahmen wuchsen die Fragmente der Nachkriegsgesellschaft zusammen. Der soziale Entwurf, den Augustus kreierte, nahm Wirklichkeit an, von einem spannungsfreien Ideal weit entfernt, doch auf alle Fälle als etwas, in dem sich leben ließ. Er sah der vertrauten Gesellschaft aus Republikzeiten noch ähnlich genug, um so etwas wie Heimatgefühle zu wecken; er war insofern besser, als er nicht länger in seinen Grundfesten erschüttert wurde. Die Kräfte, welche die republikanische Gesellschaft einer Zerreißprobe nach der anderen ausgesetzt hatten, hatten schließlich das Regiment übernommen und duldeten keine Gegengewalt.

Die Spinne im sozialen Netz

Alle Gruppen und Schichten – das war nun ebenfalls anders als je zuvor – hatten einen klaren Maßstab dafür, woher sie die Garantie für ihren Eigenwert innerhalb der Sozialstruktur bezogen. Die Person des Princeps nahm Loyalitätsbekundungen und Leistungsbereitschaft entgegen, aber nicht einfach als Tribut an einen alles überragenden Herrscher. Im Gegenzug nämlich bekräftigte Augustus den Wert und das Ansehen seiner hochstehenden Freunde (jeder Senator war ein Freund des Kaisers), der Armee, der Plebs in der Hauptstadt, aber auch der nach römischem Muster gebildeten Stadträte und Gemeinden in Italien und den westlichen Provinzen oder in den freien und tributpflichtigen Städten des Ostens.

Sogar ein freigelassener Sklave, lebenslang belastet durch das Wissen seiner Umgebung um seinen Status, konnte in Maßen einen direkten Bezug zum Princeps aufbauen. Versah er eine kleine Kultfunktion an einem der örtlichen Straßenaltäre, ehrte er den Kaiser mit (und wurde auf kaiserliche Verfügung beim Opfer von einem Liktor mit dem Rutenbündel begleitet, als sei er ein senatorischer Beamter). Lebte er zum Beispiel in einer Stadt außerhalb Roms und hatte genug Geld, blieb ihm ein Ratssitz zwar lebenslänglich versperrt, aber nichts hinderte ihn nach 14 n. Chr. daran, sich um eine Funktion im örtlichen Kollegium der Priester des vergöttlichten Augustus zu bewerben. Auch für diese sozialen Aufsteiger führte der Weg zu mehr Ansehen über die Zentralfigur der römischen Gesellschaft. Das Prinzip blieb für den Senator

46 Aus der ersten Hälfte des 1. Jahrhunderts stammt das Grab des Freigelassenen Lusius Storax aus Teate (heute Chieti). Als *sevir Augustalis* veranstaltete und leitete er Gladiatorenspiele, die ihm für kurze Zeit eine Rolle verschafften, wie Ex-Sklaven sie üblicherweise in der Öffentlichkeit nie spielen konnten. Die vom Kaiserkult eröffneten Chancen führten zu mehr Zufriedenheit – und gesteigerter Loyalität – unter dieser Aufsteigerschicht.

und den Freigelassenen dasselbe: Wollte jemand über die bloße Zugehörigkeit zu seiner Gruppe oder Schicht hinaus ein Extra an Privilegien erreichen, besaß im Zweifelsfall der Kaiser den Schlüssel dazu, direkt oder über Zwischeninstanzen; falls er gar die Standesgrenzen überschreiten wollte, hing er ganz vom kaiserlichen Wohlwollen ab.

Die bis ins Straßenbild geordnete Gesellschaftsform darf nicht mit einem uniformierten oder gar totalitären Staat verwechselt werden, wie dessen Vertreter – und der Antikenfilm – das gern getan haben. Triumphzüge waren jenseits der festen Programmpunkte lautstarke, unordentliche Angelegenheiten, keine Aufmärsche aus mit dem Lineal formierten Truppenkarrees (die Soldaten trugen nicht einmal Waffen), und der breite Purpurstreifen auf der Tunika eines Senators war kein Rangabzeichen nach Art eines Kragenspiegels oder einer Achselklappe. Nach wie vor war die römische Gesellschaft ein Personenverband, ein komplexes Geflecht mal straffer, mal lockerer Fäden, die sich zwischen den Mitgliedern einer Schicht ebenso spannten wie zwischen den benachbarten.

Nichts und niemand konnte die Vorgänge, das Zerren und Ziehen an den einzelnen Strängen auch nur annähernd kontrollieren, so wenig wie Meinung und privaten Lebensstil des Löwenanteils der Bürgerschaft. Augustus aber war es gelungen, erstaunlich viele Einzelfäden oder gar ganze Bündel davon – von einem Senator zu einem ihm flüchtig bekannten Ritter etwa oder von der Armee als ganzer zur Einwohnerschaft Roms – gewissermaßen umzuleiten und durch seine Hände laufen zu lassen. Er hatte nicht das Monopol für die Herstellung jedes Zusammenhalts aller Römer, aber wo immer man über das Ganze der *res publica* sprach oder in eine irgendwie offiziell gefärbte Beziehung zu anderen trat, spielte seine Person und Vermittlerfunktion wie ganz natürlich mit hinein. Insofern hatte Augustus die römische Gesellschaft nicht allein wiederhergestellt, sondern erfolgreich um den Finger des Princeps gewickelt. Anders hätten aus ihm und seinen Erben mit der Zeit kaum die römischen Kaiser werden können.

47 Die Statue aus der Spätzeit des Princeps, heute im Nationalmuseum in Rom, zeigt ihn als Pontifex Maximus. Unter dem perfekten Faltenwurf der Toga ragen die Schnürstiefel der Patrizier (*calcei patricii*) hervor.

Sitte und Anstand

Die öffentliche Moral und ihre Probleme

Der um 100 n. Chr. schreibende, auf das Lob seiner Gönner ebenso wie auf drastische Bosheiten spezialisierte Epigrammdichter Martial beteuert, nicht auf seinem Mist sei das nachstehende, etwas eindimensionale Gedicht gewachsen: „Augustus, du bist die Entschuldigung für (meine) Gedichtbände, die – kein Wunder – etwas locker geschrieben sind (…) du, der sich in echt römischer Schlichtheit auszudrücken weiß."

» *Weil Antonius die Glaphyra gefickt hat, hat Fulvia als Strafe für ihn über mich verhängt, dass ich nun meinerseits sie ficke. Ich und Fulvia ficken? Ja, und wenn mich Manius bittet, ihm hinten reinzufahren, ob ich es dann wohl tue? Ich glaube nicht! Wenn ich noch bei Trost bin. ‚Fick mich oder kämpfe!' sagt sie. Aber wenn ich an meinem Leben mehr hängen sollte als sogar an meinem Schwanz? Blast zum Angriff!* «

Martial, *Epigramme* 11, 35,3–8

Die Autorschaft ist bezweifelt worden. Leider passt der Inhalt perfekt zum *bellum Perusinum* von 40 v. Chr., als Marcus Antonius' energische Gattin Fulvia eine Rolle bei der Verteidigung des belagerten Perusia spielte und damit (nach der Gleichung „aktiv und militärisch" = „männlich") in den Augen ihrer Gegner aufhörte, eine anständige Frau zu sein. Die Legionäre Octavians und ihre Widersacher ritzten umgehend farbenfrohe Wünsche auf die bleiernen Schleudergeschosse (*glandes*), diese „Eicheln" mögen dem doppeldeutigen Wort entsprechend landen. Umgekehrt äußerte Antonius vor dem Endkampf gegen Octavian – als er dessen Schwester Octavia zugunsten Kleopatras öffentlich blamiert hatte – in einem offenen Brief an den Rivalen: „Was hat Dich so verstimmt? Dass ich's mit der Königin treibe? Die ist meine Frau. Habe ich jetzt erst damit angefangen oder schon vor neun Jahren? Aber *Du*, Du machst es ausschließlich mit (Livia) Drusilla? Ich wünsche Dir einen Gesundheitszustand, der mir garantiert, dass Du, wenn Du diesen Brief liest, es gerade *nicht* mit Tertulla treibst oder Terentilla, Rufilla, Salvia Titisenia oder allen auf einmal. Macht es irgendeinen Unterschied, wo oder bei welcher Du ihn hochkriegst?"

48 Marcus Antonius. Der Triumvir, eines der größten Militärtalente in Caesars Gefolge, scheiterte nicht zuletzt an seinem fehlenden Sinn für effektive öffentliche Selbstdarstellung.

Beide Triumvirn verkörperten die gute alte Schule der römischen Senatselite, die regelmäßig nach einer Wiederherstellung der öffentlichen Moral rief, Gegnern vor Gericht eine Vergangenheit als Strichjunge oder Liebhaber der eigenen Schwester nachsagte und im Fall einer echten Feindschaft noch ganz anders losschimpfen konnte. Marcus Brutus, der die Bedürfnislosigkeit der stoischen Philosophen zu seinem Lebensideal erklärte und die Zinsen für seine Darlehen mit Kavallerieattacken und Aushungern von Städten auf Zypern eintrieb, war da schon angreifbarer.

Freiwillige Selbstkontrolle

Römischer Ritter zu sein oder gar zum Senat zu gehören, stellte weder ein reines Privileg dar, noch beschränkten sich die damit verbundenen Pflichten auf politische Tätigkeit. Von einem Aristokraten verlangten seine Standesgenossen und die ganze Stadt, er möge ein Vorbild sein. Rom kultivierte eine schlichte Lebensform bis an den Rand der Karikatur. Im Hintergrund stand die Furcht vor einem Wettbewerb im demonstrativen Geldausgeben. Ein Optimat konnte genau absehen, wie es ausging, wenn jeder beliebig viel Geld in jedes Abendessen für Freunde, in Familienbegräbnisse oder Tafelgeschirr investieren durfte, ein beutebeladener Prokonsul ebenso wie ein Senator, der gerade noch auf das Mindestvermögen kam. Wenn grundsätzliche Gleichheit das Prinzip war, das den Senat zusammenhielt, was würden dann Scheiterhaufen aus Sandelholz anrichten oder zentnerschwere Silberschüsseln?

Deswegen hatte gerade der Senat über sich selbst den institutionalisierten Sozialneid verhängt. Lächerlich strikte Gesetze regelten das maximal Erlaubte an Konsumgütern; es war leicht und beinahe unvermeidlich, sie zu brechen, aber nur weil es jeder tat, blieb es nicht automatisch straflos. Zuständig hierfür waren die beiden Censoren. Wen dieses Schicksal traf, der konnte höchstens wieder ganz unten anfangen, als Quaestor kandidieren und den gehässigen Fragen der Wähler standhalten. Es ist kein Wunder, dass der Senat sich gegen Ende der Republik nicht mehr so sehr gedrängt fühlte, pünktlich die Censur zu besetzen. Böse gesagt fand die Abwahl von Senatoren nunmehr auf Schlachtfeldern und Proskriptionslisten statt.

> *‚Ich ziele auf Fulvias Klitoris.'*
> *‚Ich ziele auf Octavians Arsch.'*
> *(hinter einem Phallussymbol) ‚Schlapper Octavius, setz dich drauf.'*
> *‚Lucius Antonius, Glatzkopf, du bist erledigt. Sieg für Gaius Caesar.'*
>
> Corpus Inscriptionum Latinarum XI 6721,6–7. 11. 13 = A. Degrassi (Hg.), *Inscriptiones Latinae liberae rei publicae* 1106. 1108–09. 1111. Vier Schleuderbleie aus Perusia. (Kahlköpfigkeit galt in Rom als Indiz für sexuelle Passivität.)

Die Angreifbarkeit des Lebensstils, gemessen an Rechtslage und offiziellem Moralstandard, hatte inzwischen kritische Werte erreicht. Wenn man nicht wert war, Senator zu sein, weil man seiner Frau Perlenketten schenkte, mehrere Geliebte hatte, indirekt an Handelsunternehmen und Banken beteiligt war oder eine Vielzahl von statuengeschmückten Villen auf dem Land unterhielt – dann gab es nur noch Schuldige. Die Reaktionen fielen sehr unterschiedlich aus. Zumindest ein lautstarker Teil der höheren Stände hielt die Konventionen entweder für hinfällig oder sich selbst für darüber erhaben. Die tränenreiche Trauer um eine Lieblingsmuräne war in einer Zeit, die einem Cicero mehrere Rüffel schon wegen des Leidens am Tod seiner Tochter einbrachte, nicht reine Tierliebe, sondern auch programmatische Extravaganz.

Ein anderer Teil der maßgeblichen Leute – in Rom, aber auch in Italien – entwickelte eine Infektionstheorie. Wenn die besseren Kreise kein Vorbild abgaben, war es kein Wunder, dass die Plebs unverschämt wurde, also nicht wie geheißen wählte, reiche Geschenke dafür erwartete und Aufruhr stiftete. Rom hatte offensichtlich sein Pflichtgefühl verloren, weil es zu reich, äußerlich zu unbedroht, zu durchdrungen von unmoralischen Einflüssen war, kurz: zu selbstvergessen.

Das alles war keine rein theoretische Debatte – nicht in Zeiten, als Sklaven ihre Herren gegen die Freiheit und ein Kopfgeld ans Messer lieferten,

Familien sich spalteten und zerstritten, um Partei für eine der jeweiligen Bürgerkriegsseiten zu nehmen. Etwas war grundsätzlich falsch, ob nun eine Strafe der Götter vorlag oder ‚nur' massives menschliches Fehlverhalten. Ebenso grundsätzlich musste der Reformbedarf ausfallen – keine Extravaganzen, keine dreiste Anspruchshaltung, oben so wenig wie unten.

» *Damit man aber weiß, dass er ein Princeps war, der eher auf Gesundheit als Beliebtheit achtete – als das Volk über den Mangel an Wein und dessen Preis klagte, fuhr er es mit strengster Stimme an: Sein Schwiegersohn Agrippa habe genügend vorgesorgt und mehrere Wasserleitungen gebaut, damit die Leute keinen Durst hätten. Demselben Volk, das diesmal eine ihm bereits versprochene Geldspende einforderte, antwortete er, auf sein Wort sei Verlass; als man aber eine nicht angekündigte verlangte, geißelte er diese Niedrigkeit und Unverschämtheit in einem Edikt und bekräftigte: Jetzt werde er nichts geben, obwohl er das vorgehabt habe.* «

Sueton, *Leben des göttlichen Augustus* 42,1–2

Steigende Standards

So erklärt sich, wie Augustus auch in diese Rolle hineinwuchs. Bereits 28 v. Chr. übernahm der Bürgerkriegssieger zusammen mit Agrippa die Aufgaben der Censoren von einst – schon um endlich wieder Daten über die Finanzkraft und Kopfstärke der Bürger zu bekommen. Diese Maßnahmen bestimmten die Zusammensetzung jenes Senats mit, der Octavian im Folgejahr den neuen Titel verlieh. Dabei blieb es jedoch nicht. 18 und 9 v. Chr. wandte der Princeps sich gleich zweimal dem Gremium zu. Unerwünschte Mitglieder wurden zum Rückzug ermutigt. Teilweise traten neue, präsentablere Personen an ihre Stelle.

Besonders Glückliche bekamen die Bewerbung als Quaestor erlassen und fanden sich sofort als Senatoren wieder, anderen verlieh Augustus lediglich die Zugehörigkeit zum Senatoren*stand* und ermutigte sie damit, zu kandidieren. Beide Wege blieben über den Moment hinaus offen – ein Mittel, loyale Männer schnell voranzubringen, besonders wenn sie als römische Ritter bereits eine längere Karriere hinter sich hatten.

Langsam stellte sich unter den nun wieder rund 600 Senatoren die erwünschte Mischung zwischen alten *nobiles*, den neuen Konsulfamilien des Prinzipats und den vielen ebenso unentbehrlichen ‚Hinterbänklern' ein. Das Ansehen der Verbliebenen stieg allein durch die Tatsache dieses Auswahlprozesses. Noch dazu fand Augustus eine Methode, wie ungleich mehr unter ihnen als bisher Konsuln sein konnten. Stets war es ausnahmsweise möglich gewesen, etwa bei Todesfällen einen „nachgewählten Konsul" (*consul suffectus*) zu kreieren. Jetzt wurde es üblich, dass den zwei „ordentlichen" Amtsträgern (*consules ordinarii*) ein oder gleich mehrere Paare von *suffecti* folgten. Die Macht des Konsulats in der römischen Innenpolitik sank damit dramatisch, ganz wie Augustus sich das wünschte. Umgekehrt bildete sich nach und nach ein ‚Pool' von mehreren Dutzend Personen, die ihrem Rang nach für ein Provinzkommando oder andere Funktionen infrage kamen. Eine neue Nobilität konnte schon deshalb nicht entstehen. Den großen Namen der Republik wie den neuen des Prinzipats war ein vergleichsweise tatenloses Leben in dekorativer Rolle zugedacht; selbst das war den Nachfolgern des Augustus allzu oft nicht sicher genug, und prominente Vorfahren im Stammbaum wurden zum Sicherheitsrisiko.

Die Sozialmoral betraf aber mehr als den Senat – Augustus machte dies deutlich, indem er die Barrieren zwischen Teilen der römischen Gesellschaft drastisch erhöhte. In vielen Einzelheiten war das teils selbstverständlich, teils wurde es begrüßt. Tief verwurzelt waren zum Beispiel die Vorbehalte gegenüber Sklaven und Freigelassenen. Wenn aber beispielweise ein Senator oder Ritter die Stirn hatte, eine Freigelassene zu heiraten und deren Kinder als legitime Erben einzusetzen, empörte das einen frei geborenen einfachen Römer (und seine Frau) ebenso wie der Erfolg eines superreichen Ex-Sklaven vom Schlag des Vedius Pollio. Gern erzählte man sich Geschichten von solchen Leuten, an denen man ihren schmutzigen Charakter leicht erkannte: einmal Sklave, immer Sklave. Vedius etwa soll einen seiner Sklaven, der ein teures Stück Geschirr zerbrochen hatte, um ein Haar bei lebendigem Leib an seine Muränen verfüttert haben; nur sein Gast Augustus – natürlich – verhinderte das und schickte als Strafe das ganze übrige Service zu den Fischen.

Freigelassene hatten außerdem für all jene sexuellen Praktiken bereitgestanden, die nach dem römischen Verständnis entehrten – jedoch allein den passiven ‚weiblichen' Partner. Genau dies haftete ihnen ein Leben lang an und entehrte die soziale Umgebung mit, etwa den Rat einer Stadt, falls so ein Unwürdiger sich dort einschlich (was angesichts des Vermögens mancher Freigelassener und des permanenten Geldbedarfs der Städte durchaus seine Reize hatte).

Unerwünschte Kontakte reduzierte Augustus im Jahr 18 v. Chr. durch die berühmten Iulischen Ehegesetze. Zwischen dem Senatoren- und Ritterstand einerseits sowie Freigelassenen andererseits waren rechtmäßige Ehen demnach schlicht unmöglich. Einfache Bürger konnten mehr oder weniger heiraten, wen sie wollten. Der eigene Zutritt zu den oberen Ständen blieb einstigen Sklaven ebenfalls zeitlebens verwehrt; es sagt allerdings viel, dass man bald nach Augustus die Stadträte ausdrücklich sperren musste und kurz darauf ein Streit über die Söhne von *liberti* im Senat entbrannte. Zwei Jahrhunderte später trug der Sohn eines Ex-Sklaven den Kaiserpurpur.

49 Bedingungslose Fügsamkeit der Frau war auch im kaiserzeitlichen Rom kein Ideal, das allen gefiel, wie dieses Fresko aus Pompeii zeigt. Die traditionellen Wertvorstellungen des Augustus und vieler seiner Anhänger setzten sich zumindest im juristischen Bereich aber durch.

Kinder für Rom, Rechte für den Mann

Mit den Heiratsverboten verschärfte sich leider ein Problem, das die Oberschichten schon länger verfolgte – die Demographie. Der Erhalt des standesgemäßen Lebensstils war Motiv genug, die Kinderzahl durch Verhütung, Abtreibung oder Aussetzung gering zu halten – sonst verloren die Söhne ihre Standeszugehörigkeit, die Töchter mit ihrer zu kleinen Mitgift die Chance auf eine gute Ehe. Da Frauen im Alter von etwa 14 erstmals verheiratet waren, noch früher verlobt wurden und bei jeder Schwangerschaft in Lebensgefahr schwebten, war mögliche Kinderlosigkeit das kleinere Übel; es gab immer noch das Mittel der Adoption.

Augustus jedoch wünschte keine hohe Fluktuation in der eben neu zusammenwachsenden Führungsschicht – wie er überhaupt einen bedenklichen Rückgang der Kinderzahl aus Bürgerehen registrierte. Er versuchte es mit einer Mixtur aus

» *Das Marsfeld kennt euch nicht, auch nicht die eiskalte Aqua Virgo, und der etruskische Strom zieht euch nicht auf seinem ruhigen Wasser mit (Kraftsport und Schwimmen sind nichts für Frauen). Aber ihr könnt – und das lohnt sich – durch die Schatten der Pompeius-Porticus spazieren (...); besucht das Palatium (...) Und die Bauwerke, die Schwester und Gattin unseres Anführers errichtet haben (Porticus Livia und Octavia) und sein Schwiegersohn (Agrippas Porticus auf dem Marsfeld) (...); besucht die weihrauchverbrennenden Altäre der Kuh von Memphis (den Isistempel), besucht die drei Theater auf gut sichtbaren Plätzen; die vom heißen Blut befleckte Arena muss frau sich anschauen und die Wendemarke (im Circus), die das glühendheiße Rad umrundet.* «

Ovid, *Ars amatoria* 3,385–396: Wo Frauen Männer kennenlernen können.

Anreizen und Druck. Die Konsuln des Jahres 18 v. Chr. hatten – als kinderlose Junggesellen, wie sofort vermerkt wurde – das Vorhaben als *lex Papia Poppaea* zu verantworten. Ab sofort unterlagen Frauen zwischen 20 und 50 einem Ehezwang, ebenso Männer zwischen 25 und 60 – auch und besonders Verwitwete oder Geschiedene. Nach dem Ende einer Ehe gewährte Augustus kurze Übergangsfristen zur Partnersuche, danach wünschte er den Vollzug einer neuen – und Ergebnisse. Männer, die drei (lebend geborene) Kinder nachweisen konnten, würden künftig bei der Ämterbesetzung Vorrang gegenüber Fortpflanzungsmuffeln genießen, Frauen – die als Erbinnen diskriminiert waren und in der Ehe rechtlich ihrem Mann unterstanden – durften auf größere Selbstständigkeit rechnen. Wer die Bedingungen nicht erfüllte, sah sich mit finanziellen Sanktionen bedroht. Beide Seiten zielten vor allem auf Mitglieder der höheren Stände, wie der Bonus bei öffentlichen Funktionen verriet, aber der Rechtsvorteil – und die Pflicht – der drei Kinder (*ius trium liberorum*) ging alle Bürger an.

Zusätzlich ging es dem Princeps noch um die Moral. Auch die *lex Iulia de adulteriis*, das von Augustus selbst eingebrachte Ehebruchgesetz, betraf besonders die oberen Etagen der römischen Gesellschaft. Dort war spätestens seit Sulla die tatsächliche Bewegungsfreiheit der Frauen ihren überkommenen Spielräumen enteilt. Die üblichen arrangierten Ehen, soziale Allianzen zwischen füreinander attraktiven Familien, waren nur im Sinne der Produktion erbfähiger Kinder ein Erfolg. Nicht zuletzt das erklärt den Anstieg mehrfacher Scheidungen, nicht allein die politisch unruhigen Zeiten oder gar (wie die Kritiker es sahen) sexuelle Hemmungslosigkeit. Viele Paare, auch und gerade in Senatsfamilien, führten eine Vernunftehe, in der Verhältnisse und Seitensprünge – oft auch im Fall der Frauen, was zweihundert Jahre zuvor undenkbar gewesen war – toleriert wurden, und sei es aus der ökonomischen Notwendigkeit, den Betrieb Familie am Laufen zu halten. Gegen den Zugriff ihres Mannes auf die Sklaven des Hauses hatte die Hausherrin noch nie eine Handhabe besessen, aber jetzt holte sie in der Lebenspraxis auch in dieser Hinsicht auf.

Hier war in doppelter Hinsicht ein wunder Punkt berührt. Oberster Zweck der Ehe war und blieb es aus traditioneller Sicht, rechtmäßige Erben in die Welt zu setzen; stabile Familienverhältnisse waren mit ihr nicht verbunden, weswegen sie von heute auf morgen beendet werden konnte. Falls eine Frau aber wechselnde Sexualpartner hatte, brach in der auf Erbschaften und Testamente fixierten römischen Oberschicht wirklich eine Welt zusammen. Augustus selbst war so dreist gewesen, Livia Drusilla im sechsten Schwangerschaftsmonat zur Scheidung vom Vater ihres Sohnes Drusus zu bewegen, aber er und alle Welt wussten, wer der Vater war. Wenn es praktisch ein Glücksspiel wurde, mit wem eine umworbene Erbtochter hinterher Kinder zeugte, was sollte beispielsweise den Aufsteigern aus der augusteischen Bürgerkriegspartei für die Echtheit garantieren? Selbst Cato hatte die Affäre zwischen Caesar und seiner (verheirateten) Schwester Servilia lieber zähneknirschend mit Stillschweigen übergangen, als die Familienehre bloßzustellen.

Rom war, wie der rüde Ton der Bürgerkriegsschriften verrät, weithin eine Macho-Gesellschaft. Hinzu kam die Verlockung, anderen zu beweisen, wie unerhört man selbst leben konnte – unter die Nase geriebene Regelbrüche im sexuellen Bereich taugten dazu ebenso gut wie verschwenderische Abendgesellschaften. Aus der Sicht eines Zugezogenen vom Land aber, der unter der strikten Aufsicht seiner Eltern erzogen war, das Ideal der züchtig den Haushalt leitenden Matrone verinnerlicht hatte und sich an das übliche Freiwild hielt, um seine Bedürfnisse auszutoben – moderates jugendliches Randalieren, Bauernmädchen, die Sklavenschaft und natürlich alle Schwächeren in Kriegszeiten – stellten sich solche Provokationen wie auch die Arrangements zwischen Eheleuten als eine einzige Kette von Lasterhaftigkeit und Orgien dar, besonders wenn Frauen die Initiative ergriffen.

Augustus, geboren auf dem Palatin und Adoptivsohn eines legendären Frauenhelden, kannte die Verhältnisse in Rom gut genug, um sich nicht grundlos zu ereifern. Wenn er dem übrigen Italien jedoch seinen Platz in der Herrschaftsordnung verschafft hatte, wenn er als Garant geordneter Lebensverhältnisse gegen Antonius' wilde Ehe mit Kleopatra angetreten war, dann setzte ihn das unter Zugzwang, die Moralvorstellungen seiner Anhänger auch offensiv zu vertreten. Nicht nur unter ihnen waren Regeln gefragt – Augustus war Politiker genug, um zu wissen, wie populär es ist, an „die da oben" überstrenge Maßstäbe anzulegen, und Römer genug, die Vorbildfunktion der führenden Stände mit aller Härte einzufordern.

Das Ergebnis war so klar wie einseitig. Als Ehebruch eines Mannes wurde jede Beziehung mit einer verheirateten Frau verfolgt; außerdem hatte man Söhne und Töchter von Familien der oberen Stände in Ruhe zu lassen. Sexuelle Handlungen mit fremden Sklavinnen galten sowieso als Sachbeschädigung. Damit blieb es auch verheirateten Männern unbenommen, sich nach Belieben zu Prostituierten und Partnerinnen einfacher Herkunft zu gesellen; eine Freigelassene konnte ein Senatorensohn problemlos als Konkubine nehmen. Solange der Mann seine Partnerin nicht im eigenen Haus unter den Augen der Gattin installierte, waren noch so viele Verhältnisse kein offizieller Scheidungsgrund.

50 Mit den sexuellen Tabus trieb die römische Gesellschaft ein Doppelspiel. Oralverkehr und andere Praktiken waren und blieben ein Grund zur sozialen Ächtung – was nicht daran hinderte, sie auf ganz alltäglichen Gebrauchsgegenständen wie dieser Öllampe darzustellen.

Die Regeln für die Frauen waren kürzer. *Jede* sexuelle Beziehung vor und außerhalb einer Ehe war von vornherein *stuprum*, rechtswidriges Sexualverhalten. Für verheiratete Frauen waren sie durchweg Ehebruch, *adulterium*, und brachten die Verbannung ein. Das galt auch für Sklaven im eigenen Besitz; nach sexuellen Handlungen mit einem fremden Sklaven konnte die Frau zum Eigentum von dessen Besitzer erklärt werden. Die Reduktion der Ehe auf ein Fortpflanzungsinstitut war damit so perfekt, dass sie das römische Ideal der asymmetrisch vom Mann beherrschten, aber auf Einvernehmen gegründeten Hausgemeinschaft geradezu aus den Angeln hob: Es hätte Augustus nichts gekostet, den Tatbestand des Ehebruchs auch bei Männern auszuweiten. Obendrein kam noch eine perfide Drohung an jene hinzu, die gegenüber ihren Gattinnen weiterhin ein Auge zuzudrücken planten: Sollte der Mann von so etwas Kenntnis haben, war er zur Scheidung und zur anschließenden Anklage verpflichtet – oder wurde selbst als Zuhälter verfolgt. Somit hatte er die Wahl, entweder seine Frau in die Verbannung zu befördern oder sozialen Selbstmord zu begehen.

Augustus selbst hätte von Rechts wegen ganz oben auf der Anklageliste stehen müssen; seine Frau Livia persönlich, hieß es, traf eine Vorauswahl

51 Von der Skandalhochzeit zum Vorbild des Imperiums: Livia, hier mit den Attributen der keuschen Fruchtbarkeitsgöttin Ceres, verließ ihren ersten Mann unter turbulenten Umständen und arrangierte sich mit dem Triebleben des Augustus. Der beiderseitigen Zuneigung tat das keinen Abbruch, der offiziellen Darstellung einer sittenstrengen Musterehe ebenso wenig.

unter den Kandidatinnen für das Bett des Princeps. Natürlich wagte es niemand je, den Aufseher über die öffentliche Moral damit zu konfrontieren. Nur sehr mutige Zeitgenossen widersetzten sich Augustus überhaupt, wenn er in einer Demonstration altrömischer Striktheit begriffen war. So fällte er an einem Gerichtstag als Konsul ein Todesurteil nach dem anderen und rief von seinem Amtsstuhl unermüdlich Fälle auf. Maecenas, der Finanz- und Kulturspezialist, konnte es schließlich nicht mehr mit ansehen und warf ihm ein Schreibtäfelchen in den Schoß. Augustus nahm es, las „Steh endlich auf, du Schlächter!" und schloss die Sitzung.

Allerdings konnten Stützen des Regimes wie Maecenas sich einen Lebensstil leisten, der das exakte Gegenteil der augusteischen Moralpolitik verkörperte. Genau dadurch stellte sich Senatoren- und Ritterfamilien die Frage, wie ernst der Princeps es mit diesen fast absurd strengen Regeln meinte. Waren sie lediglich auf Vorrat beschlossen, um mit unerwünschten Personen bei Bedarf leichtes Spiel zu haben? In diesem Fall wäre das Durchgehenlassen persönlicher Unmoral ein neues kaiserliches Privileg gewesen, so wie es fast umgehend die Gewährung der Sonderrechte für Kinderreiche an Kinderlose wurde. Oder aber die Strafe war nur aufgeschoben und hing ein Leben lang über den Regelbrechern. Dann war es erst recht unumgänglich, auf die Nachsicht und (schlimmstenfalls) Gnade des Herrschers zu setzen und ihm keinen Anlass zu liefern, dass sein verdienter Zorn sich entlud. So oder so hielt eine gewisse Doppelmoral bei den Spitzen der Gesellschaft Einzug. Aus der Kaiserzeit mit ihrem strengen Ehe- und Familienrecht haben wir interessanterweise Anspielungen, wonach so mancher Senator nicht der Sohn seines edlen Vaters war.

Die Hochschätzung der Ehe war eine fragile Angelegenheit. Statuen der Livia, die sie als Juno, die eifersüchtige Schützerin ehelicher Treue, zeigten, müssen Kommentare hinter vorgehaltener Hand nach sich gezogen haben. Augustus – ein nach wie vor höchst viriler Jupiter an der Seite von Juno-Livia – fand nichts dabei, seine eigene Familie rücksichtsloser umzustrukturieren als je irgendein

52 Kurz vor Agrippas Tod wurde 13. v. Chr. diese Münze geschlagen, die die Augustustochter Iulia zwischen ihren beiden Söhnen, den designierten Erben Gaius und Lucius, zeigt. Eine besonders harmonische Ehe in seinem Haus zu stiften, war für den Princeps nicht so wichtig – was zählte, war die größtmögliche Konzentration an dynastischem Kapital.

republikanischer Hausvorstand. Seine einzige Tochter Iulia, ohne Alternative, wenn es um die Weiterführung der unerklärt errichteten Dynastie ging, wurde an einen nach dem anderen verheiratet, auch wenn das die Scheidung des angehenden Gatten voraussetzte. 12 v. Chr. starb Agrippa, ihr zweiter Mann; Augustus wies Iulia dem Ersatzerben Tiberius zu, der bislang glücklich mit Agrippas Tochter gelebt hatte, also Iulias Stiefsohn war. Das war kein Hindernis für eine Zwangsheirat, unter der beide Seiten litten.

Spätestens seit Tiberius 6 v. Chr. auf Rhodos kaltgestellt war, suchte sich Iulia wohl andere Partner. Augustus sah dem, unmöglich ahnungslos, bis ins Jahr 2 zu, dann überschlugen sich – unter dem Einfluss der Stiefmutter Livia, wie es hieß – die

» *Scharenweise hatte sie Ehebrecher an sich herangelassen, war in nächtlichen Sauftouren durch die Öffentlichkeit gezogen, das Forum selbst und die Rostra – die Tribüne, von der aus der Vater das Ehebruchsgesetz eingebracht hatte – waren der Tochter für ihre Unzucht recht; täglich gab es einen Auflauf an der Marsyasstatue, wenn sie sich – schon nicht mehr Ehebrecherin, sondern zur Käuflichen geworden – das Recht zu jeglicher Ausschweifung nahm, unter einem Ehebrecher liegend, den sie nicht einmal kannte.* «

Seneca, *De beneficiis* 6,32,1

Ereignisse. In der Krise waren noch ganz andere Motive als die öffentliche Moral am Werk; doch streng auf vorbildliches Verhalten seiner Familie Wert zu legen, war für Augustus deutlich angenehmer als das Zerschlagen einer Verschwörung bekannt geben zu müssen. Fälle von Untugend mochte es auch in der neuen stabilen Gesellschaft geben, Erschütterungen der Staatsordnung nicht.

Privatmeinungen und ihre Gefahren

Umgekehrt galt für die römische Öffentlichkeit dieser späten Jahre aber auch: Mochte die Herrschaft des Princeps offiziell ohne Alternative sein, die propagierte Moralvorstellung war es nicht so ganz. Ovid, ein neuer Stern am Dichterhimmel, konzentrierte sich auf Liebeslyrik, in der er zwar das ausdrücklich Verbotene nicht guthieß, aber kleine Tabubrüche wie Sex am hellichten Tag servierte. Und das war nur der Anfang; seine *Liebeskunst* behandelte geistreich-verlockend die Tricks der außerehelichen Partnersuche und -bindung – gefolgt von einem nicht ganz ernst gemeinten Kurzratgeber, wie man sich jemanden gezielt aus dem Kopf schlagen könne. Noch dazu hielt Ovid, beinahe ein ‚Frauenversteher', den patriotischen Anteil an seinem Schaffen auffällig kurz. „Ein Gedicht und ein Fehler", *carmen et error*, standen nach seiner eigenen Auffassung hinter dem persönlichen Befehl des Augustus, er möge sich ins Exil begeben. Mit Sicherheit ärgerte die *Ars amatoria*, wie Ovid selbst vermutete, den Princeps so nachhaltig, dass er im Jahr 8 n. Chr. einen Anlass nutzte, es diesem Subjekt heimzuzahlen, dessen entspannter Ton fast noch subversiver war als seine Themen.

» *Cynthia hat mich Unglücklichen als Erste mit ihren süßen Augen gefesselt, mich, den vorher niemals das Begehren gestreift hatte – dann aber zwang Amor mich, meine unbefangenen Blicke zu Boden zu richten, setzte mir den Fuß auf den Kopf und drückte ihn nieder (...) bis er, der Verruchte, mich gelehrt hatte, mir nichts aus anständigen Mädchen zu machen und ganz ohne Grundsätze und Verstand zu leben. Und jetzt lässt dieser Irrsinn schon das ganze Jahr nicht locker bei mir; und das, obwohl ich auf diese Art nicht umhin kann, die Götter gegen mich zu haben.* «

Properz, Gedichte 1,1,1–8

Es war nicht der einzige Ärger über lästige Poeten. Schon kurz nach Actium hatten Roms Lyrikfreunde die erste Gedichtsammlung des jungen Propertius in die Hand bekommen. Seine dominante Geliebte, ob echt oder fiktiv, war ein Skandal, erst recht die Idee, den Band mit dem Tod eines Verwandten im Kampf um Perusia zu beschließen, gesteigert durch die zwar traditionelle, bei Properz aber ärgerlich deutliche Absage des Dichters an Tätigkeiten wie das Soldatsein (während der staatstragende Horaz dreist oder vielleicht selbstironisch sein oft missbrauchtes „Süß und ehrenvoll ist es, fürs Vaterland zu sterben" sprach).

Nichts zeigt besser, wie wenig das augusteische Rom ein Überwachungsstaat war. Es gab Konformitätsdruck und Schikanen, aber weder eine gleichgeschaltete Literatur noch Untergrundschriftsteller. Was es reichlich gab, sind Bücher, die unpublizierbar waren. Der im Ruhestand lebende Feldherr Asinius Pollio, nun Geschichtsschreiber und bei Gelegenheit durchaus widerspenstig, verspottete Titus Livius mit seiner erbaulichen Art, die unverhoffte Entwicklung Roms zum Guten zu schildern. Ein Nachkomme des Pompeianers Labienus, der von der Hand in den Mund lebte, publizierte persönliche Angriffe auf halb Rom und versprach für die Zeit nach seinem Tod Enthüllungen. So kam er zu der Ehre, das Opfer einer öffentlichen Bücherverbrennung abzugeben. Andererseits duldete Augustus die Entstehung einer vernichtenden Abrechnung mit den Proskriptionen, verfasst von dem Historiker Cremutius Cordus – Autor und Werk wurden erst unter Tiberius zu Staatsfeinden. Wieder anders lag der Fall des begabten, bissigen Redners Cassius Severus – Verbannung in den letzten Jahren des ersten Princeps.

Was genau politisch und was noch privat war, das entwickelte sich zum Dauerproblem. Provokant unmoralische Personen des öffentlichen Lebens konnten die Zielscheibe provokant moralischer Kritiker werden, und beide konnten dafür in Schwierigkeiten geraten. Klagen über den Verfall der Werte in der Vergangenheit blieben erlaubt, aber rasch war es ein Privileg des Ersten Römers und seiner engsten Umgebung geworden, moralische Probleme der Gegenwart auch nur beim Namen zu nennen. Die wiederhergestellte Republik war diskret, gedämpft im Ton und vertrug keinen Spaß, wenn jemand ohne ausdrückliche Ermutigung von oben Attacken gegen lebende Mitglieder der besseren Kreise ritt. Eine Spätfolge davon war die zunehmende Heftigkeit der Abrechnungen mit vergangenen, ungeschützten Generationen. In den Augen der Nachwelt konnte fast jede Kaiserherrschaft als eine Kette jäh aufbrechender Skandale beschrieben werden, die auf Abgründe von Verkommenheit hinweisen mussten. Eher versehentlich stand Augustus Pate für die moderne Erfindung der echt römischen Dekadenz – die Blitze, die er schleuderte, schlugen quer und trafen Roms guten Namen an einer empfindlichen Stelle.

Von allem nur das Beste

Die ‚augusteische Klassik'

Reichtum, der sich dem Reichen ansehen ließ, war – wir haben es gesehen – unsittlich, falls er nicht in den Dienst der Öffentlichkeit gestellt wurde. Jetzt gab es eine Instanz, die im Namen der Öffentlichkeit forderte und drohte; bemerkenswert ist, wie wenig sich damit geändert zu haben scheint.

Unser Bild vom augusteischen Rom ist zwangsläufig geprägt durch die idealisierten Porträts: Kein einziger Augustuskopf ist so lebensnah, wie es die knorrigen, bewusst mit Warzen und Falten garnierten Bilder älterer Generationen gewesen waren. Schon für Caesar und Pompeius hatten sich Darstellungsformen in dieser Richtung etabliert, die den porträtierten Imperator ebenso schönten wie wiedererkennbar machten. Ohne die Arbeit der Bildhauer und Graveure wären Augustus und seine Erben optisch nie so nahe zusammengerückt – die Beschreibungen der einzelnen Kaiser bei Sueton fallen ungleich weiter auseinander als die Seite an Seite betrachteten Büsten und Münzbilder von Augustus bis Claudius. Selbst in Agrippas Gesicht zauberte diese Überarbeitung eine Art vorbestimmter Verwandtschaft mit seinem überragenden Freund, dem Princeps.

Diese Bilder scheinen untrennbar mit den ebenso monumentalen Säulenfluchten, der Marmorpracht, den spektakulären Innenräumen augusteischer Großbauten zusammenzugehören – so, als hätte sich die Privatsphäre über Nacht verflüchtigt und jeder Winkel Roms wäre offiziell geworden. Die Mengen, in denen die – wenn man so will – Regimekunst entstand, übertrafen jedes bisher erlebte Maß, aber sie wischten die ‚Konkurrenz' nicht einfach beiseite, sofern es sich nicht um die Verdrängung alter Feinde oder unbedeutend gewordener Familien aus dem öffentlichen Raum handelte. Im Gegenteil, die Qualität der Augustusbilder und ihres ganzen dynastischen Strahlenkranzes war unter anderem dadurch notwendig geworden, *dass* sie sich mit beträchtlichen Mengen älterer Denkmäler zu messen hatten. Dabei drangen die Statuen des Princeps und der Seinen nicht allein in Tempel und auf öffentliche Plätze vor; sie schmückten auch den für Besucher zugänglichen Teil jedes Privathauses, das politische Kontakte zur Dynastie unterhielt.

Dabei handelte es sich um eine Loyalitätsbekundung. Aber die Römer hatten nicht wie die Untertanen totalitärer Staaten des 20. Jahrhunderts bloß die ‚Wahl' zwischen verschiedenen Formaten eines normierten Standardbildes ihres jeweiligen Tyrannen. Mit dem Statuenwald und ganzen Wiesen von schlichten Statuetten aus Ton und dergleichen zog die Monarchie in große und kleine Häuser ein, das ist sicher. Es war dennoch keine Uniformierung, sondern oft genug schlicht ein modisches Statement. Von zahlreichen kaiserzeitlichen Gräbern kennen wir Porträts, die auf unterschiedlichem Niveau die Frisur des jeweiligen Princeps imitieren – rasch genug zogen die Römerinnen nach und orientierten ihre Haartracht, zumindest für die Nachwelt, an den Frauen des Kaiserhauses. Das Spektrum reichte von einem Frontalzusammenstoß zwischen Gesichtsform und Musterfrisur bis zu eher dezenten Anspielungen auf den Zeitgeist.

Mit den Augustusstatuen in reichen Haushalten stand es ähnlich. Sie waren nicht nur linientreu, sondern auch en vogue. In der ‚Klassik' unter dem ersten Princeps steckte die ganze technische und ästhetische Raffinesse der griechischen Kunst des Hellenismus. Rom hatte schon mehrere Generationen Erfahrung mit Statuen prominenter Personen und war durch reichlich Kriegsbeute und den einen oder anderen Ankauf gründlich mit dem vertraut, was sich in der bildenden Kunst so erreichen ließ. Dennoch war der Sprung von einer Gesellschaft, in der nur führende Personen aus guter Familie das Recht hatten, als Ahnenbild aus Wachs verewigt zu werden, zu Stein- und Bronzestatuen nicht nur abrupt gewesen, er hatte sich auch in relativ engem Rahmen bewegt. Die Sammler konzentrierten sich weiterhin auf Religiöses und Mythologisches; die einzeln und in Gruppen auf den Straßen gezeigten Bildwerke waren noch mühelos Stück für Stück wahrzunehmen.

Das alles änderte sich nun. Augustus und die Seinen stürmten mit Ehrenmälern, Statuen und Inschriften das Forum, die Straßen, die Umgebung der Tempel – und landauf, landab kopierte man nicht allein ihre Frisur. Der spendable Bewohner einer Kleinstadt gab wie ein kleiner Agrippa das Geld für die Umgestaltung eines Platzes, also ließ er sich vom dankbaren Stadtrat auch den nötigen Platz für eine Ehrenstatue anweisen und gab die passende Basis in Auftrag. Er war der berufene Mann, ihnen die neuen Umgangsformen beizubringen: Marcus Nonius Balbus hatte es in Rom bis zum Praetor gebracht und konnte im kleinen, reichen Herculaneum vorführen, wie gut er als Statue aussah – ohne allzu erbitterte Konkurrenz vermutlich, aber gut sichtbar, mitten in einer Landschaft, wo praktisch jeder römische Senator eine oder mehrere Villen hatte.

53 Das Städtchen Herculaneum erinnerte sich über den Tod des Nonius Balbus hinaus an seinen langjährigen Spender und Fürsprecher im augusteischen Rom. Die Decurionen stifteten ein Grabmal mit dem eingemeißelten Ehrendekret und eine Reiterstatue; ein Freigelassener des ehemaligen Statthalters steuerte ein – heute teilweise zerstörtes – Bild seines Patrons in Feldherrnkleidung bei. Durch den Vesuvausbruch von 79 n. Chr. ist das Ensemble beispiellos vollständig erhalten.

Gebauter Sozialstatus

Diese Villen waren und blieben so luxuriös wie eh und je. Die neue Bildsprache der öffentlichen Sphäre zeigt nicht etwa einen Weg in die Bescheidenheit. Niemals hätte sich Augustus selbst etwa von den über ganz Italien verteilten Ländereien und Prachtbauten getrennt, die ihm zugefallen waren – aus Caesars Erbe, den Proskriptionen, der Enteignung diverser Staatsfeinde, Schenkungen und Testamenten. Der Princeps, mit Abstand der größte Grundbesitzer des Reiches, hatte auch nichts gegen einen angemessenen (und das hieß: erlesenen) Lebensstil der sozialen Elite. Niemand brauchte seine ins Meer hinausgebauten Villen abzureißen, die Fischteiche zuzuschütten oder die Volieren für geflügelte Haustiere und Delikatessen abzureißen. Im Gegenteil nahm das Mindestvermögen von einer Million Sesterzen auf das standesgemäße Minimum im Leben eines Senators Rücksicht und war dafür noch reichlich knapp kalkuliert.

An Immobilien hatte ein Mitglied der oberen Sechshundert Roms mindestens zu haben:

- Ein Stadthaus in Rom selbst (wo die Grundstückspreise schon während der Republik ruinös hoch gewesen waren). Teure Mietwohnungen der Luxusklasse gab es, nur hatten sie nicht das gleiche Flair. Wer es möglich machen konnte – glückliche Erben oder sehr reiche Leute – legte sich ein Haus mit ausgedehnten Gärten zu, was verschwenderischer Flächenverbrauch und zugleich der einzig mögliche Lärmschutz war.
- Eine Villa gleich vor den Toren Roms (im *suburbium*), die von dort aus möglichst in ein bis zwei Stunden erreichbar war. In diesem Fall war die *domus* in Rom selbst beinahe entbehrlich, besonders wenn sie nicht über Gärten verfügte.
- Minimal eine weitere, größere Villa für die heißen Sommermonate, in den Bergregionen rund um Rom und/oder am Golf von Neapel, wo sich in der Ferienzeit vermutlich zwei Drittel der oberen Stände aufhielten. Küstenlage war dort fast unbezahlbar, unverbaubarer Meerblick selten.

Das waren die vorwiegend repräsentativen Anwesen – obwohl im Wirtschaftsteil der stadtnahen Villa beispielsweise Delikatessen und frische Blumen für die Märkte Roms gezüchtet werden konnten und die wenigsten Villen reine Luxusbauten waren. Mit dem senatorischen Mindestvermögen diese Grundausstattung zu erwerben, dazu noch Nutzland und Höfe, Ziegeleien, Besitzungen in den Provinzen und andere Mittel zur ‚Risikostreuung', war ebenso kompliziert wie das Erzielen der jährlichen Rendite, um sich und die Seinen aus seinem Grundbesitz finanzieren zu können.

» *Warum mich mein Laurentinum (...) so begeistert, wundert Dich; das wird es nicht mehr tun, wenn Du hörst, wie reizvoll die Villa ist, wie gut sie liegt und wie großzügig der Küstenstreifen ist. Das Gut ist nur 17 Meilen (ca. 26 km) von Rom entfernt, also kann man, wenn man seine Pflichten erledigt hat und der Tag schon fertig und gut abgeschlossen ist, dort absteigen. (...) Die Villa ist für meine Zwecke geräumig, im Unterhalt dabei nicht zu teuer. (...) Die Küste verschönern in überaus angenehmer Abwechslung mal in Reihen, mal einzeln die Dächer von Villen, die den Eindruck zahlreicher Städte erwecken, ob man auf dem Wasser ist oder am Strand selbst (...)* «

Plinius der Jüngere, *Briefe* 2,17,1–4; 27–28 (kurz nach 100 n. Chr.; unter anderem ein Versuch des Senators, seinem Adressaten Clusinius (?) Gallus die Küste südlich von Ostia schmackhaft zu machen – eine ausgesprochene ‚B-Lage'.)

Die wirklich Reichen brauchten sich darum nicht zu sorgen. Jemand wie Maecenas, zeitlebens ‚nur' römischer Ritter, war nicht allein mit einem großen Vermögen auf die Welt gekommen, er baute es auch zielstrebig aus. Die Schar literarischer Talente, die er lange Jahre förderte, machte sich in seinen Ausgaben kaum bemerkbar; angesichts der stadtteilgroßen Gärten des Maecenas auf dem Esquilinhügel, die weite Teile Roms überblickten, konnte auch ein Multimillionär der Zeit nur entsetzt den Gesamtwert überschlagen – es sei denn, ihm gehörte wie den Erben Sallusts und des Lucullus einer der Parks auf dem heutigen Monte Pincio im Norden der Metropole.

Dynastische Inneneinrichtung

In den Innenräumen hatte sich auf den ersten Blick nicht viel verändert. Eine Villa direkt am rechten

54 Der reiche – und kaisernahe? – Besitzer der antiken Stadtvilla am Tiberufer musste seinen Neubau bald aufgeben. Nach neuzeitlichen Arbeiten an der Uferbefestigung blieben vier Zimmer und zwei Verbindungsgänge erhalten. Die Wandmalerei zeigt teils erotische Szenen, teils imitiert sie eine Gemäldesammlung mit Themen aus der Mythologie.

55 Möbel, Lampen und Kohlebecken aus Pompeii und Herculaneum; oben links eine Wandmalerei aus Boscoreale mit der Darstellung eines hölzernen Armstuhls. Aquarelle von Peter Connolly nach Fundstücken.

Tiberufer mit Blick auf das Stadtzentrum, die um das Jahr 20 v. Chr. errichtet wurde, war alles in allem ganz ähnlich ausgemalt, wie es auch in den republikanischen Jahrzehnten geschehen wäre. Nur hatte der Bauherr – hinter dem man Agrippa persönlich vermutet hat – eine allzu zentrale Lage gewählt; der häufigste Besucher war der Fluss selbst, und spätestens nach wenigen Jahren kapitulierte man vor den alljährlichen Überschwemmungen. In den sechs Räumen der aufgegebenen Casa della Farnesina, auf die Arbeiter des 19. Jahrhunderts stießen, waren erste Szenen aus der antiken Mythologie als Zentralmotive der Wandfresken zu sehen, nicht mehr ausschließlich imaginäre Gebäude – das war der Zug der Zeit. Fremd hätte sich der Bewohner eines fünfzig Jahre älteren Luxushauses aber nicht darin gefühlt. Marmorverkleidete Prachtsäle, wie wir sie aus Monumentalfilmen kennen, waren nie die Grundausstattung gewesen; das römische Standardzimmer wäre für die Bedürfnisse eines Regisseurs deutlich zu eng und zu dunkel.

Auch die Einrichtungsgegenstände waren nicht revolutioniert worden oder wenn, dann nur indirekt. Gesucht war dasselbe wie zuvor: kostbares Silbergeschirr, Edelholztische, entsprechend geschmackvolle Bettgestelle, Tische und Kandelaber für die zahllosen Öllampen; unter Sammlern die eine oder andere Antiquitätensorte von griechischer Keramik bis hin zu Statuen aus Edelmetall. Alles, woraus sich Münzen prägen ließen, muss in den Bürgerkriegsjahren sehr gefährdet gewesen sein – die Triumvirn waren mit Sondersteuern so eifrig gewesen wie mit Enteignungen. Teure Unikate hatten ihren Besitzer wohl gleich mehrfach gewechselt; so waren zahlreiche Familien auf der Siegerseite zu ‚Erbstücken' gekommen.

Im Einzelfall ist heute nicht mehr zu sagen, ob ein augusteisches Silberservice von ‚neureichen' Besitzern bestellt wurde, den späten Ersatz für eine zwischendurch abgegebene Kriegssteuer bildete oder womöglich der Verlegenheit über einen unmodischen Vorgänger entsprang, den man deshalb schlicht einschmolz. Fest steht, dass die zahlreichen Objekte aus Edelmetall, die nun entstanden, ihrerseits zum Kern neuer Familienschätze wurden. Augusteische Stücke bilden den ältesten Teil des über hundertteiligen Schatzes von Boscoreale, der 1895 entdeckt wurde und bis zum Vesuvausbruch von 79 n. Chr. offenbar stetig angewachsen war – etliche davon mit Motiven, die wiederum den Princeps abbildeten. Das Silbergeschirr begleitete seine Besitzer bis in die entlegensten Provinzen, wie der Hildesheimer Silberfund beweist – ein halbes Tischservice, das zu einem umstrittenen Datum im Boden des nicht römischen Germanien vergraben wurde. Eine Kombination älterer Stücke war hier um augusteische Teile komplettiert worden, ziemlich sicher für den Bedarf eines Offiziers der am Rhein und jenseits davon operierenden Armee.

Auf Bechern und Mischgefäßen – man hatte die halbrituelle griechische Art übernommen, in geselliger Runde Wein auszuteilen und dabei kundige Bemerkungen über das Service zu machen – breiteten sich aber nicht allein Ranken aus, wie man sie so ähnlich auf den Reliefplatten der Ara Pacis hätte sehen können, es zeigten sich auch Augustus, seine Verwandten und nächsten Vertrauten, gleichberechtigt mit Motiven wie Liebesszenen oder jagenden Tieren. Solche Exemplare wurden gekauft, bestellt und verschenkt, vermutlich in den seltensten Fällen durch den Abgebildeten. Es war ein bemerkenswerter Erfolg für Augustus, sich geradezu mühelos auf besonders wertvollen Stücken ‚ausgebreitet' zu haben (und vermutlich auch einer, dass er am anderen Ende der Skala, etwa auf massengefertigten Öllämpchen und Billiggeschirr, offenbar *nicht* vergleichbar präsent war). Teil des guten Geschmacks zu sein, war wertvoller, als nur aus Huldigungsgründen in den Kunstvitrinen zu landen, und besonders raffiniert war es, nicht plump eine Augustusszene auf seine größte Servierschüssel gravieren zu lassen, sondern beziehungsreiche Götter-

56 Der Silberschatz von Boscoreale. Die meisten der aufwendig verzierten Stücke kamen beim Gastmahl zum Einsatz.

57 Die Einzelstücke eines silbernen Tafelgeschirrs, die 1868 bei Hildesheim entdeckt wurden, reichen von der hellenistischen bis in augusteische Zeit. Diese Schale mit dem Bild der Athene sorgte für Aufregung, weil eine Gravur auf ihr teils als Besitzervermerk des Quinctilius Varus gedeutet wurde; Mixtur und Qualität deuten aber eher auf den Besitz eines Tribunen oder Präfekten hin, vielleicht die zweitbeste Garnitur für unterwegs – es sind weder hochwertige Antiquitäten noch spektakuläre Neuschöpfungen darunter.

szenen und Idyllbilder zu bestellen, die subtil in den Zeitgeist passten, ohne als optisches Hurrageschrei verstanden zu werden.

Unbezahlbare Zeichen der Treue

Kunst, die nicht anders denn als tiefe Verbeugung vor dem Princeps und seinem Haus wirkte, gab es jedoch sehr wohl. Selten können in der antiken Welt so viele Edel- und Halbedelsteine (und deren preiswertere Glasimitate) geschnitten worden sein wie unter Augustus. Sein Profil oder ein verwandtes Motiv in einen Ringstein zu graben, war die vergleichsweise billige Lösung – selbst wer seine Briefe nicht mit dem Bild des Princeps versiegelte (eine etwas gewagte Handlung), trug dadurch seine Loyalität am Finger zur Schau. Je nach Qualität des Stücks war das ein durchaus bezahlbares Vergnügen, das sich im weiteren Lauf der Kaiserzeit stärker verbreitete.

Nur beruhte die römische Sozialordnung gerade nicht auf flachen Hierarchien. Die exklusivsten uns bekannten Formen, seine Bindung an Augustus und die Dynastie sichtbar zu machen, waren schwindelerregend teuer – und ihre schiere Existenz untergräbt das Bild einer Rückkehr zur altväterlichen Sittenstrenge noch weiter. Reliefartig geschnittene Halbedelsteine mit mehrfarbigen Lagen gehörten in eine Preisklasse, die normalen Reichen verschlossen blieb. Schon ein Kameo, der ‚nur' so groß wie eine große Münze war, kostete vermutlich ein kleines Vermögen – die verwendeten Achate, Chalzedone und so weiter waren in der geforderten Qualität selten zu bekommen, langwierig zu schleifen und splitterten obendrein leicht.

Vor den großen Vertretern wie dem Grand Camée de France oder der Gemma Augustea verblassten selbst diese Kleinodien. Hartnäckiges Schweigen herrscht in den Quellen über Herkunft und Verwendungsart – falls nicht das Kaiserhaus selbst, können nur die empörend Reichen vom Schlage eines Maecenas oder der alten und neuen Patrizierfamilien das nötige Geld investiert haben. Ob man das Prunkstück anschließend in die eigene Kollektion einreihte (Gemmen waren unter Kennern Sammelgebiet), es zu großen Anlässen – Heiraten, dem Antritt eines Konsulats, dem Mündigwerden des Stammhalters? – einer anderen *gens* schenkte oder solche Unbezahlbarkeiten allein dem Haus des Augustus verehrt wurden, bleibt damit offen. Unsere Hauptquelle, der systematisch aufzählende ältere Plinius, nennt Steinsorten und die dokumentierten Höchstpreise vom Edelholztisch bis zum Duftöl, bleibt aber leider oft den Kontext schuldig.

Es gab auch hier eine vordergründig preiswertere Alternative – was sich durch das Volumen ihres Gebrauchs wettmachen ließ. ‚Falsche' Kameen aus mehrschichtigem Glas waren in ihren Materialeigenschaften berechenbarer und leicht lieferbar. Kleinere Stücke wanderten als Tapeten an die Wände: Es war die Zeit, in der Roms Reiche vorsichtig mit Marmorplatten als Wandverkleidungen ihrer Innenräume experimentierten, und rasch kamen Glasmosaike oder eben auch in Stuck gefasste Kameogläser hinzu. Wenn man sich stattdessen gleich ein ganzes Gefäß bestellte, in einer Größe, wie selbst ein Ptolemäerkönig keinen echten Halbedelstein hätte beschaffen können, war das Ergebnis spektakulär, technisch schwierig und verschlang Arbeitszeit genug, um mit den Onyx- und Achatbesitzern mithalten zu können. Wie rar oder verbreitet solche Prachtstücke waren, ist kaum bekannt – sie gingen zu leicht in Scherben und waren gekittet nicht annähernd so präsentabel wie beschädigte echte Kameen derselben Größe.

» *Sogar zu unserer Zeit macht die Geschichte den Opal berühmt, denn heute noch existiert eine Gemme dieser Art, wegen welcher der Senator Nonius von Antonius proskribiert wurde (...). Als dieser geächtet war, floh er und nahm von all seinen Schätzen allein diesen Ring mit sich. Fest steht, dass er damals auf zwei Millionen Sesterzen geschätzt wurde, aber Antonius' Wildheit und Prunksucht überraschen doch, da er ja wegen eines Edelsteins proskribierte, und nicht weniger die Verbissenheit des Nonius, dass er in sein Todesurteil verliebt war (...)* «

Plinius der Ältere, *Naturalis historia* 37,81–82

Die berühmte Portlandvase, die als eines von ganz wenigen Großobjekten stark lädiert überlebt hat, ist so faszinierend und zeitlos, dass an ihrer antiken Herkunft gezweifelt worden ist – im antikenfreudigen England des 18. Jahrhunderts waren ihre Kopien aus Wedgwood-Steinzeug der Schaum

58 Weder an Symboldichte noch an Kostbarkeit zu übertreffen waren die großen Halbedelsteine mit dynastischen Szenen. Die Gemma Augustea bräuchte zur Erläuterung ihres Inhalts einige Seiten. Im Zentrum des – ursprünglich noch größeren – Sardonyx thront neben der Göttin Roma Augustus, vor dem links der Drusussohn Germanicus in militärischer Kleidung steht. Neben ihm steigt Tiberius von einem Wagen, der seine Kriegserfolge seit 4 n. Chr. andeutet. Die Gemme gehört in die letzten Herrschaftsjahre des Augustus.

auf der Welle des Klassizismus. Ihre Figuren, eindeutig mythologisch gehalten, ebenso eindeutig aufgeladen mit Bezügen zu Augustus und seinem politischen Umfeld, sind mindestens so oft gedeutet worden wie die Italia/Tellus/Venus von der Ara Pacis (s. S. 50). Möglicherweise sehen wir eine Variante der Herkunft des Princeps, die selbst für dessen Verhältnisse an Hybris grenzte: die Empfängnis des Augustus durch seine Mutter Atia von einer Schlange, in die sich der Schutzgott des späteren Romretters, Apollon persönlich, verwandelt hat (und die ihn in eine Reihe mit Roms vielleicht bes-

59 Das mehrschichtige Glas der Portlandvase eröffnete seinem Bearbeiter Möglichkeiten, die sich mit denen eines Edelsteinschneiders messen konnten. Die Schwierigkeiten waren entsprechend hoch, das fertige Stück unbezahlbar. So gut wie unstrittig ist die Überblendung mythologischer Motive und Darstellungsweisen mit Aussagen über Augustus und sein Haus – hier im Bild vielleicht die übermenschliche Empfängnis des Princeps, über der Eros/Amor schwebt.

tem König, Servius Tullius, sowie mit Alexander dem Großen stellt). Ob die Gegenseite Freund oder Feind von Augustus abbildet, ist ebenso umstritten wie die Deutung selbst – rein mythologische Themen sind mit starken Argumenten vorgeschlagen worden, gewagter war die Interpretation, vielmehr verführe Kleopatra (komplett mit Schlange) hier den törichten Antonius. Ziemlich unverrückbar bleibt die Frage des Alters – und der Preisklasse.

Kaiserliche Empfindlichkeiten

In dieselbe Kategorie wie die Kameen gehört vermutlich ein ‚Modetrend', den wir aus Kostbarkeitsgründen gar nicht mehr verfolgen können: goldenes Tischzubehör. Hier scheint sich unter Augustus die Konkurrenz erst richtig entfaltet zu haben – und sie musste jene Familien besonders anziehen, denen er systematisch das Wasser abgrub, was Prestigegewinn durch persönliche Großtaten betraf. Die Triumphzüge oder Ausrufungen zum Imperator wurden erst schwer, dann fast unmöglich zu haben, Spiele gaben in Rom fast nur noch Augustus, seine Familie oder ein paar jüngere Beamte, und sogar aus der Finanzierung öffentlicher Bauten oder Restaurierungen verdrängte das Herrscherhaus die alteingesessenen *gentes*, zumindest als der erste Bauboom in der Hauptstadt vorbei war. Wo sie weiterhin mit ihrem Reichtum glänzen konnten, war zum Beispiel bei Tisch – und interessanterweise verbot der Senat bereits 16 n. Chr. den Privathaushalten (allen außer dem ‚öffentlichen' des Princeps) das Goldservice, es sei denn bei Opfern.

So gut wie nichts an römischem Goldgeschirr hat überlebt; Grund dafür: es war zu leicht umzuschmelzen und nie so verbreitet wie das ordinäre Silber, das damit zumindest eine statistische Chance erhielt, der Nachwelt bekannt zu werden – während ein Prunkkameo als Erbstück von einem Herrscherhaus zum anderen wanderte, vielleicht ohne jemals ein ‚archäologisches' Zwischenstadium unter der Erde einzulegen.

Ähnliche ‚Abstandsgebote' wie beim Goldgeschirr zielten auf die Vielzahl an Haussklaven; große Häuser steckten sie offensichtlich in einheitlich gefärbte Kleidung. Das elegante Weiß entdeckte das erste Haus Roms bald für sich, scheint es; zumindest ein halbes Jahrhundert nach dem Tod des Augustus löste es den Ärger eines Dynastiemitglieds aus, wenn bloße angeheiratete Verwandte weiß gekleidete Sklaven aufwarten ließen. Auf rein weißen Tuniken sah man jeden Fleck, also hatte das etwas besonders Extravagantes.

Der Anspruch, mithalten zu können, verschwand aber nicht einfach. Noch der kurzlebige Kaiser Galba hatte 68 n. Chr. den Ehrgeiz, Neros Hofpersonal aus seinen Familienressourcen einfach ersetzen zu können: für ihn waren die Julio-Claudier einfach eine *gens* wie die seine und hatten jetzt abgewirtschaftet.

Seinen Reichtum vorzuführen, war und blieb eben niemals ganz unpolitisch. Im Gegenteil, der Lebensstil war Bestandteil dessen, was alte und neue Mitglieder der augusteischen Eliten schon optisch für ihre neue Rolle qualifizierte. Sie entwickelten sich zur sichtbaren Spitze eines Organismus, der das weitgespannte Territorium römischer Machtausübung und seine Randzonen stärker als zuvor zu durchdringen begann. Auch in den Augen eines Besuchers aus Kleinasien oder Syrien wären Roms Mächtige nun endlich als das erschienen, was sie nach dem Willen des Augustus werden sollten: eine Reichselite, in der sich die Mittelmeerwelt repräsentiert fand und welche ihrerseits die richtigen Signale an sie weitergab.

> *» (Octavius) Fronto ging sogar noch weiter und forderte eine Höchstgrenze für Silber, Inneneinrichtung, Sklaven (...). Dagegen trug Asinius Gallus (mit Tiberius verschwägert) Folgendes vor: parallel zum Wachstum des Imperiums habe auch der private Reichtum zugenommen, und das sei nichts Neues, sondern seit Urzeiten so (...), sonst müssten ja gerade die vornehmsten Männer mehr Pflichten und größere Gefahren auf sich nehmen, aber ohne die Mittel zur Abmilderung von Sorge und Gefahr auskommen. (...) Tiberius fügte hinzu, jetzt sei nicht die Zeit zur Censur – sollte sich aber in Anstandsfragen etwas zum Schlechten verändern, werde es an einem Besserer der Sitten nicht fehlen. «*
>
> Tacitus, *Annalen* 2,33 (zum Anti-Luxus-Gesetz im Jahr 16 n. Chr.)

Der Stadtstaat und sein Reich aus Städten

Die Romanisierung des Imperiums

Für Beobachter, die unter dem Begriff ‚Republik' automatisch eine Art Demokratie verstehen statt des Gegenteils einer Monarchie, ist es immer schon irritierend gewesen, welche Art Verbündete Rom und der Senat sich in republikanischer Zeit wünschten. Sie betrieben, sobald der westliche Mittelmeerraum fest in römischer Hand war, eine Art ‚Republikexport' in dem Sinn, dass sie die großen Monarchien schwächten oder zerschlugen und den kleinen das Leben schwer machten. Der König des mittelgroßen Bithynien, Prusias II., hatte seine Position im Windschatten des etwas größeren, von Rom dankbar benutzten und misstrauisch beobachteten Pergamon noch festigen können, indem er sich 167 v. Chr. vor den Senatoren niederwarf und sie als „rettende Götter" rühmte, wie gewöhnlich irgendeine Stadt es ihrerseits mit Prusias und seinesgleichen tat. Die „Versammlung von Königen" – wie laut Plutarch der griechische Diplomat Kineas den Senat nannte – dankte es Prusias, indem sie Bithynien einige Jahrzehnte lang weniger intensiv gängelte. Am Ende lief es aber immer auf dasselbe hinaus: 133 v. Chr. hinterließ Pergamons letzter Herrscher sein Reich testamentarisch den Römern, 74 v. Chr. war es in Bithynien so weit. Eine autonome Politik war in nächster Nähe zu Roms Provinzen und Interessen so gut wie unmöglich geworden.

Bevorzugte Kooperationspartner waren die kleinen politischen Einheiten – die ‚Sprache' solcher Gebilde und den praktischen Nutzen, Druck auf einzelne Städte oder Kleinfürsten ausüben zu können, verstand die Republik von vornherein, baute doch bereits Roms Herrschaft über Italien auf einem mehrschichtigen System aus Einzelbündnissen mit Partnern auf, die sich ohne Gefahr für ihren Rest an innerer Selbstbestimmung nicht mehr daraus lösen konnten. Ihre – asymmetrischen – Bündnisrechte nahmen die Römer tödlich ernst; die höchstmögliche außenpolitische Ehre, ihr „Freund und Verbündeter" zu heißen, war zugleich eine Verpflichtung zu permanentem, eventuell vorauseilendem Wohlverhalten.

60 Zu den Erfolgsgeschichten der Bürgerkriegszeit zählt die freie Stadt Mytilene auf der Insel Lesbos. Ihr führender Bürger Theophanes wurde Klient und Historiker des Pompeius, dem er bis zuletzt die Treue hielt; dennoch fand Mytilene seinen Weg ins Lager der Caesarianer. Theophanes wurde zum Gott erklärt; seine Nachfahren hatten, ehe sie 33 n. Chr. in Ungnade fielen, großen Einfluss in Kleinasien. Die Münze entstand vielleicht um 5 n. Chr., als einer von ihnen kaiserlicher Procurator der Provinz Asia war.

Andererseits – Bündnisverträge standen unter dem Schutz der Götter und waren in römischen Augen heilig genug, dass der Besitz des römischen Volkes in Italien (und später, nach Einrichtung der ersten Provinzen in Übersee, die Statthaltern unterstehenden, „unterworfenen" Gebiete) mit unabhängigen Einheiten ein verwirrendes, beinahe chaotisches Mosaik bildete. Zweckmäßigkeit war kein Motiv, die mehr oder weniger autonomen *socii* einfach wegzurationalisieren – das schaffte in Italien erst die Verleihung des römischen Bürgerrechts an die überwältigende Mehrheit der Bundesgenossen in den Jahren um 88 v. Chr. In den Provinzen blieb alles beim Alten, nur gaben die bis 31/30 v. Chr. tobenden Bürgerkriege reichlich Gelegenheit, sich für die falsche Seite zu entscheiden. Selbst wenn etwas später die ‚richtigen' Römer siegten, war es nicht ausgemacht, dass sie ihren Unterstützern die Freiheit wiedergaben.

Als Octavian die Alleinherrschaft erkämpft hatte und sich daranmachte, Augustus zu werden, hatte sich das Bild teils verändert. In Spanien und Gallien herrschte Rom über aristokratisch geprägte Stämme, unter denen die auf einzelne Städte zentrierten Politik- und Gesellschaftsformen des Mittelmeerraumes die große Ausnahme waren – frei im vertragsrechtlichen Sinn war nach den Kriegen so gut wie keiner der Akteure. Noch schwerer hatte es die autonomen Enklaven in den großen Inselprovinzen wie Sizilien getroffen, nicht zuletzt wegen der erbitterten Kämpfe gegen Sextus Pompeius. Hier war der Status einer „freien und verbündeten Stadt" (*civitas libera et foederata*) eine Sache der Vergangenheit, ebenso im direkt beherrschten Teil Nordafrikas. Anders im östlichen Mittelmeer: Besonders in Griechenland und den wohlhabenden Küstenregionen Kleinasiens war der Kreis der freien Städte und Staatenbünde zwar geschrumpft, aber aus der politischen Landschaft nicht wegzudenken. Im westlichen Nordafrika, im Inneren Kleinasiens, in Judäa und entlang der Ostgrenze der römischen Einflusssphäre herrschten kleine und weniger kleine Monarchen; sie hatten seit Caesars Sieg im Bürgerkrieg etwas geringere Zukunftssorgen als zuvor.

Das ‚neue' Rom der Provinzen

Gedanken machen, und zwar dringend, musste sich dagegen Augustus in seiner Eigenschaft als Super-Statthalter von Roms halbem Imperium: nämlich wie das Verhältnis zwischen dem Zentrum und seinen Provinzen in Zukunft aussehen sollte. Rom hatte – und daran änderte sich mit dem ersten Princeps erstaunlich wenig – kaum mehr als das Personal eines Stadtstaates zur Verfügung, um ein Reich zu regieren, das zu allem Überfluss noch im Wachstum begriffen war. Das Steuererheben hatte man durch ‚Outsourcing' an Pächtergesellschaften delegiert. Die Erfindung des Statthalters, immer ein Notbehelf, hatte schwer kontrollierbare Vizekönige geschaffen, die ihre Kräfte je nach Temperament und Tagesbedürfnis zwischen Militäroperationen, Gerichtstätigkeit, dem Ausgleich von Konflikten unter Provinzialen und freien Städten, nicht zuletzt aber dem Agieren zugunsten ansässiger oder wirtschaftlich involvierter römischer Bürger aufgeteilt hatten – natürlich ganz zu schweigen von den eigenen Ambitionen als Kriegsherr, Patron und geldhungriger Senator.

So konnte es weder für einen Quasimonarchen wie Augustus noch für die Provinzen weitergehen – mitgenommen, wie sie teils als Kriegsschauplätze,

Bürgerrecht

Roms Herrschaft über den Mittelmeerraum war die Vorherrschaft einer Stadt und ihrer stimmberechtigten Einwohner. Der anfangs kleine Anteil römischer Bürger war vor jedem Gericht im Reich ebenso im Vorteil, wie ihm allein ein – in der Kaiserzeit bescheidenes – Maß an politischer Mitwirkung zustand, wofür er allerdings fast immer in Rom selbst anwesend sein musste. Inhaber des latinischen Bürgerrechts, der zweithöchsten Kategorie, genossen im täglichen Leben vergleichbare Privilegien und durften beispielsweise rechtskräftige Ehen mit römischen Bürgern eingehen. Von Staatsämtern, den Wahlen in Rom oder dem Militärdienst als Legionär blieben sie ausgeschlossen. Alle Bürger sonstiger Städte und Gemeinden im Imperium, die nicht zusätzlich eines der beiden Rechtsprivilegien genossen, waren als *peregrini* („Fremde") rechtlich und finanziell im Nachteil. Bis 212 n. Chr. dehnte sich das römische Bürgerrecht fast auf die gesamte freie Reichsbevölkerung aus, dabei schwächten sich viele seiner Vorteile ab.

teils als Objekte schlichter Ausplünderung und sprunghafter Verwaltung waren. Das Aufgabenspektrum eines Statthalters musste schrumpfen, damit seine Funktion überhaupt zu erfüllen war – und er seinen Ermessensspielraum nicht eines Tages in eine Usurpation verwandelte oder durch Misswirtschaft den Boden für Aufstände bereitete.

» Aus Turdetanien (Andalusien) werden viel Getreide und Wein exportiert – und an Olivenöl nicht nur viel, sondern auch in erster Güte. Und auch Wachs, Honig und Pech werden exportiert und viel Karmin und Rötel, welcher der Erde aus Sinope nicht nachsteht (...). Auch nicht unbedeutend ist die Pökelfischindustrie, die nicht nur dort, sondern auch an der restlichen Küste außerhalb der Säulen des Herakles (der Atlantikküste) besteht (...). Von höchster Qualität sind auch die leichten Stoffe, welche die Bewohner von Salacia (Olivar do Senhor dos Mártires) weben (...). Die Fülle der Exporte aus Turdetanien zeigt sich an der Größe und Anzahl der Schiffe, denn Frachter der größten Bauart segeln von dort nach Dikaiarcheia (Puteoli) und Ostia, dem Seehafen Roms (...). «

Strabon († 23–25 n.Chr.), *Geographika* 3,6 (p. 144–45 ed. Casaubonus)

Es reichte nicht mehr aus, die Provinzen hauptsächlich als bloße Geldquellen zu behandeln. Schon die ökonomische Verflechtung mit Rom und Italien als der Kernlandschaft des Imperiums war für einen so gleichgültigen Ansatz viel zu kompliziert geworden; die Provinzen waren keine bloßen Milchkühe, auch keine zurückgebliebenen Absatzmärkte und Rohstofflieferanten – im Gegenteil, manche wetteiferten an Wirtschaftskraft mit den Eroberern.

Mindestens bis zur Blütezeit des Britischen Empire hat sich keine imperiale Zentralmacht jemals einem derartigen Spektrum von Gesellschaftsformen in ihrem Herrschaftsgebiet gegenübergesehen. Allein der Blick auf die politisch-soziale Rolle der Städte, ohne die rund ums Mittelmeer gar keine sinnvolle Geschichte zu schreiben ist, zeigt das Problem. Eine Landstadt in Mittelitalien unterschied sich von einer autonomen Polis in Griechenland ebenso merklich wie diese von einer seit Jahrhunderten an Königsherrschaft gewöhnten Residenz- oder Gouverneursstadt im Osten. Fürstentümer mit von Rom diktierten, künstlich-‚kolonialen' Grenzen grenzten an Tempelstaaten mit theokratischen Zügen. Spanien hatte reichlich Städte, aber keine Tradition einer auf Städte zentrierten Verwaltung; Gallien fehlte in vielen Regionen alles, was einem urbanen Zentrum auch nur ähnlich sah – die Siedlungen oder Fluchtburgen mancher Stammesfürsten und Unterhäuptlinge waren beim besten Willen nicht damit zu verwechseln. Ägypten, dessen alles durchdringender Verwaltungsapparat die römischen Improvisationen schlicht barbarisch aussehen ließ, hatte außerhalb von Alexandria außer

Dörfern in jeder Größe praktisch nichts Urbanes aufzuweisen.

Soziale Schichten, die Kriterien für die Zugehörigkeit zu ihnen, ihre politischen Rechte und Funktionen, erst recht die Wirtschaftsformen und Aufgabenteilungen machen das Gesamtbild noch verworrener und farbenreicher. Eine reichsweite „römische Gesellschaft" gibt es nur in Handbüchern. Und doch ist es dank Augustus und seinen Nachfolgern eben nicht völlig unsinnig, diese Vereinfachung vorzunehmen.

61 Der Lykische Städtebund, dessen politisches Zentrum in Patara in der Bildmitte zu sehen ist, bildete formal eine unabhängige Einheit, so groß wie eine kleine Provinz. Lykien, eine wohlhabende Landschaft, konnte seine Autonomie noch bis ins 1. Jahrhundert n. Chr. bewahren. Theater wie das im Vordergrund waren im griechischen Osten zugeich Schauplätze von Bürgerversammlungen.

Lauter kleine Metropolen

Italien, gestern noch ein abhängiges, von alten Feindschaften zerrissenes Gebiet, war das Experimentierfeld, auf dem die Träger des entstehenden Prinzipats ihre ersten Erfahrungen machten. Manche davon kamen mit Sicherheit unwillkürlich zustande. Dazu zählte der Unterschied zwischen Lokaltraditionen der bedrohlichen Art und solchen, die im Gegenteil höchst erwünscht waren, ja, geradezu gezüchtet werden konnten. Eine Stadtverfassung, bei der die Entscheidungslast hauptsächlich auf der Versammlung aller Stadtbürger lag (die in Italien nun parallel auch das römische Bürgerrecht besaßen), war unattraktiv; wenn aber die Hauptbefugnisse bei einer Serie von Jahresbeamten lagen, die aus einer Honoratiorenversammlung hervorgingen und sich nicht von ihr lösen konnten, dann hatte es seinen traditionsverhafteten Reiz, wenn Lanuvium seinen Rat als Senat bezeichnete, die Bürgerkolonie Pompeii den ihren als *ordo*, wieder andere Städte als *curia*. Ob das Gemeindeäquivalent römischer Konsuln (natürlich ohne Armee und dergleichen) als *duoviri iure dicundo* („Zweierkollegium für Rechtssprechung"), *quattuorviri* (die vierköpfige Version) oder gar – wiederum in Lanuvium – als ein einzelner Dictator daherkam, war einerlei. Das augusteische Rom hatte nicht die Absicht, die Identität seiner Städte einfach mit einem römischen Standardmodell zu ‚überschreiben'. Besonders faszinierend ist, wie mit den Gebieten griechischer Tradition in Mittel- und Unteritalien verfahren wurde, die sich mittlerweile weitaus stärker als Römer denn als Hellenen verstanden: Augustus gab den Anstoß, Institutionen und Ämter wiederzubeleben – wenn nicht gar neu zu erfinden. ‚Authen-

62 Die von Augustus zur Kolonie ausgebaute Küstenstadt Fanum Fortunae (heute Fano in den Marken) an der Via Flaminia erhielt im tiefsten Frieden eine massive Ummauerung – wohl bestenfalls zum Teil wegen ihrer strategischen Lage. Glanzstück ist bis heute der Arco d'Augusto, das als Ehrenbogen ausgeformte Stadttor, das die Bauinschrift auf 9 n.Chr. datiert. Aus anderen italischen Städten wie Hispellum (Spello) sind vergleichbare Torbögen erhalten.

tisch' griechisch waren die Ergebnisse natürlich so wenig wie zahlreiche ‚wiederbelebte' religiöse Traditionen im Rom der Marmortempel.

Vereinheitlichung gab es in ganz anderer Hinsicht. Zum neuen Italien des Augustus gehörte ein neues Gewand. Zahlreiche Städte legten sich ausgerechnet jetzt, nach Ausbruch des Friedens, eine Stadtmauer mit repräsentativen Toren zu – und auch hier weist die Assoziation ‚Rahmen' in die zutreffende Richtung. Drinnen fielen neue Bauprojekte an. Roms explosive Erneuerung im Stadtbild schuf einen gewissen Druck, die eigenen Tempel auch nicht länger in Holz, Dachziegeln und Terrakotta zu belassen. Ganz unausweichlich aber war es, die Ehrungen, die der Princeps und sein Haus erhielten, nachzuvollziehen, zu spiegeln, mit eigenen Mitteln abzubilden. Man konnte einen Erben des Augustus zum höchsten Stadtbeamten ehrenhalber ernennen; man *musste* an Wendepunkten der Herrschaft die eine oder andere Ehrenstatue oder Monumentalinschrift errichten, gern einen ganzen Altar oder Ehrenbogen, und das an zentraler Stelle – womit das örtliche Forum sein Gesicht bereits veränderte. Der Kult rund um den Princeps, wie in Rom haarfein von einem Kult *des* Princeps unterschieden, durchdrang das öffentliche Leben der italischen Städte; neue Ehren für die Augustusenkel schlugen sich in Festreden, Rats- und Volksbeschlüssen nieder. Und die Senatsbeschlüsse, die ihren Tod betrauerten, glänzten als polierte Bronzekopien auf Dutzenden von Marktplätzen.

Andererseits hatten die führenden Familien auf einmal ein ganz neues, überall im Reich verständliches ‚Wörterbuch', um ihre Stellung auszudrücken. Kleine Stiftungen oder Gladiatorenspiele hatten sie schon länger gegeben; jetzt brach Stadt auf Stadt in Inschriften auf Bauten und an Statuenpodesten aus, wurde das Konkurrieren um Aufmerksamkeit in Bild und Schrift allgegenwärtig. Dekurionen mit einigen zehntausend Sesterzen Mindestvermö-

63 Statuen des Augustus und der folgenden Generationen seiner Familie – von denen nur die Basis am Ort verblieben ist – drängten sich vor den Amtsgebäuden an der südlichen Schmalseite des Forums von Pompeii. Mindestens einmal wurden die Aufstellungsorte geändert, um Platz zu schaffen.

64 Tarraco, die Provinzhauptstadt von Hispania citerior, beherbergte eine Zeit lang auch Augustus in seinen Mauern. Der Princeps war es vermutlich, der die Errichtung einer 15 km langen Wasserleitung für die Kolonie anordnete und ermöglichte. Bis ins Mittelalter wurde Tarragona über diesen Zufluss versorgt; der besterhaltene Teil ist der heute als Aqüeducte de les Ferreres bekannte Abschnitt.

gen verhielten sich im Rahmen des ihnen Möglichen wie der ortsansässige römische Ritter – oder jene ein, zwei Senatorenfamilien, die mit der Zeit zu offiziellen Patronen einer Stadt aufstiegen. Augenmerk und Gunst des Princeps durch solche Kanäle auf sich zu ziehen wurde eines der obersten Ziele – unumgänglich in Krisen und Katastrophen, ehrenvoll zu anderen Zeiten.

Der Wettbewerb innerhalb jeder Stadt – und die Konkurrenz zwischen Nachbarstädten – stützte sich, aufs Ganze gesehen, auf neuen Wohlstand; der Wegfall der langjährigen Konflikte, der ungestörte Zustrom von Geld und Waren wirkten an sich schon befreiend. Der einzige ‚Krieg', abgesehen von (manchmal nicht rein verbalen) Spannungen zu den Nachbarn, fand um Wählerstimmen statt – auf lokaler Ebene gab es anders als in Rom noch richtige Wahlkämpfe.

Umgekehrt stellten die Senatoren der Hauptstadt fest, wie sehr es ihr Ansehen im Vergleich mit Kollegen steigern konnte, wenn sie Städte und Gemeinden Italiens oder der Provinzen wirkungsvoll protegierten. Mit eigenen Spenden war es dabei nicht getan. Genau das schuf indirekt eine ständige Lobby der Städte in Rom – und es band Stadtgremien wie Senatoren nur noch enger an den Princeps. Wer sonst sollte lobende Briefe schreiben, Änderungen der Stadtverfassung bewilligen, womöglich Zuschüsse zu Infrastrukturmaßnahmen – Wasserleitungen, Bäder oder dergleichen – und Steuererleichterungen nach Hungersnöten und Erdbeben freigeben?

Ansehen, Aristokraten, Patrone

Damit entstand mit der Zeit eine gemeinsame soziale Sprache – oder, je nach Blickwinkel, eine Art reichsweiter Währung. Was wir den Kaiser nennen, entwickelte sich nicht allein zur größten politischen, militärischen und finanziellen Macht. Der Inhaber dieser Position hatte zugleich einmalige Möglichkeiten, Ansehen zu erzeugen und weiterzugeben. Städte im ganzen Imperium traten teils in direkten Kontakt mit ihm (besonders wenn sie rechtlich ‚frei' waren und damit sozusagen Außenpolitik mit Rom trieben), teils ließen sie ihre Anliegen durch führende Personen vertreten. Für Patrone wie Städte ging es dabei um Erhalt und Ausbau des eigenen Prestiges, das einerseits aus Größe und Tradition der eigenen Stadt oder Familie herrührte, immer mehr aber darauf beruhte, wie man jetzt und hier beim Princeps angeschrieben war.

Für die Senatorenschicht brachte das einen tief greifenden Wandel ihrer Machtgrundlage und ihres Selbstverständnisses mit sich: Der Wetteifer um das kaiserliche Wohlwollen war konstant, also eine zwingendere Pflicht als jeder frühere Wahlkampf, und je mehr sich eine Familie auf ihre Vergangenheit allein verließ, desto stärker sah sie sich bald ins Abseits gedrängt – oder als unzuverlässig unter scharfe Beobachtung gestellt. Insofern wurden die Senatoren, offiziell lauter Freunde des Kaisers von Standes wegen, allmählich nicht viel weniger zu dessen Klienten als die Soldaten, die er absicherte, die Einwohner Roms, deren Lebensstandard er garantieren half, oder eben die Städte und ihre Lokaleliten, die ein vielstimmiges Ganzes bildeten, eine Art dritte Oberschicht.

War diese Grundlage erreicht, brauchte sich die Lokalgesellschaft ‚unterhalb' der in Kontakt zum Princeps stehenden Schichten und Instanzen gar nicht restlos auf römisches Normalmaß umzustellen. Ihre Bedürfnisse und Pflichten wurden von der lokalen Spitze sozusagen übersetzt – in Geldabgaben, Rechtsfälle, Huldigungen oder Bittgesuche – und in dieser Form ins reichsweite Netz der Eliten ‚eingespeist', deren Lebensumstände einander viel näherstanden, als das für die Bevölkerung insgesamt galt. Die Hauptlast des Vermittelns, Zuteilens und Beachtens lag beim Zentrum, und so war es gewollt: zahlreiche Kontakte und Austauschvorgänge liefen allein durch und über den Princeps. Insofern hielt er höchstpersönlich das Reich zusammen – und tat, weil dieses kopflastige Herrschaftssystem erstaunlich gut funktionierte, Entscheidendes für den Machterhalt der führenden Individuen und Familien allerorten. Seine Person wuchs, je unumgänglicher man sich auf ihn bezog, wenn man Rom und das Reich meinte; umgekehrt stand sie kaum verdeckt hinter städtischen Beamten und Ratsmitgliedern, stärkte ihre Autorität und ihr Ansehen durch das Privileg, mit diesem einzigartigen Mann in Verbindung zu stehen.

Für die ‚Währung' Ansehen war das entstehende Kaisertum damit von Anfang an die ‚Zentralbank'. Sein nächstes Umfeld wurde mit der Zeit noch ganz anders vom Princeps abhängig; wie viel Zeichen kaiserlicher Gunst – vor allem handgreifliche wie Ämter und Privilegien für den Bittsteller und seine Schützlinge – ein Senator im Vergleich zu seinen Standesgenossen und Rivalen erhielt, beschrieb seinen sozialen Stellenwert beinahe zu

65 Bereits 27 v. Chr. ordnete der Senat für Octavian-Augustus die Errichtung eines Ehrenbogens in Ariminum (Rimini) an, der dem Princeps für die Reparaturen an der Via Flaminia dankte. Die Fernstraße war für Handel und Privatverkehr ebenso wichtig wie für die Kommunikation zwischen Rom und den Truppen in Illyricum.

Tagespreisen. Daneben aber wuchs schon Augustus in eine Rolle hinein, wie sie die Monarchen hellenistischer Reiche entwickelt hatten: die des großzügigen, fast verschwenderischen Geschenkeverteilers an persönliche Freunde ebenso wie an verschlafene Landstädtchen. Alle Wünsche zu erfüllen, war unmöglich und lag auch gar nicht in der Absicht des Herrschers eines kostenbeladenen Weltreiches – doch war er an vielen Orten als Spender mit offenem Ohr und fast ebenso offenen Händen präsent. Auch fiel es auf ihn zurück, wenn sich die Mitglieder der führenden Stände in Metropolen, Städten und Städtchen berufen fühlten, dem Beispiel des Princeps zu folgen – und das taten sie so ausgiebig wie nachhaltig.

Staatlich-kaiserliche und private Interventionen veränderten das Bild, das sich den Städtern Italiens und der Westprovinzen beim Gang durch die Straßen bot, noch gründlicher als in Rom. Schließlich bekam ein kleines italisches *oppidum* – und erst recht eine neu angelegte Siedlung in Gallien – damals vielfach die urbane Erstausstattung, um mehr als eine Ansammlung von Häusern und Zentralfunktionen zu werden. Die Anlage eines Forums mit seinen typischen Gebäuden – Rats- und Versammlungsort, eine Anzahl von Tempeln, möglichst auch überdachte Säulengänge und eine Basilika für Geschäfts- und Rechtssprechungszwecke – erlaubte es, das städtische Leben in bescheidenem Umfang ins Hinterland oder gar in bislang völlig ‚barbarische' Gegenden zu verpflanzen, wiedererkennbar und beinahe standardisiert.

Die Stadt kommt zu den Barbaren

Nur die unter Augustus noch anhaltende Erfolgsgeschichte des Hellenismus, der die Mittelmeerregion und ihre Umgebung erst vollends zu einer Städtekultur hatte werden lassen, war mit dem Export römischer Stadtstrukturen nach Norden und Westen vergleichbar. Die Geschwindigkeit, mit der ein Netz mittelgroßer und kleiner urbaner Zentren entstand, stellt die hellenistische Expansion in den Schatten – andererseits griff die Urbanisierung römischen Typs anfangs weniger tief als die Verwandlung einer Stadt wie Tarsos oder Samosata in eine hellenistische Polis, die ihren Einwohnern nicht allein Bauten, sondern auch eine kulturelle Identität als ‚gelernte' Griechen anbot, ja aufdrängte. Römische Infrastruktur kam nicht gleich mit Cicero und Vergil im Gepäck; es ging zunächst darum, ein aus der Sicht des Zentrums amorphes Gebiet verwaltbar zu machen. Städte wurden wie Straßen als Erschließungsmittel genutzt, während sich die hellenistischen Herrscher eine produktivere, gebildetere, ‚werthaltigere' Bevölkerung versprochen hatten.

Wenn Verwaltung und Besteuerung nach dem römischen Modell zum Großteil durch die Stadt und deren Eliten zu leisten waren, es aber keine Städte gab, dann mussten eben schnellstmöglich Städte her. Die römische Lösung im von Caesar unterworfenen Teil Galliens war es, die vorgefundene Stammesstruktur schlicht umzuinterpretieren. Woanders war eine *civitas*, eine „Bürgerschaft", eine selbst verwaltete Stadtgemeinde; unter Galliern und Germanen konnte (und musste) eine *civitas* fortan ein Stamm oder eine Kombination kleinerer Stämme sein, denn das war es, was eben greifbar war. Stand ein Siedlungszentrum zur Verfügung, das sich mit den vermissten Stadtfunktionen füllen ließ, desto besser; sonst schuf man eines oder fand sich einstweilen sogar damit ab, ein städtisches Einzugsgebiet ohne Stadt zu kreieren. Die freien Angehörigen dieser Körperschaft hatten damit das Bürgerrecht ihrer *civitas*, konnten erfasst, verwaltet und politisch in die Pflicht genommen werden. Bei jungen Mitgliedern besonders wehrhafter Stämme in Grenznähe konnte das obendrein einen jahrzehntelangen Militärdienst bedeuten.

Für die personalschwache Provinzverwaltung war die Territorialordnung eine Entlastung, für die reorganisierten Provinzialen der Anfang einer Entwicklung, die sie über einige Generationen hinweg den ausgereiften Städtelandschaften der Mittelmeerküsten ähnlicher machte, in Lokalversionen des römisch-italischen Lebensstils hineinwachsen und vielfach zu römischen Bürgern werden ließ. Die Präsenz zahlreicher Soldaten mit Bürgerrecht, aktiv oder im Ruhestand, auf deren Bedürfnisse das Wirtschaftsleben der grenznahen Regionen ausgerichtet war, spielte ebenfalls ihre Rolle, wenn aus Galliern überraschend schnell „Galloromer" wurden, die Keramik nach italischem Vorbild auf den Tisch stellten und lieber Schweinefleisch aßen als Ziege oder gar Hund. So heiß umstritten der Begriff der Romanisierung für dieses Phänomen ist (denn ab wann und unter welchen Umständen fühlte ein Provinzbewohner sich auch, vorwiegend oder gar ausschließlich als Römer?), so wenig Zweifel besteht an den Veränderungen selbst.

„Zusammen mit dem Wohlstand ihres Landes sind zu den Turdetanern (im heutigen Andalusien) Sanftmut und ein Sinn für städtisches Leben gekommen (...) und besonders die Anwohner des Baetis (Guadalquivir) sind vollständig zur römischen Lebensweise übergegangen (...). Die meisten sind (ihrem Rechtsstatus nach) Latiner geworden und haben römische Kolonisten aufgenommen, sodass sie nicht weit davor stehen, allesamt Römer zu sein. Und die Städte, in denen man sie jetzt zusammengeführt hat – Pax Augusta (Beja) im Land der Kelten, Augusta Emerita (Mérida) bei den Turdetanern, Caesaraugusta (Zaragoza) in der Nähe der Keltiberer und noch einige andere – verdeutlichen die Veränderung hin zu den besagten Gesellschaftsformen."

Strabon, *Geographika* 3,2,15 (p. 151 C.)

Die griechische Welt: ein flächendeckender Sonderfall

Im – aus römischer Sicht – kulturellen Vakuum einer Barbarenregion verfuhr man natürlich ganz anders als in jenen Gegenden, wo die Römer selbst bis vor Kurzem als Barbaren gegolten hatten oder immer noch galten. Athen oder die griechischen Küsten Kleinasiens hatten nicht auf die kulturellen Impulse Italiens gewartet; im Gegenteil, das römische Verhältnis zu ihnen war nach wie vor kompliziert, eine Mixtur aus Befangenheit, ruppigem Erobererstolz und Dekadenzvorwürfen an diese ungleich ältere Kultur. Die Zerstörungsspuren der Bürgerkriege in Griechenland machten es nicht leichter, darüber hinauszukommen.

66 Mitten auf die dreieckige Agora, das Zentrum des täglichen Lebens und Diskutierens in Athen, setzte Agrippa ein Odeion, ein Gebäude für Rezitationen und Gesangsaufführungen – für die besseren Kreise, nicht für das Volk. Zusätzlich entstand eine neue ‚römische Agora', die Züge eines Forums hatte, nebenan. Damit entzog Rom den Athenern gezielt eine wichtige Gelegenheit, sich – wie in den Tagen der Demokratie – als starke, handlungsfähige Einheit zu erleben.

Augustus hatte nicht vor, die griechische Kultur in die Ecke zu drängen – im Gegenteil, er brauchte ‚richtige' Griechen für die pädagogische Aufgabe, die Einwohner Italiens zu einem Leben als ‚richtige' Römer zu animieren. Nur begann Rom jetzt mit Macht, in das griechische Selbstverständnis hineinzuwirken, so wie in das Alltagsleben. Politische Eigenmächtigkeiten wechselhaft regierter Städte passten nicht in die imperiale Ordnung, schon weil romfreundliche Demokratien fast ein Widerspruch in sich waren; auch in Athen bestimmten jetzt einige wenige Familien das Bild. Die Agora, wo die versammelten Bürger sich einst als politisches Ganzes hatten erfahren können, wurde mit Stiftungen des Princeps und Agrippas regelrecht zugebaut. Genau die ‚ungezügelte' Demokratie und Streitsucht der Griechen avancierte zur Erklärung, wieso eine Polis eben kein unabhängig operierender Staat mehr sein könne, sondern Rücksicht auf Rom zu nehmen habe – und bald übernahmen sogar jene griechischen Stimmen dieses Denkmuster, die nachdrücklich an römische Gewalttaten und Rücksichtslosigkeit erinnerten.

» *Lugdunum selbst (...) wird nicht nur als Handelsplatz genutzt, sondern die römischen Statthalter prägen ihre Münzen dort, Silber wie Gold. Das Heiligtum, das dem Caesar Augustus von allen Galliern gemeinsam errichtet worden ist, steht außerhalb der Stadt am Zusammenfluss der Ströme (Rhône und Isère). Dort ist ein sehenswerter Altar, auf den die Namen der Stämme geschrieben sind, sechzig an der Zahl, und ein Bild von jedem von ihnen, dazu ein weiterer großer Altar.* «

Strabon, *Geographika* 4,3,2 (p. 192 C.)

Traditionen und gewachsene Strukturen wurden mit neuen Augen gesehen. Ziemlich bereitwillig schloss sich der enge Kreis der reichsten Familien Griechenlands der (römischen) Ansicht an, sie seien die einzig echten Hellenen und dem wohlhabenden Kleinasien kulturell weit überlegen; indem sie nicht auf der jahrhundertealten Einheit mit ihnen bestanden, fügten sie sich viel leichter in das Schicksal, Provinz unter Provinzen zu sein. Kein neuer Antonius würde je wieder den gesamten östlichen Mittelmeerraum mit seinen Reichtümern als politische Gegenmacht organisieren können.

Wenn sich die vormals so selbstbewussten Städte künftig noch untereinander begegneten, dann geschah auch dies in einem Rahmen, der die Allgegenwart der Zentralgewalt eher noch unterstrich. Wo griechisch-hellenistische neben ‚barbarischen' Einwohnern lebten, hatten sich die Griechen in „Bünden" (*koina*) zusammengeschlossen; bald hatte im ganzen Osten jede Stadt und Region ihr Koinon, zu dem sie gehörte und dessen Einzugsgebiet meistens mit einer römischen Provinz oder einem Teil davon zusammenfiel. Die führenden Persönlichkeiten der Städte trafen sich in diesen Gremien, die im Deutschen mit einem preußisch-administrativen Beiklang oft als „Provinziallandtage" erscheinen, mit einem religiösen Hauptzweck: um die provinzweite Verehrung der Göttin Roma zu regeln und zu unternehmen.

Gemeinschaft in der Anbetung

Untrennbar verband sich – ganz anders als in Rom, Italien oder römischen Bürgergemeinden des Imperiums – mit dem Roma-Kult der Kult des Augustus. Der Osten, aber auch die Westprovinzen, die nach Art der *koina* schnell eigene *concilia* erhiel-

67 Auf dem – für Kleingeld ungewöhnlich gut erhaltenen – Bronze-As der Nordwestprovinzen erscheint der 12 v. Chr. eingeweihte große Altar der drei gallischen Provinzen; die Legende ROM(ae) ET AVG(usto) verrät, wem geopfert wird. Große Säulen mit Victoriastatuen rahmen den eigentlichen Altar ein.

ten, erwiesen damit dem Princeps (und nicht nur seinem *genius*, seinem *numen* und so fort) schon zu Lebzeiten göttliche Ehren. In Lugdunum (Lyon) und später in Gestalt der Ara Ubiorum (in Köln) entstanden riesige Zentralheiligtümer, wo sich ganz Gallien traf und Germanien hätte treffen sollen.

Für alle Provinzbewohner war Augustus ein lebender Gott, dessen Name sich in alle Gemeinschaftsbekundungen mischte, dessen Bild sich bei den traditionellen Wettkämpfen zu den Insignien der Preisrichter gesellte, dem die Höchstgestellten aus jeder Provinz Opfer brachten – und dessen Tempel, die ihn vom Begriff Rom untrennbar machten, das Gesicht alter und junger Städte veränderten. Viele jener Provinzialen, die sich an Gebete zum Princeps gewöhnten, würden später zu römischen Bürgern aufsteigen und Augustus dann kaum mit anderen Augen sehen als zuvor. Der Kaiserkult machte sich, wie es das monarchische Prinzip getan hatte, von der Peripherie aus auf den Marsch nach Rom.

Für einen bleibenden Frieden, der Gallien vom verheerten Besatzungsgebiet zum gut verdienenden Hinterland machte, der die griechische Welt nicht länger auf ein Schlachtfeld und die Quelle von Kriegssteuern reduzierte, war der Preis vielleicht nicht zu hoch – je nachdem, wen man fragte. Lokale Aufstände und Unruhen unter den mächtigsten Gallierstämmen gab es über den Tod des Augustus hinaus. Nach Actium wurden im Osten ein weiteres Mal Strafzahlungen erhoben, Freiheitsrechte kassiert und Landgebiete beschlagnahmt, um römische Veteranen anzusiedeln. In Korinth, das ein Jahrhundert lang in Ruinen gelegen hatte, sprach man jetzt Latein. Statthalter und Sondergesandte aus Rom mischten sich von Fall zu Fall massiv in die inneren Angelegenheiten der einzelnen Städte ein, durchleuchteten Finanzen, klärten die häufigen Gebietsstreitigkeiten. Wie an seinem westlichen Ende, so anders das Bild dort erscheinen mochte, war Roms Reich auch hier – und zwar Ort für Ort – beherrschbar geworden.

68 Vom Eroberer zum Landesvater. Die 8 v. Chr. in Lugdunum geschlagene Münze zeigt Augustus, dem ein Barbar sein Kind zum Amtssessel emporreicht. Der Princeps selbst hielt sich damals in Lugdunum auf, um die Germanenfeldzüge zu überwachen – ist es ein provinzialisierter Gallier oder ein noch ‚wilder' Germane, der ihm seine Zukunft anvertraut?

Souveräne Gemeinden, folgsame Fürsten

Roms innere Außenpolitik

Wo das Römische Reich endete und wo es begann, ist weit weniger klar, als wir oft annehmen. Selbst in den späteren Jahrhunderten der Kaiserzeit gab es nicht einfach eine Staatsgrenze im modernen Sinn. Pferde und Nutzvieh der Legionen am Rhein weideten auf dem rechten, also aus unserer Sicht ‚ausländischen' Ufer; Zonen ökonomischer Nutzung deckten sich nicht mit römisch kontrollierten Siedlungsgebieten, Siedlungsräume nicht mit Grenzbefestigungen und alles zusammen nicht mit den römisch beanspruchten Territorien – geschweige denn der Interessensphäre des Imperiums.

„Von all dem Land, das den Römern untertan ist, wird ein Teil von Königen regiert, den anderen besitzen die Römer selbst, nennen es ‚Provinz' und entsenden dorthin Statthalter und Steuereintreiber. Es gibt aber auch einige freie Städte, von denen die einen gleich am Anfang in Freundschaft mit Rom übergingen, während die Römer die anderen aus Respekt für frei erklärt haben. Außerdem gibt es einige Lokalfürsten, Stammesführer und Priester, die ihnen unterstehen. Sie alle nun leben nach bestimmten ererbten Gesetzen."

Strabon, *Geographika* 17,3,24 (p. 839 C.)

Hinzu kam, dass weite Landstriche, die später als römische Provinzen auftauchen, diesen Status in augusteischer Zeit mitnichten erreicht hatten oder erst im Begriff waren, ihre Autonomie zu verlieren. Könige, Fürsten und Stammesführer regierten an beiden Enden des Mittelmeers und an den nördlichen Landgrenzen des Imperiums in Europa – „Freunde und Verbündete des römischen Volkes" wie eh und je. Ihre Zahl war durch die vielen Gelegenheiten, auf die falsche Art römisches Volk zu setzen, beträchtlich reduziert worden. Doch nichts und niemand stellte das Konzept des mit Rom verbündeten Lokalherrschers grundsätzlich infrage. Caesar und nach ihm die Triumvirn hatten belohnt, bestraft, eingeschüchtert und Gebiete umverteilt, hatten immer wieder Hilfe angefordert und Truppenkontingente, strategisch wichtige Güter oder reichlich Geld erhalten. Schon das bewies den Nutzen der Dynasten mehr als genug. Nie hätte Rom, selbst wenn das jemand gewollt hätte, all ihre Gebiete zur selben Zeit übernehmen, mit Garnisonen belegen und in einer Weise regieren können, die Aufstände verhinderte.

Revolten und Unruhen aber waren nur zu wahrscheinlich – nach allem, was die von Rom dominierte Staatenwelt über ein Jahrhundert lang durchgemacht hatte, und nach den stets wiederholten Vorführungen innerrömischer Zwietracht. Wenn es inmitten der Bürgerkriege zwar zu Aufständen oder feindseligen Aktionen einzelner Verbündeter kam, nie aber zu einem Flächenbrand, wie er auf dem Höhepunkt der Macht Mithradates' VI. zwischen 88 und 84 v. Chr. gedroht hatte, oder gar zu einer ‚weltweiten' Neuauflage des Bundesgenossenkriegs – dann nicht allein deshalb, weil Rom immer wieder bewiesen hatte, wie es fremde Bedrohungen scheinbar nebenbei zerschlagen konnte, um sich anschließend weiter zu zerfleischen. Seit dem Prokonsulat des Pompeius über Kleinasien und weite Teile des Nahen Ostens hatte sich vielmehr auch ein neuer Umgangsstil der Hegemonialmacht mit ihren Verbündeten und halben Vasallen entwickelt, der ihnen den fortschreitenden Verlust an Spielraum um vieles erträglicher machte.

Pompeius selbst war zeit seines Lebens ein persönlicher Ansprechpartner für all die *reges* und *reguli* gewesen – eine Bezugsperson, nicht (wie der Senat als Ganzes) ein schwer durchschaubares, allzu abstraktes Gebilde, das seine Meinung oder Meinungen spät, aber desto schroffer kundtat. Umgekehrt klingt zumindest in Ciceros Reden desto weniger Überheblichkeit und Misstrauen an, je schwächer der betreffende Monarch war; am ehesten schlägt gegenüber Ägypten – dem mit Abstand mächtigsten Überlebenden der hellenistischen Mächte – die alte Tradition durch.

Mit Ägypten machte Octavian ein Ende. Auf den ersten Blick hätten die verbliebenen Staaten Furchtbares erwarten müssen. Der ganze Osten hatte bis kurz vor oder nach Actium fest zu Antonius und Kleopatra gehalten, hatte die riesige Landarmee des Triumvirs besoldet und verstärkt. Antonius war es gewesen, dem viele Potentaten überhaupt ihre Herrschaft verdankten – so hatte er in Pontos, dem Stammland des Mithradates, als König den Phryger Polemon eingesetzt – und der sie nach seinem Debakel gegen das Partherreich beispiellos entgegenkommend behandelt hatte: Die Könige allein hätten ihm helfen können, erfolgreich Revanche zu fordern. Von Kleopatra hatte er sich politisch unwiderruflich abhängig gemacht, mehr noch als persönlich. Was lag näher, als vom Sieger Octavian eine flächendeckende Abrechnung zu befürchten, den Tod oder das Exil für die in letzter Sekunde (oder gar nicht) Übergelaufenen?

Könige für schwierige Aufgaben

Aber Octavian, so wenig ihm persönliche Rachsucht abging, war ein komplizierter Mensch. Außerhalb Ägyptens war der Widerstand mit dem Tag von Actium so prompt in sich zusammengebrochen, dass er im letzten Kampf gegen seinen Hauptfeind leichtes Spiel gehabt und wenig römisches Blut gelassen hatte. Rund um den Sieger wimmelte es von Überläufern und bekehrten Feinden, während der Vorrat an thronfähigen Marionettenfürsten begrenzt, die Aussicht auf ein halbes Dutzend Kolonialkriege zur selben Zeit unattraktiv und die Notwendigkeit zum Truppenabbau zwingend war. Zahlende, loyale Könige mit schlechtem Gewissen waren für ihn ungleich wertvoller als eine Reihe kriegsgeschüttelter neuer Provinzen.

Jenseits von Kleinasien, Syrien und Judäa lag außerdem der drohende Schatten des Partherreiches, der einzigen Macht, gegen die Rom noch kein Mittel gefunden hatte. Mitten in den Wirren der Triumviratszeit hatten die Parther, das Verhängnis des Crassus, 40 v. Chr. zum Griff nach Syrien ausgeholt und waren sogar tief in die kleinasiatische Halbinsel vorgestoßen. Antonius' General Ventidius Bassus, ein militärisches Naturtalent einfachster Herkunft, warf sie in einer Serie von Schlachten zurück. Antonius selbst stattete 36 v. Chr. einen Gegenbesuch ab, der sich zu einer katastrophal scheiternden Offensive auswuchs, gefolgt von einem brillant durchgeführten Rückzug. Beide Großmächte waren noch lange nicht fertig miteinander, schon weil eine Grenzlinie fehlte, mit der beide hätten leben können – oder wollen. Am gefährlichsten lag im Norden das gebirgige Armenien – das nach antiken Begriffen bis ins heutige Kurdengebiet im Dreiländereck Türkei/Irak/Iran reichte – in einer verhängnisvoll günstigen Position: wer es besaß, konnte von dort

69 „Nach Ägyptens Eroberung" verkündet dieser Denar Octavians aus den Jahren 29–27 v. Chr. Mit dem Fall des letzten großen Königreichs hätte auch die Stunde der kleineren Monarchien schlagen können – doch sie blieben nützliche Verbündete.

aus ebenso leicht in Mesopotamien einfallen wie in den Norden Syriens. Indirekte Formen der Machtausübung hatten hier und in der Nachbarschaft ihren Wert, ja waren von vitaler Bedeutung. Eine Übergangs- oder Pufferzone aus eigenständigen Klein- und Kleinststaaten konnte die beiden Hauptgegner in etwas mehr Abstand voneinander halten, und sollten die Parther dennoch wieder vorrücken, war der Widerstand gegen sie unter souveränen, der lokalen Empfindlichkeit nicht so schädlichen Herrschern hoffentlich ungleich höher.

So kam es zu einer ganzen Serie erstaunlicher Versöhnungen, hier wie anderswo. Polemon von Pontos etwa behielt nicht nur (mit einigen Modifikationen) das ihm überlassene Reich, Augustus setzte ihn auch ein, um Roms indirekte Kontrolle über den einstigen pontischen Besitz auf der Krim und an der Nordküste des Schwarzen Meeres wiederzugewinnen. Diese Versuche kosteten Polemon um 8 v. Chr. das Leben, dank tätiger Mithilfe seiner Frau wider Willen, der faktischen Erbin des Bosporanischen Reiches. Diese willensstarke Mithradates-Enkelin mit dem treffenden Namen Dynamis („Kraft, Gewalt") schaffte es anschließend tatsächlich, Augustus den König ihrer Wahl schmackhaft zu machen, und gründete in Gestalt ihres Sohnes Aspurgos eine Dynastie, die das äußerste Nordende der Mittelmeerwelt mindestens dreieinhalb Jahrhunderte regieren sollte.

Unter den Kindern des – nur am Lebensende – unglücklichen Polemon waren außer seinem Erben in Pontos ein künftiger König Armeniens und die Frau eines Königs von Thrakien. Nicht nur duldete

70 Gleich nach dem Tod des Galaterkönigs Amyntas (36–25 v. Chr.) verwandelte sich seine Residenz Ankyra (Ankara) in eine römische Provinzhauptstadt. Auf die Wand des Tempels für Roma und Augustus, der umgehend erbaut wurde, meißelte man nach dem Tod des Princeps die heute am besten erhaltene Kopie seines berühmten Tatenberichts, der *Res gestae*.

Rom diese Verflechtungen, die an die europäischen Fürstenhäuser der Neuzeit erinnern, es förderte sie geradezu. Ethnisch und kulturell hatten die Thraker mit den Armeniern herzlich wenig zu tun, und selbst ihre Herrscher standen einander fern – jetzt aber wuchsen sie und ihresgleichen zu einer einzigen großen Familie zusammen. Es gab Ausnahmen: Amyntas von Galatien (ungeachtet seines makedonischen Namens der Sohn eines Keltenfürsten, der Teile der dort ansässigen ‚Gallier' beherrschte) fiel 25 v. Chr. als Opfer seines Versuchs, einige unbeugsame Bergstämme in sein Reich zu holen, die dem gallischen Eindringling Widerstand leisteten. Augustus ergriff die Gelegenheit, Galatien – durch das die strategisch wichtigen Routen nach Osten, den Parthern entgegen, verliefen – zu annektieren, und Amyntas' Kinder fehlen in der langen Liste von Eheallianzen, die in Rom gestiftet wurden. Mit gutem Grund; es sollte kein denkbares Zurück von der fertigen Provinz geben, und Thronkandidaten mit illustren Familienverbindungen hätten dem kaiserlichen Statthalter und seinen Legionen nur Unruhe bereitet.

Anders der langlebige Archelaos, König des benachbarten Kappadokien, den Antonius 36 v. Chr. eingesetzt hatte – und der in Gestalt von Polemons Witwe eine Enkelin des gescheiterten Triumvirs heiratete, wohlgemerkt in zweiter Ehe unter Augustus. Auch sonst tat der Princeps alles, um den Nachkommen seines toten Rivalen einen prominenten Platz zu verschaffen – außerhalb Roms. Antonius mutierte damit, genealogisch gesehen, zu jenem ‚orientalischen' Fürsten, den die Propaganda aus ihm gemacht hatte. Seine Tochter mit Kleopatra, Selene, führte die Ehestiftungspolitik zurück nach Afrika; sie wurde die Gattin König Jubas II. von Numidien, der als kleines Kind seinen Vater – einen Feind Caesars – im Krieg verloren hatte.

Der jüngere Juba war zu einem zuverlässigen Freund Roms erzogen worden und hatte kurz nach dem Sieg über Antonius genau das richtige Alter, für Ordnung an der Südküste des Mittelmeers zu sorgen. Das Reich seiner Vorfahren wurde geteilt, Juba behielt die westliche Portion und bekam 25 v. Chr. Mauretanien dazu, das dessen letzter König kurz zuvor an Rom vererbt hatte – nur war es mit seinen Nomadenstämmen und großen Entfernungen ein etwas unpraktisches Erbstück. Ein Landeskundiger, der als Fürst akzeptabel war, passte viel besser hierhin. So errichteten Juba und seine Frau in Iol-Caesarea (Cherchel) eine kleine, aber geschmackvoll ausgestattete hellenistische Residenz, und der König selbst – der Augustus überlebte – tat sich, von einigen militärischen Krisen abgesehen, auch als Kapazität in Sachen Naturkunde hervor.

» *Laodikeia, vormals eine Kleinstadt, ist in unserer Zeit und zu der unserer Väter gewachsen (...), doch die Fruchtbarkeit des Landes und einige Glückliche unter ihren Bürgern haben die Stadt groß gemacht, erst Hieron, (...) dann Zenon der Rhetor und sein Sohn Polemon, der wegen seiner Beherztheit sogar des Königtums für würdig erachtet wurde, erst von Antonius, danach von Caesar Augustus.* «

Strabon, *Geographika* 12,8,16 (p. 578 C.)

Selten hatte sich das Rezept, junge Prinzen aus dem Ausland von Frauen in der Umgebung des Princeps aufziehen zu lassen, derart bewährt wie bei diesem frühen Vertreter. Was Augustus' Schwester Octavia an Juba geleistet hatte, wiederholte sich an Mitgliedern des judäischen Königshauses und später selbst an parthischen Prinzen. Mitunter hatten solche Aufenthalte eher den Charakter einer Geiselhaft, häufiger aber sollten sie schlicht einen römisch denkenden, einheimisch verwurzelten Thronkandidaten schaffen, als Werbemaßnahme und Investition in die gemeinsame Zukunft. Auch nachdem die Nachfolger des ersten Princeps das Netz aus Königsfamilien längst zerrissen hatten, die Methoden vererbten sich weiter. Immer wieder

» *So war die politische Ordnung (Galatiens) einst, bis zu meiner Zeit aber ging die Herrschaft erst auf drei, dann zwei Anführer über, dann ging die Macht an einen, an Deiotaros; dann folgte diesem Amyntas. Jetzt besitzen die Römer Galatien und alles Land, das unter die Herrschaft des Amyntas gekommen war; sie haben es in eine einzige Provinz zusammengefasst.* «

Strabon, *Geographika* 12,5,1 (p. 567 C.)

inthronisierte Rom jenseits seiner Grenzen einen Kandidaten, der als Flüchtling oder Gast in die Hauptstadt gekommen war – und seinen Landsleuten mitunter so fremd erschien, dass sie ihn gleich wieder verjagten.

Nicht alle Fürsten dessen, was die Forschung als „Klientelrandstaaten“ bezeichnet, waren so erfolgreich und wurden so pfleglich behandelt wie die eng verflochtene Spitzengruppe, in der Herodes, König von Judäa, Galiläa und Samaria, wohl die strahlendste und eigenwilligste Erscheinung war. Kaum einem anderen hätte Augustus eine solche Serie dynastischer Morde an den eigenen Kindern und Verwandten durchgehen lassen, kaum einer hatte sein Territorium aber auch vier Jahrzehnte lang dermaßen im Griff und vollbrachte als Tempelerbauer in Jerusalem, hellenistischer Städtegründer und bekennender Freund Roms eine solche ‚Übersetzungsleistung‘ zwischen seinen Untertanen und der Hegemonialmacht. Nur war ausgerechnet Herodes' taktische Vorsichtsmaßnahme, Judäa ohne ihn unregierbar (und seine Person damit unentbehrlich) zu machen, der Auftakt zur jahrzehntelangen Geschichte blutigen Unverständnisses, in die sich das römisch-jüdische Verhältnis nach seinem Tod 4 v. Chr. verwandelte. Weder die zu bloßen Fürsten (Tetrarchen) herabgestuften Erben noch Roms Statthalter oder die jüdischen Eliten fanden einen Ausweg; der spätere Untergang Judäas, vieler seiner Einwohner und des Judentums als politisch-religiöser Einheit bahnte sich an.

Die aus den Evangelien berühmten Herodes-Erben waren auf oder unter das Niveau von Kleinkönigen wie der Herrscher von Kommagene abgesunken, die in unbehaglicher Nähe zu Armenien und den Parthern ihre Unabhängigkeit wahrten; ihr Stammbaum war eindrucksvoll genug, damit ihr bedeutendster König Antiochos I. zur Zeit Caesars und Antonius' einen mehr als fordernden Herrscherkult um sich hatte errichten können. Seine Söhne, immerhin die Schwäger eines Partherkönigs, traten bescheidener auf; wenn die Entwicklung kurz nach Augustus ein Maßstab dafür ist, mussten sie fürchten, allzu schwache Könige an einer allzu wichtigen Stelle zu sein. Schon Tiberius strich Kommagene eine Zeit lang von der Landkarte, doch seine letzten Herrscher überlebten wider Erwarten den Untergang Jerusalems, wie Herodes es hinterlassen hatte. Mauretanien, das Reich Jubas II., war, als Titus im Spätsommer 70 n. Chr. den Tempel von Jerusalem zerstörte, bereits dreißig Jahre lang eine römische Provinz.

” *Die Parther aber, auch wenn sie an Rom angrenzen und sehr stark sind, haben gleichwohl den römischen Vorrang und den unserer Herrscher so weitgehend anerkannt, dass (...) Phraates dem Caesar Augustus seine Kinder und Kindeskinder anvertraut hat, womit er sich unterwürfig durch das Stellen von Geiseln die Freundschaft erkaufte; die Parther von heute sind mehrmals nach Rom gegangen, um ihren künftigen König zu holen, und stehen jetzt so gut wie kurz davor, den Römern die ganze Macht über sie zu übertragen.* “

Strabon, *Geographika* 6,4,2 (p. 288 C.)

” *Als er so weit gekommen war und bereits Sebaste (‚Augustusstadt‘, Samaria) als Stadt eingerichtet hatte, beschloss Herodes, seine Kinder Aristobulos und Alexander nach Rom zu schicken, damit sie vor Caesar (Augustus) traten. Als sie ankamen, war ihr Quartier das Haus des (Asinius) Pollio, eines Mannes, der besonders eifrig die Freundschaft des Herodes suchte, dann aber wurde ihnen erlaubt, bei Caesar unterzukommen, und er nahm die Jungen mit aller Liebenswürdigkeit auf. Und er überließ dem Herodes, das Königtum unter seinen Nachkommen zu vererben, an wen er wollte, und gab ihm noch die Trachonitis und Batanäa (am See Genezareth) sowie die Auranitis (den Ḥaurān in Südwestsyrien) dazu (...).* “

Flavius Josephus, *Jüdische Altertümer* 15,342–43
(15,10,1; Berichtszeit ca. 22 v. Chr.)

Argwohn und Existenznot

Am unteren Ende der Rangordnung standen vermutlich die Klientelstaaten in Europa, die weder zur griechischen noch zur römischen Kultursphäre zählten und damit als rückständig abgestempelt waren. Thrakien, zwischen der römischen Provinz Macedonia und dem Unterlauf der Donau gelegen, konnte als jahrhundertealter Nachbar der griechischen Welt zwar Ansprüche anmelden, aber sein Ruf als Barbarenland war zu stark. Die Königsdynastie der Odrysen war praktisch auf das Landesinnere zurückgeworfen, seit die griechischen Küstenstädte sich nach Rom orientierten, und wagte

71 Juba, Sohn des gleichnamigen Numiderkönigs, zeigt sich auf dieser Bronzebüste in der Rolle, die er auch im Leben einnahm: als kultivierter, griechisch gebildeter Herrscher, dessen Residenzstadt als Ableger der hellenistischen Welt – oder als Vorposten Roms – erschien.

72 Zwischen 22 und 10 v. Chr. errichtete sich Herodes der Große eine Residenzstadt in Küstenlage, deren Grundriss nach hellenistischem Muster auf dem Reißbrett entstand. Caesarea am Meer signalisierte durch seinen Namen Loyalität zu Augustus; noch wichtiger war es als ‚Schaufenster' einer Monarchie, die antijüdischen Ressentiments auf griechisch-römischer Seite Rechnung tragen und zugleich mit der Priesterschicht, aber auch einer Fülle religiöser Richtungen in und um Jerusalem auskommen musste. Rekonstruktionszeichnung von Peter Connolly.

keinen Machtkampf – sie sah sich dafür von immer neuen Unruhen unter konkurrierenden Thrakerstämmen herausgefordert, die ohne römisches Eingreifen nicht zu bewältigen waren. Auch die Thrakerkönige waren, wie erwähnt, mit der Welt der hellenistischen Vasallenkönige verbunden, aber ihre Unabhängigkeit schwand schneller als die der meisten. Augustus teilte 12 n. Chr. das Reich; seit Tiberius ‚regierten' die Könige neben oder unter einem permanenten römischen Statthalter.

Noch schlechter erging es den langjährigen keltischen Verbündeten in Noricum, im Kerngebiet der östlichen Alpen. Dem Druck der Nachbarvölker und -reiche standen sie ohne nennenswerte römische Hilfe gegenüber; dass sie sich 16 v. Chr. der Invasion der Pannonier anschlossen, kann unmöglich auf bloße Abenteuerlust zurückgehen. Seit 15 v. Chr. war Noricum vielleicht eine Provinz auf Abruf unter Schattenkönigen, ähnlich wie Thrakien; vielleicht zog man es auch kurzerhand gleich ein. Am Rande der riesigen Balkankriege, die die Legionen des Augustus führten, war dieses Überrollen und Abschreiben eines ‚treulosen' Freundes und Allierten ein bloßer Kollateralschaden.

Profitierten die ‚Satellitenstaaten' des Imperiums von der Ankunft des Prinzipats? Der Prozess der Eingliederung von Provinzen und der Auszehrung monarchischer Bewegungsfreiheit kam nicht zum Stillstand – denn Rom war unter Augustus nach wie vor eine expandierende Macht, sogar so aktiv wie selten zuvor. Allein der Wegfall der Bürgerkriege beseitigte andererseits einen Teil der Existenz-

sorgen; den Klientelkönigen und -fürsten – die ihre neuen Hauptstädte wie Herodes oder Juba aus Dankbarkeit oft „Caesarea“ nannten und beim Errichten von Augustusstatuen daheim wie in Rom nicht zögerlich waren – blieb künftig eine Anzahl von Möglichkeiten erspart, sich den Ärger Roms zuzuziehen. Persönliche Ungnade des Princeps, Entmachtung aus ökonomischen oder strategischen Motiven und (für die Staaten zwischen römischem und parthischem Gebiet) ein erzwungener Konfliktkurs gegenüber starken Nachbarn drohten natürlich mindestens ebenso sehr wie zuvor.

Dennoch, mit dem Königtum als Konzept machte Rom seinen Frieden. Es erlebte den Träger eines Diadems nun als abhängigen, der römischen Macht huldigenden Vasallen; seine Existenz bestätigte die Stellung des Imperiums, statt dass sie wie einst die Basis des römischen Wertesystems zu gefährden schien. Nur als Gäste und Erziehungsobjekte drangen die auswärtigen Monarchen auf den Palatin vor; die glanzvollen Ehen untereinander, die Augustus ihnen ausrichtete, hielten sie vom eigentlichen Haus des Princeps säuberlich abgetrennt. Rein dynastisch konnte niemand behaupten, das Königtum sei dabei, den Princeps und die führenden Familien der Hauptstadt zu infiltrieren – eine der vielen Garantien dafür, dass man wieder und weiterhin in der Republik lebte. Der exotische Besuch huldigte ihr, und so fanden die Römer es richtig. Eine neue Kleopatra war nicht in Sicht. Augustus hatte wie so oft den richtigen Instinkt; noch als der Kaisererbe Titus seine Geliebte Berenike, die Urenkelin

73 Antiochos I. Theos (ca. 69–34 v. Chr.) markiert den Höhepunkt des Selbstbewusstseins der kommagenischen Königsdynastie. Sein berühmtes Grabheiligtum auf dem Nemrut Dağı hatte er sich zu Lebzeiten errichtet – die Erben verzichteten zur Zeit des Augustus bewusst auf jede vergleichbare Geste der Selbstdarstellung.

des Herodes, nach Rom brachte, sorgte die Beziehung – über ein halbes Jahrhundert nach dem Tod des ersten Princeps – für jahrelange Verärgerung unter den Römern, wohl nicht allein wegen der frischen Erinnerungen an den Jüdischen Krieg. Pünktlich zu seinem Herrschaftsantritt vollzog Titus die Trennung.

Keine Republik für Republiken: Der Prinzipat und die Städte

Historische Karten der Gegenwart färben alle Gebiete innerhalb der (annähernd) bekannten Außengrenzen einheitlich, so als hätte sich Rom als geschlossener Territorialstaat etabliert. In Wahrheit müssten die Geschichtsatlanten vor allem die östlichen Provinzen geradezu übersät mit blasseren Punkten und Flecken darstellen. Freie Städte, Städte- und Stammesbünde waren dort allgegenwärtig. Staatsrechtlich nicht zu Rom zählten – um nur wenige Beispiele zu nennen – Apollonia und Dyrrhachium (Durrës) an der Adria, Athen und Sparta, die gesamte Insel Rhodos, Byzantion und diverse Küstenstädte im Schwarzen Meer. Gleich der ganze Lykische Bund ‚fehlte' im Südwesten Kleinasiens – Land und Leute genug, damit später eine eigene Provinz daraus wurde.

Natürlich hieß das nicht, dass Rhodos oder Athen eine eigene Politik etwa gegenüber den Parthern geführt oder gar lange Debatten mit Rom über ihre Bündnispflichten geführt hätten. Die Autonomie- und Freiheitsrechte machten sich auf dem Gebiet der Steuern bemerkbar, ansonsten schickte man seine Gesandten mit Bitten und Glückwünschen vor Princeps und Senat, wie das tributpflichtige Städte auch taten, und unterwarf sich dem Urteil römischer Beamten, falls es Konflikte um die

Stadtgrenzen gab. Die wiederhergestellte Republik des Imperator Caesar Augustus war zudem für gekrönte wie ungekrönte Oberhäupter ein deutlich einfacherer Partner als für heftig debattierende Volksversammlungen. Sie förderte Ansprechpartner, die für Kontinuität standen: lokale Eliten, einen überschaubaren Kreis führender Familien und Persönlichkeiten, denen gelegentlich nicht viel dazu fehlte, der Princeps beispielsweise von Sparta zu sein.

Keine Verwendung gab es für Politikstile, die ein griechisch geschulter Verfassungstheoretiker ‚demokratisch' genannt hätte. In den senatsartigen Stadträten trafen sich die Reichen, Angesehenen und damit die tendenziellen Romfreunde – die Eroberer zu hassen, hatte bei der Bevölkerungsmehrheit in Provinzen wie Achaia (das wir erst dank Rom als „Griechenland" schlechthin betrachten) oder Asia eine lange, nur zu begründete Tradition. In den Zusammenkünften auf Provinzebene, den *koina* und den westlichen *concilia*, bot sich dasselbe Bild; ihrer ganzen Struktur nach war es gar nicht möglich, dass sich dort etwas anderes ausdrückte als die Hinwendung zum imperialen Zentrum.

Wie die großen und kleinen Monarchen waren also auch die verbündeten Enklaven Roms Teil einer wieder und wieder demonstrierten, unveränderlich gedachten Neuordnung. Der Blick ging nach innen, nach Rom und zum Princeps. Zur herrschenden Macht wie zu der Person an deren Spitze hatte es keine Alternative zu geben. Augustus erschien als Schutzpatron des Friedens und der Existenz selbst. Das Reich war dabei, für das Empfinden seiner Führungsschichten deckungsgleich mit den Grenzen der Oikoumene zu werden, der „bewohnten", lies bewohnenswerten Welt. Ebenbürtige Nachbarn und Rivalen konnte es damit definitionsgemäß nicht geben. Tatsächlicher Widerstand gegen solche Ansprüche allerdings war an der Tagesordnung, gerade weil die Umgebung des Imperiums eben keine Kulturwüste darstellte, die höchstens von unbedeutenden Wilden besiedelt war. Die Stabilität des vielschichtigen Reichsinnern wäre nicht zu erreichen, geschweige denn zu halten gewesen, hätte sich Augustus nicht wieder und wieder um interessante oder bedrohliche Nachbarregionen gekümmert. Ein schlagendes Mittel, Angreifer – mögliche Komplizen für innere Unruhen – weit hinter den Horizont der Reichsbevölkerung zurückzudrängen, war der Vormarsch der Legionen.

» *Auf der Versammlung ihres Bundes wählen die Lykier erst einen Lykiarchen und dann weitere Bundesbeamte; auch gemeinsame Gerichte werden benannt. Und früher berieten sie auch über Krieg und Frieden sowie Bündnisse, jetzt aber ist das selbstverständlich nicht so, sondern zwangsläufig liegen diese Fragen bei den Römern, außer wenn die ihnen eine Entscheidung überlassen oder falls es zu Roms Vorteil sein sollte.* «

Strabon, *Geographika* 14,3,3 (p. 665 C.)

74 Die in den turbulenten Jahren zwischen ungefähr 40 und 25 v. Chr. geprägte Drachme des Münzmeisters Aristeidas zeigt vorn den Sonnengott, hinten die Wappenblume der Roseninsel. Bald danach stellte sich die rhodische Währung auf schlichte Bronzeprägungen um.

Pax Augusta

Die Expansion und ihre Grenzen

Für die Politikwissenschaft ist Rom ein Modellfall geworden, was Bildung und Erhalt von Imperien angeht. Den kritischen Punkt, so große Teile der Fachwelt, bildet der Moment, in dem die werdende Großmacht aus einer Serie von Angriffskriegen dazu übergeht, das einmal Eroberte durch Erschließung erst eigentlich zu gewinnen: Steuern und Bodenschätze tragen den Staat, nicht mehr Beute und Kriegsgefangene. Dieser Moment der Stabilisierung ist als „augusteische Schwelle" bekannt geworden.

» *Dich bestaunt der Kantabrer, vormals unbezähmbar, der Meder (= Parther) und Inder, o du leibhaftig anwesender Schutz Italiens und der Herrin Rom. (...) Auf dich hören die gallischen Länder, die den Tod nicht fürchten, und Spaniens harte Erde; dich verehren die mordlustigen Sugambrer mit niedergelegten Waffen.* «

Horaz, *Oden* 4,14, 41–44; 49–52 (an Augustus, publiziert ca. 13 v. Chr.)

Ein informierter Zeitgenosse hätte sich die Augen gerieben – Augustus selbst vielleicht die Hände. Als Friedensfürst dazustehen, kam ihm völlig entgegen. Für seinen modernen Ruf hat eine Bemerkung des Tacitus ein Übriges getan, wonach Augustus seinen Nachfolgern geraten habe, „das Imperium in seinen (jetzigen) Grenzen zu halten" (*consilium coercendi intra terminos imperii*) – von der christlichen Geschichtsdeutung zu schweigen, wonach der einzig wahre Fürst des Friedens, wie von Jesaja verkündigt, nach Gottes Plan im Schutz der irdischen *pax Augusta* zur Welt gekommen war. Für Christus stimmt diese Parallelsetzung, der Princeps jedoch war in vielerlei Hinsicht nicht gekommen, den Frieden zu bringen, sondern das Schwert.

Unter *pax* lässt sich nicht allein im Lateinischen vieles andere verstehen als ein endzeitlicher Friede von kosmologischen Ausmaßen. Mit der Grundannahme eines ‚weltweiten', also imperiumsweiten Friedens war über dessen Basis noch nichts gesagt. Solange gegen Römer und Reichsbewohner nicht zum Schwert gegriffen wurde; war es völlig erträglich, wenn an den Grenzen und jenseits davon weiterhin Römer das Schwert führten.

Anfangs standen die Zeichen jedoch auf Ruhe. Mit Actium und der Eroberung Ägyptens endeten zwei Kriegsjahrzehnte, seit Caesar den Rubikon überschritten hatte. Zur allgemeinen Begeisterung schloss sich Anfang 29 v. Chr. der Tempel des Gottes Ianus – ein Akt, der traditionsgemäß nur vollzogen werden durfte, „wenn im gesamten Imperium des römischen Volkes zu Lande und zu Wasser ein aus Siegen geborener Friede herrsche", so Augustus' eigene Worte in den *Res gestae*. Ob es diesen Brauch vor ihm wirklich gab, ist wie so oft unklar. Noch zweimal sollte der Senat zu seinen Lebzeiten denselben Ritus anordnen.

Damit begann das Jahr der drei großen Triumphe über Illyrien und die Bürgerkriegsgegner – offiziell nur über die östlichen Herrscher und Ägypten, denn an vergossenem Bürgerblut gab es nichts zu feiern, wie man einst Caesar anklagend vorgehalten hatte. Dem Princeps folgten in den nächsten zwei Jahren Triumphatoren mit Lorbeeren aus kleineren Gebieten, die nach wie vor Sorgen bereiteten: dem noch nicht unterworfenen Nordwesten der Iberischen Halbinsel, Nordafrika, dem Norden Makedoniens und aus Gallien, das auch zwei Jahrzehnte nach Vercingetorix beileibe keine fügsame Provinz war. Besonders Aquitanien und die Treverer an der unteren Mosel begehrten auf. Nicht zufällig reiste Octavian, kaum dass er sich in Augustus ‚verwandelt' hatte, 27 v. Chr. persönlich nach Gallien und blieb anschließend zwei Jahre lang auf dem spanischen Kriegsschauplatz. Sein Plan war offensichtlich schon vorher, das langsame römische Vorrücken in die Tiefe der Halbinsel, das seit 210 v. Chr. als Eroberung des karthagischen Kolonialreiches begonnen hatte, mit einer einzigen großen Operation abzuschließen. Nirgendwo sonst konnte man so einfach den Ozean (und damit aus antiker Sicht das Weltende) zur durchgehenden Grenze machen; die riesige Militärmaschinerie der Bürgerkriegszeit würde mit den Stämmen der Kantabrer und Asturer auch die Gold- und Eisenerzvorkommen der Region unter Kontrolle bringen. Die komplette Unterwerfung würde Truppen für anderswo freimachen und den unruhigen Aquitanern weiter östlich zu denken geben. Zudem war die persönliche Erfolgsbilanz des Augustus als Heerführer nicht brillant; endlich höchstselbst einen Gegner zur Strecke zu bringen, hätte ihm jenen Glanz verliehen, an dem es ihm gegenüber dem nur noch selten erwähnten Caesar fehlte.

75 Unterwürfige Gallier – ursprünglich links unten – liefern dem von seinen Prätorianern bewachten Augustus ihre Kinder aus; am linken Bildrand verfolgt Tiberius' Bruder Drusus die von ihm erzwungene Huldigung. Der Becher aus Boscoreale, entstanden vor 6 v. Chr., stellt den Princeps als unüberwindlich siegreichen Weltherrscher dar.

So weit der Plan. Mehr als Sondermeldungen und ein Propagandasieg sprangen militärisch nicht heraus, so sehr Augustus Legionen konzentrierte und die Infrastruktur der Provinzen ausbauen ließ. Der Kantabrerkrieg zog sich bis 18 v. Chr. hin, und wie so oft war es Roms erfolgreichster Feldherr seit Caesar, Marcus Agrippa, der ab 20 v. Chr. das Ende herbeiführte. Die überlebenden Kantabrer und Asturer mussten einen Großteil ihrer Männer im kampf- und arbeitsfähigen Alter als Auxiliarsoldaten abgeben; so fungierten sie, bewusst überwiegend fern ihrer Heimat eingesetzt, als willkommene Verstärkung der römischen Truppen und zugleich als Geiseln für das Wohlverhalten ihrer Angehörigen. Nach diesem Rezept verfuhr das Imperium wieder und wieder.

Fernerkundung und Hegemonie

Ein so massives Engagement blieb in den ersten Jahren des Augustus die große Ausnahme. 25 v. Chr. eroberte der Schwager des Maecenas, Terentius Varro Murena, die Stammesgebiete der westlichen Hochalpen und verwandelte sie in Miniaturprovinzen; der kürzeste Weg nach Gallien war nun permanent offen. Römische Truppen stießen aus Ägypten mehrmals nilaufwärts vor und bedrängten das kuschitische Königreich von Meroë an den oberen Nilkatarakten, das in Rom als „Aethiopia" galt. Ein anderer Statthalter Ägyptens, Aelius Gallus, scheiterte 25/24 v. Chr. mit dem Versuch, im Reich von Saba einen Brückenkopf zur Einnahme der ganzen arabischen Halbinsel zu schaffen, während eine römische Strafexpedition das Zentrum des Berberstammes der Garamanten im tiefen Süden Libyens verwüstete. Zu den bescheidenen Erfolgen stand das Echo in Rom wohl in keinerlei Verhältnis; nie zuvor waren römische Machtansprüche in derartiger Ferne vertreten worden.

An eine Expansion mit aller Gewalt dachte Augustus nicht; wenn überhaupt, ging es um ein bewaffnetes Sondieren des neuen Vorfeldes, um die Veränderung der Handelsströme und vielleicht der örtlichen Loyalitäten zu Roms Gunsten. Dennoch, die Weihrauchländer Arabiens blieben ebenso unabhängig wie das Innere Afrikas von der Sahara bis zum Roten Meer. Viel ernster war und blieb die Lage im Osten. Armenien, Pufferstaat und zu-

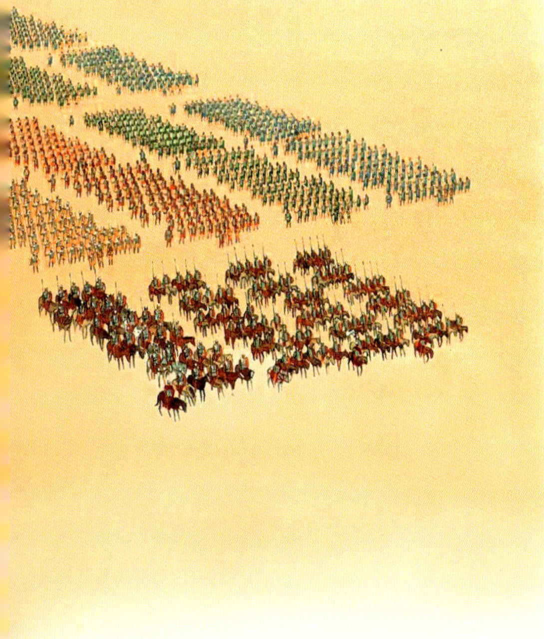

76 Eine vollzählig angetretene Legion der Kaiserzeit. Die zehn Kohorten der gut 5500 Mann starken Einheit sind hier farblich voneinander abgesetzt. Der geschlossene Einsatz von Legionen bildete die Ausnahme – für große Konflikte blieben sie aber das Mittel der Wahl.

gleich Zankapfel zwischen Rom und den Parthern, wurde seit 30 v. Chr. von einem Bürgerkrieg erschüttert. Noch dazu hatte der proparthische König Artaxias II. die römischen Truppen im Land vernichtet. Augustus war aus Prestigegründen gehalten, rasch Vergeltung zu üben, doch das konnte die volle Macht des arsakidischen Partherreichs auf den Plan rufen. Eine starke, für einen Einfall in Mesopotamien aber offenkundig zu kleine Armee unter dem Kommando des Tiberius, des älteren Stiefsohnes des Princeps, sollte einen Bruder des Feindes als Tigranes II. auf den armenischen Thron setzen. Durch einen Glücksfall (womöglich mit Nachhilfe aus Rom) war Artaxias bereits einem Familienstreit erlegen, als die Operation des jungen Feldherrn anlief. Besser noch, die Arsakidendynastie in Parthien sah so schnell keine Alternative und nahm die römische Intervention hin.

Großkönig Phraates IV., der Sohn des Vernichters von Crassus, wünschte im Gegenteil einen grundlegenden Ausgleich mit Rom. Antonius hatte er besiegt, aber erst wenige Jahre zuvor hatte er einen Usurpator mit römischer Rückendeckung abwehren müssen; einer seiner Söhne saß in römischer Gefangenschaft. Für eine Verständigung war er bereit, Armenien auf absehbare Zeit zu opfern. Augustus und seine Generäle wiederum kannten nach zwei römischen Katastrophen den Preis, den ein Rachefeldzug gegen die Parther kosten konnte – wie die römische Öffentlichkeit ihn seit Jahren ziemlich unverblümt anmahnte. Wenn Tiberius eine glanzvolle Königsernennung vollziehen konnte, die Parther ihrerseits die verlorenen Feldzeichen des Crassus aushändigten und dazu die überlebenden römischen Kriegsgefangenen, dann war es ohne Weiteres möglich, diese Bilanz als Unterwerfung eines Schwächeren hinzustellen. Beide Großreiche verständigten sich auf den Euphrat als Grenze im Süden Armeniens, eine Demarkationslinie, die Roms Orientpolitik auf Jahrhunderte bestimmen sollte.

Die Inszenierung des Verhandlungserfolgs wuchs ins Beispiellose. Selten war ein blutiger Sieg so gefeiert worden wie die ‚angstschlotternde' Auslieferung der parthischen Siegespfänder, womit der verletzten Ehre Genüge getan war – SIGNIS RECEPTIS, „nach Rückgabe der Feldzeichen", feierten unzählige Münzen das Ereignis, während die Standarten selbst ihren Platz im Tempel des Mars Ultor auf dem Augustusforum fanden, so, als wäre ihre Heimholung eine ebenso heilige und unbeirrt verfolgte Aufgabe gewesen wie die bei Philippi vollzogene Rache für Caesars Tod. Nicht lange darauf fanden gar vier Söhne des Großkönigs den Weg nach Rom, um die dortige Kultur kennenzulernen – natürlich interpretierte man ihren Bil-

77 „Armenien gefangen" (*Armenia capta*) verkündet dieses römische Goldstück aus Pergamon, das die Inthronisierung eines romfreundlichen Königs durch Tiberius feiert. Victoria schlitzt einem zu Boden gezwungenen Opferstier die Kehle auf – das Bild ähnelt der Schlüsselszene des (ursprünglich iranischen) Mithraskults in seiner späteren, kaiserzeitlich-römischen Ausprägung so sehr, dass ein Zufall ausgeschlossen scheint.

78 Die Siegespropaganda der römischen Münzen setzte fast umgehend ein. Diese spanische Prägung kombiniert einen Legionsadler und ein *signum*, stellvertretend für alle 20 v. Chr. zurückgegebenen Feldzeichen, mit dem bereits 27 v. Chr. vom Senat an Augustus verliehenen Tugendschild.

dungs- und Vertrauensbildungsaufenthalt so weitreichend wie möglich als Geiselhaft. Einer von ihnen, Vonones, sollte noch zu Augustus' Lebzeiten für einige Jahre den Arsakidenthron besteigen und dann – weil zu ‚römisch' für seine Untertanen – als Trostpreis die Krone Armeniens annehmen.

Der große Sprung nach Norden

So (relativ) friedlich gestaltete sich anfangs die Konsolidierung der römischen Herrschaft. Jahr um Jahr wurden Bürgerkriegsveteranen entlassen, abgefunden oder in Kolonien angesiedelt. Andererseits sah sich Augustus außerstande, mit weniger als rund 28 Legionen auszukommen, gut 155 000 Mann Papierstärke, die alljährlich Winterlager in ihren Operations- und Stationierungsgebieten errichteten, wieder abbrachen, auf Feldzüge gingen. Spanien, der Osten Galliens, die Nordgrenzen Roms auf dem Balkan und natürlich das römisch-parthische Grenzgebiet waren die Schwerpunkte dieser gerade noch bezahlbaren Truppenkonzentration. Alles in allem überbot die augusteische Armee, verstärkt um eine stetig wachsende Zahl von Auxilia, das Militärpotenzial so ziemlich jeder früheren Epoche der römischen Geschichte – die Heere der verfeindeten Triumvirn hatten einander ja gegenseitig neutralisiert. Dennoch war es schon jetzt nicht genug, um ohne weiträumige Verlegungen auszukommen, wenn sich ein neuer Krisenherd entwickelte. Marschierende Truppen drohten eine Last der Friedenszeit zu bleiben. Und ob die Armee kämpfte oder nicht, sie fraß Geld. Irgendwann nach 20 v. Chr. scheint Augustus sich entschlossen zu haben, sie kämpfen zu lassen – und so begann die größte Expansionswelle der römischen Geschichte.

Sie kam nicht ganz ohne Provokation. Wohl im Sommer des Jahres 16 v. Chr. überschritten mehrere Germanenstämme, die am rechten Rheinufer siedelten, den Strom und plünderten nicht nur das östliche Gallien, sondern schafften es obendrein, dem herbeigeeilten Statthalter Marcus Lollius eine peinliche Niederlage beizubringen. Zwar gelang es Augustus, die Schlappe zu personalisieren (man sprach von der „Lollius-Niederlage", *clades Lolliana*), doch kurz nach dem diplomatischen Sieg von 20 v. Chr. hatte Roms Armee wiederum einen Legionsadler eingebüßt. Auch die Nordregionen Makedoniens wurden erneut angegriffen, und die sonst mit Rom verbündeten Noriker hatten sich mit den Pannoniern zusammengetan. Die Unruhen dehnten sich bis an den Südrand der Alpen aus.

Der Princeps persönlich eilte an den Rhein, nicht allein um Panik oder neuen Aufständen entgegenzuwirken. Schon vorher nämlich war die erste Gegenoffensive angelaufen. Publius Silius Nerva, Statthalter Illyriens, unterdrückte die Revolten im nordöstlichen Italien und stieß von da aus im Folgejahr 15 v. Chr. nach Noricum vor. Für die Alpenregion westlich davon hatte Augustus vorgesehen, die alten Einfallswege nach Gallien und Norditalien – im römischen Geschichtsdenken eine Drohung seit dem Galliersturm von 387 v. Chr. – ein für alle Mal zu verschließen, indem er bis zum Oberlauf der Donau vorrückte. Zwei Armeen griffen Anfang 15 v. Chr. an: Der militärisch schon erprobte Tiberius zog über den Jura und den Hochrhein zum Bodensee und ins Alpenvorland, wo er hauptsächlich gegen die keltischen Vindeliker vorging. Sein Bruder Drusus kämpfte sich den Weg durch die Hochgebirgspässe nach Norden frei, deren Bewohner in der römischen Terminologie als Räter erscheinen. Angesichts des Erfolges kann man ungeachtet der römischen Überlegenheit nur von einer militärischen Glanzleistung sprechen – um den Preis eines beinahe als Vernichtungskrieg geführten Vorgehens gegen die Bergstämme, die sich nie wieder erhoben. Zu den wichtigsten Spuren der Eroberung gehört das Lager in Dangstetten am Oberrhein, wo einige Kohorten der 19. Legion mehrere Jahre lang in Garnison lagen.

In Raetien und Noricum war die Donau nun praktisch Roms Nordgrenze. Dasselbe galt für den Unterlauf in der Landschaft Moesien – zwischen 30 und 28 v. Chr. erobert und in Klientelstaaten umgeformt – sowie die Mündung des Stromes, wo römische Truppen, nicht das schwache Thrakerreich, die griechischen Küstenstädte schützten. Dazwischen schob sich das Gebiet der Skordisker und

» *O größter aller Principes, so weit die Sonne die Küsten der bewohnbaren Welt erleuchtet – was du im Krieg vollbringen kannst, haben neulich die Vindeliker lernen müssen, die noch ohne das latinische Gesetz lebten. Mit deiner Armee nämlich hat Drusus kampflustig die Genauner, ein unsanftes Volk, die flinken Breuner und die auf den schrecklichen Alpen erbauten Festungen niedergeworfen, und das nicht nur einmal; dann begann der ältere der beiden Nerones (Tiberius) den schweren Kampf und zerstreute die rasenden Räter unter günstigen Vorzeichen (...), wie er, der Claudier, die Barbarenscharen in mächtigem Ansturm mit eiserner Faust auseinanderriss, Vorderste und Hinterste niedermähend zu Boden streckte – ein Sieger, der keine Niederlage kennt.* «

Horaz, *Oden* 4,14,5–16; 33–36 (an Augustus, publiziert ca. 13 v. Chr.)

79 Die Eroberung der Alpenregion von der heutigen Côte d'Azur bis zur Adria wurde – gut neun Jahre nach der großen Kampagne eines der Stiefsöhne des Augustus – durch ein riesiges Monument oberhalb der Küstenstraße zwischen Italien und Gallien gefeiert. Die Siegesinschrift des Tropaeum Alpium (La Turbie) nennt vier Dutzend große und kleine Stämme, welche die Armeen des Princeps unterworfen hatten.

anderer Völker, das ausgerechnet dort weit in Richtung Italiens vorsprang, wo die schützenden Alpen am niedrigsten waren. Nur die römische Festungsstadt Aquileia und ihre Vorposten bildeten ein ernsthaftes Hindernis, wenn Feinde auf diesem Weg anrückten; auch Octavians zwei Jahrzehnte alte Eroberungen hatten daran wenig geändert. 14 v. Chr. fielen nun die Skordisker in die junge Provinz ein. Eilig wurde der beste greifbare Feldherr, Agrippa, abkommandiert – doch sein Leben war zu Ende. Tiberius übernahm diesen Auftrag, während Drusus in Gallien blieb, als Augustus selbst 13 v. Chr. nach Rom zurückkehrte.

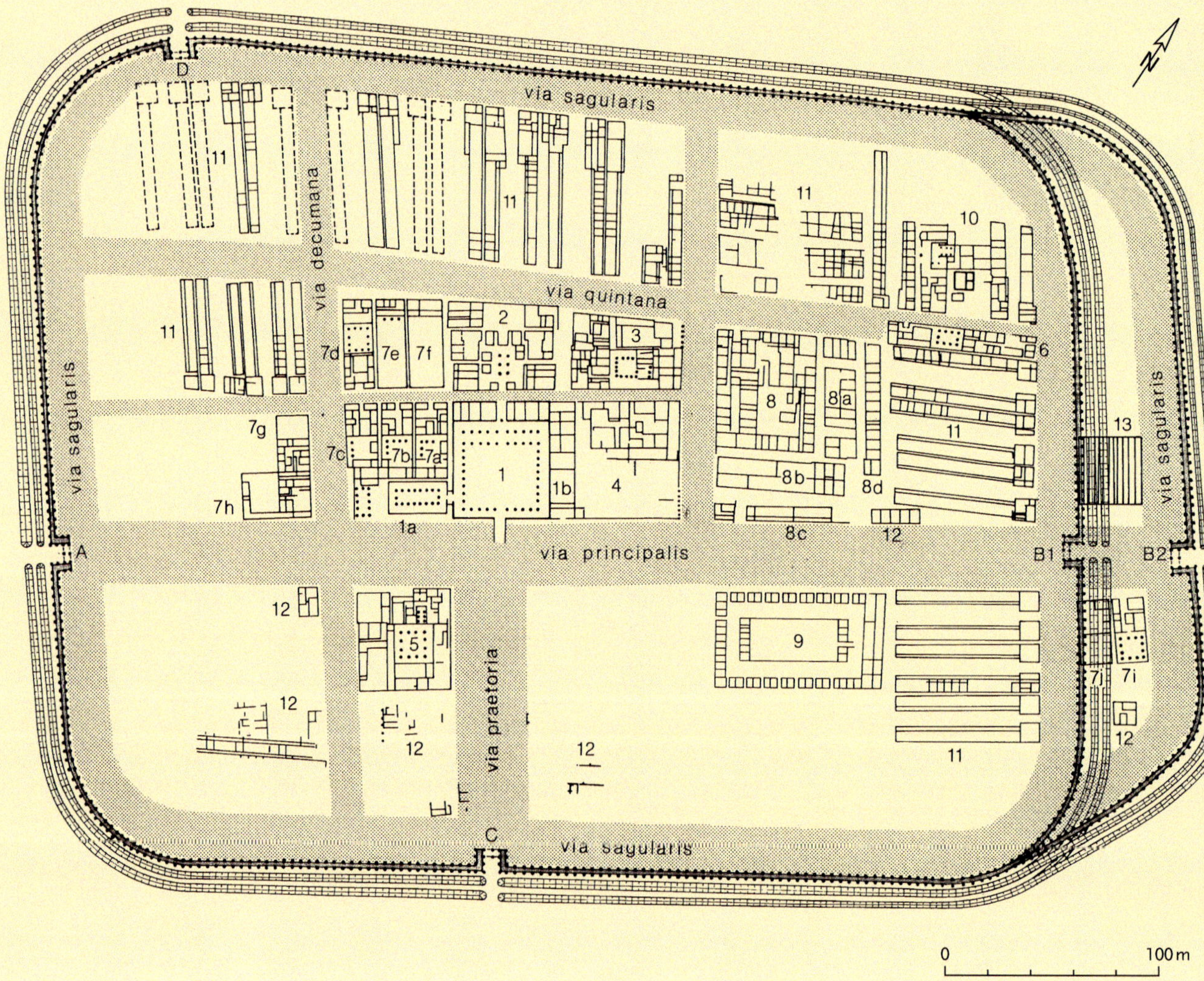

80 Auch mehr als ein Jahrhundert nach ihrer Entdeckung ist die Forschungsdiskussion um die verschiedenen Stadien römischer Präsenz entlang der Lippe nicht abgeschlossen – hier ein Plan des für dauerhafte Nutzung konzipierten Hauptlagers von Haltern. Die militärische Infrastruktur erlaubte ein Überwintern großer Verbände rechts des Rheins und den Gedanken, schrittweise eine zivile Provinzverwaltung einzuführen.

1	*principia* (Verwaltungsgebäude)	11	Kasernen
2	*praetorium* (Sitz des Kommandanten)	12	Gebäude fraglicher Funktion
3, 5–7	Wohngebäude für Offiziere	13	Kornspeicher am Osttor
4	Gebäude unbekannter Funktion	A	*porta principalis dextra*
8	*fabrica* (Werkstatt) mit 8 a–d Schuppen oder Unterkünfte	B1/2	*porta principalis sinistra*
9	*valetudinarium* (Lazarett)	C	*porta praetoria*
10	Gebäude unbestimmter Funktion	D	*porta decumana*

Germanien – (beinahe) eine Erfolgsgeschichte

Ein Jahr später, 12 v. Chr., eröffnete Drusus ein Unternehmen, das weitaus stärker das Zeug hatte, die Geschichte Europas zu verändern: eine bewaffnete Tiefenerkundung Germaniens. Nur Caesar hatte kurzzeitig rechts des Rheins operiert; jetzt ging es teils um Rache für den Schock von 16 v. Chr., teils darum, endlich mehr über das neue Vorfeld des Imperiums zu erfahren und in Kontakt mit möglichen Verbündeten zu kommen.

Jahr um Jahr operierte Drusus seitdem den Sommer über im „freien Germanien". Die Winterlager seiner Legionen verwandelten sich in halbwegs permanente Befestigungen an Schlüsselpositionen des Rheinufers: Vetera bei Xanten, Novaesium (Neuss), Mogontiacum (Mainz). Vom Rhein aus entstand eine Kette von Stützpunkten, die entlang logistisch unverzichtbarer Flussläufe lagen. Am besten erforscht sind die Lager an der Lippe, in einer fast lückenlosen Serie im Abstand je eines Tagesmarsches bis Anreppen im Osten dokumentiert – erst seit 2010 wird die neu entdeckte Zwischenstation Olfen ergraben, während die großen Stützpunkte Haltern und Oberaden mit ihren permanenten Rumpfbesatzungen sprichwörtlich für den Maßstab der römischen Vorstöße (und zu Paradestücken der Provinzialrömischen Archäologie) geworden sind. Als bislang fernste bekannte Fortsetzung dieser Marschroute gilt das Lager Hannoversch Münden-Hedemünden am Übergang über die Werra, in Luftlinie über 200 km hinter der Rheingrenze. All diese Positionen wurden wieder und wieder von den durchziehenden Legionen bezogen.

Diese Dauerpräsenz, eine erfolgreiche Mixtur aus Strafaktionen und Bündnispolitik, ließ zumindest die nächstgelegenen Teile Germaniens als so zugänglich erscheinen, dass Rom auf die Errichtung einer Provinz hinarbeiten konnte. Ein schwerer Rückschlag war die tödliche Verletzung, die sich Drusus 9 v. Chr. bei einem Sturz zuzog – in diesem Sommer war er erstmals bis zur Elbe vorgedrungen.

Tiberius – ein mindestens ebenso fähiger Stratege, aber anscheinend nicht die mitreißende Sorte General – trat gut drei Jahre lang an die Stelle seines Bruders, während Augustus sich ein weiteres Mal nach Gallien begab, um die Konsolidierung des Provinzgebiets voranzutreiben und ein Auge auf die Vorgänge jenseits der Grenze zu haben. 6 v. Chr. verschwand Tiberius beinahe über Nacht in die politische Bedeutungslosigkeit – die Dynastie erlebte ein kleines Erdbeben. Am weiteren Vorgehen zwischen Rhein und Elbe änderte dieser Eklat wenig – Marschrouten und Stützpunkte wurden ausgebaut, ganze Bevölkerungsgruppen verpflanzt, wie Agrippa es Jahrzehnte zuvor mit den romfreundlichen Ubiern gemacht hatte. Erste Schwierigkeiten deuteten sich an: Siedlungszentren wie in Gallien, aus denen man ein Netz von *civitates* hätte spinnen können, besaß Germanien nicht einmal ansatzweise; auch die Sozialstruktur entsprach nicht dem römischen Ideal von einigen privilegierten Kooperationspartnern pro Stamm (mit ihren Zwischenschichten, Abstufungen und einzelnen Führungspersönlichkeiten erschien sie den Römern mal monarchisch, mal egalitär). So suchten die Oberbefehlshaber sich Stämme und Anführer aus,

81 Die Überreste eines Militärabenteuers. Der Mainzer „Drususstein" ist der Kern eines Monuments mit Steinverkleidung, das die beiden in Mogontiacum stationierten Legionen als Kenotaph für ihren General errichteten.

die ihnen besonders zugänglich erschienen, und übergingen dabei die in zahlreichen Konflikten eingespielte innergermanische ‚Hackordnung'. Bereits um 1 n.Chr. hatten die Legionen daher mit zahlreichen Angriffen zu kämpfen.

Die Römer besaßen einen Teil (von Germanien), nicht als geschlossenes Gebiet aber, sondern da, wo sie zufällig etwas in ihre Hand gebracht hatten (...) und ihre Soldaten überwinterten dort und gründeten Städte, während die Barbaren sich mit ihrer Lebensordnung in Einklang brachten, Märkte veranstalteten und friedliche Zusammenkünfte abhielten. (...) Als jedoch Quinctilius Varus den Oberbefehl über Germanien bekam und kraft seiner Amtsgewalt die Situation bei ihnen regelte, hatte er den Ehrgeiz, sie in kürzeren Schritten zu verwandeln, und befahl ihnen im Übrigen, wie man Unterworfenen befiehlt, und trieb Steuern ein wie von Untertanen.

Cassius Dio, *Römische Geschichte* 56,18,1–3

Zusätzlich begann man, die fehlenden Zentralorte kurzerhand selbst zu bauen. Eine lange bezweifelte Passage in der zwei Jahrhunderte später verfassten *Römischen Geschichte* von Cassius Dio hat sich dramatisch bestätigt, als seit 1993 die Fundstätte Waldgirmes an der Lahn untersucht wurde. Spätestens seit 4 v.Chr. entstand hier eine mit Graben und Palisade geschützte, aber von Anfang an zivile Siedlung aus Fachwerkhäusern rund um ein Forum römischen Typs. Ihre Funktion als Marktort ist offensichtlich, als Verwaltungszentrum war sie ideal geeignet – ein Teil der Einwohner bestand aus Germanen, sonst fehlen viele Antworten bisher ebenso wie weitere Fundorte dieser Art.

Sorgen bereitete Augustus in diesen Jahren nicht Germanien, wo alles insgesamt auf gutem Weg zu sein schien, sondern Böhmen und die Landstriche an der mittleren Donau. Vom heutigen Rumänien aus fielen die Daker in Pannonien ein. In Böhmen (*Boiohaemum*, dem vormaligen Siedlungsgebiet der Boier) hatte sich ein mächtiger Stamm niedergelassen, der Rom gut zwei Jahrhunderte lang beschäftigen sollte: die Markomannen. Nun, da das römische Blickfeld die dichter besiedelten Regionen entlang der Elbe erreicht hatte und auch das

82 und 83 Rekonstruktion des römischen Waldgirmes. Waldgirmes im heutigen Hessen war nicht einfach ein weiteres der vielen augusteischen Militärlager. Handel und Verwaltung prägten das Bild. Orte wie dieser sollten in einer künftigen germanischen Provinz an die Stelle städtischer Zentren treten.

südliche Vorfeld zwischen Rhein, Main und Donau an Interesse gewann, bereitete dieses expansive politische Gebilde unter seinem König Maroboduus – der eine Zeit lang in Rom gelebt hatte und eigentlich als prorömischer Herrscher hatte wirken sollen – beträchtliche Zukunftssorgen. Um einen solchen Gegner konnten sich die Germanenstämme weiter nördlich und westlich, aber auch Anwohner der Donauregion mit bedrohlicher Wirkung sammeln; noch dazu hatten die Markomannen Zugang zu Eisenvorkommen, während Stämme wie die Cherusker bislang nur schwer an eiserne Pfeil- und Speerspitzen oder gar Schwerter kamen.

Gleich nach Tiberius' Rückkehr nach Germanien 4 n.Chr. begann dort eine neue Epoche der Aktivität. Durch die Küstenregion zog der Oberkommandierende selbst und überwinterte mit der Armee an der Lippe; die nächste Saison sah ihn auf dem Weg durch die Marschlandschaft zwischen Weser und Elbe, ehe er diesem Strom aufwärts folgte und nahe der Saalemündung zahlreiche germanische Gesandte empfing. Sie erlebten als krönenden Höhepunkt die Ankunft einer römischen Flotte mit, die zuvor die gesamte Westküste der Halbinsel Jütland bis Kap Skagen hinaufgefahren war. Spätestens jetzt war außer der Stützpunktkette an der Lippe eine weitere straßenähnliche Marschroute mit starken Kastellen weiter südlich in Funktion. Sie führte von Mainz aus nach Osten; wie eng sie dem Maintal folgte, ist nicht bekannt. Knapp auf halbem Weg zu den Übergängen nach Böhmen zwischen Fichtelgebirge und Oberpfälzer Wald entdeckte man 1985 bei Marktbreit ein ausgedehntes Lager, das mindestens zwei Legionen aufnehmen konnte.

Auf diesem Weg sollte das Gros der in Germanien operierenden Armee im Frühjahr 6 n.Chr. gegen den (von verflossenen deutschen Lokalpatrioten „Marbod" getauften) Markomannenfürsten vorgehen. Tiberius selbst hatte mit ebenso starken Kräften ein Winterlager bei Carnuntum an der Donau bezogen und würde von Süden oder Südwesten her anrücken; der weitgreifende Plan sah einen Rendezvouspunkt beider Heere vor – anschließend würden zwölf Legionen mit ihren Auxiliartruppen im Einsatz sein, über 100000 Mann gegen die angeblich 70000 des Gegners. Eine derartige Operation im Maßstab von Philippi oder Actium war im Barbarenland, fern der gewohnten Infrastruktur, beispiellos – und ihr Erfolg hätte einen von Gebirgsketten umzogenen, an Bodenschätzen und guten Ackerböden reichen Brückenkopf jenseits der Donau geschaffen, ob als Klientelstaat oder gleich als Provinz. Ein Gelingen dieses speziellen Plans hätte – so viel steht fest – Roms Herrschaft mindestens bis zum Riesengebirge und zur Unterelbe erweitert, mit neuen Horizonten und neuen Begehrlichkeiten.

Grenzen des Möglichen

Das war der Moment, von dem an für drei entscheidende Jahre alles schieflief – in der Rückschau. Noch ehe der eigentliche Krieg begonnen hatte, vielleicht sogar noch vor dem Aufbruch aus Carnuntum, trafen Meldungen von einem flächendeckenden Aufstand im von Truppen entblößten Pannonien ein. Jahrelange Kämpfe mit Guerillaangriffen, Beinahekatastrophen und mühseligem Kleinkrieg stellten die römische Herrschaft wieder her. Tiberius hatte seine Expeditionsstreitmacht, dann alle erreichbaren Reserven auf den Kriegsschauplatz geworfen, Augustus griff zu Steuererhöhungen und Zwangsrekrutierungen. Anfang 9 n.Chr. hatte Tiberius, assistiert von seinem jungen Neffen, dem Drusussohn Germanicus, die Ordnung wiederhergestellt. An die Stelle Illyricums traten zwei separate Provinzen, die später als Pannonia und Dalmatia bekannt wurden. Ein Triumphzug sollte den Schlussakt bilden.

In diesem Augenblick wiederholte sich die Dramatik des Jahres 6 n.Chr. in gesteigerter Form. Meldungen von einer Katastrophe im Norden gingen ein, wurden bestätigt: Der Kommandeur des germanischen Militärbezirks, Publius Quinctilius Varus, war auf dem Rückmarsch von einem demonstrativen Besuch an der Weser in die Winterquartiere – und geriet in eine Falle, als er ohne ausreichende Erkundung das Land der Brukterer durchquerte. Warnungen vor einer Verschwörung waren Varus angesichts der allgemeinen Ruhe absurd erschienen. In mehrtägigen Kämpfen wurde seine Armee, die drei Legionen XVII bis XIX samt ihrem Tross und einigen Auxilia, durch eine Allianz verschiedener Stämme völlig aufgerieben; ein Teil geriet in Gefangenschaft, nur wenige schlugen sich zum Rhein durch. Ein eigentliches „Schlachtfeld" gibt es angesichts des Kampfverlaufes nicht, doch ist das seit 1987 ergrabene Areal von Kalkriese am Nordabhang des Wiehengebirges – den Funden zufolge zweifellos der Schauplatz eines vorbereiteten Germanenangriffs auf eine durchziehende römische Armee, deren Münzfunde in keinem Fall nach 9 n.Chr. liegen – aus heutiger Sicht mit hoher Wahrscheinlichkeit ein wichtiges Element der Varusniederlage.

Die kurzlebige Koalition der Angreifer unter ihrem in römischer Taktik geschulten Anführer, dem Cherusker Arminius, zerstreute sich samt Beute und Gefangenen. Die römische Infrastruktur ging teils in Überfällen unter, teils wurde sie von den eigenen Erbauern zerstört, die sich hastig auf die Rheinlinie zurückzogen. Der Rückschlag war empfindlich, wenngleich von einer Aufgabe des rechtsrheinischen Germanien keine Rede war. Nur ging die Sicherung der linksrheinischen Territorien, ja Italiens vor. Aber eine Invasion blieb aus; man konnte an Konsolidierung und Strafaktionen denken. Die Rheinarmee wuchs auf acht Legionen, ab 10 n.Chr. unter dem hastig nach Norden gesandten Tiberius, der das Kommando im Jahr 13 n.Chr. an seinen Neffen Germanicus übergab; man begann, die Verbindungen ins Landesinnere wieder herzurichten, lieferte Schlachten gegen die feindlichen Stämme und zeigte Jahr für Jahr Präsenz, auf der Suche nach Schuldigen, Kriegsgefangenen und den drei verlorenen Legionsadlern. Mit Germanien war Rom noch lange nicht fertig.

Dass die Niederlage der Varusschlacht nie wieder aufgeholt wurde, zeichnete sich erst später ab, als Tiberius – jetzt der neue Princeps – die Kampagne 16 n.Chr. abbrechen ließ. Auch danach verschwand die römische Präsenz nicht einfach spurlos; über eine Fortsetzung des Bergbaus im Distrikt von Bri-

84 Die nach wie vor einzige Inschrift, die sich auf die Varusschlacht bezieht: ein Kenotaph aus Vetera (bei Xanten) für den vermissten Centurio Marcus Caelius und seine beiden Bediensteten, das der Bruder des Gefallenen in der Hoffnung errichten ließ, eine Überführung könnte möglich sein.

85 Im wichtigen Legionslager von Mogontiacum (Mainz) wurde dieses Relief gefunden, das – mit künstlerisch eher bescheidenen Mitteln – zwei kampfbereit vorrückende Legionäre zeigt. Nach und nicht zuletzt dank der Expansionsphase unter Augustus war Stillstand, nicht mehr Vordringen die gebotene Strategie.

lon wird in der Forschung diskutiert, bewaffnete Vorstöße in größeren Abständen sind teils literarisch, teils archäologisch belegt. Gut siebzig Jahre später eroberte die Armee Kaiser Domitians den Winkel zwischen Rhein und Donau. Das alles – und selbst so spektakuläre Einzelunternehmen wie die Eroberung weiter Teile Britanniens seit Claudius und des Dakerreiches durch Traian – belegt vorwiegend die fundamentale Veränderung in der römischen Expansion. Tiberius hatte offenbar eine Lektion aus den zwei Phasen, dem Vormarsch auf breiter Front seit 15 v. Chr. und den sich häufenden Rückschlägen seit 6 n. Chr., gezogen. Keiner hatte dafür bessere Voraussetzungen als er.

Zwanzig Jahre nach Beginn der großen Eroberungen hatte Rom dieselbe Zahl von Legionen und sogar mehr Auxiliartruppen denn je – die aber waren nicht nur für eine vorverlegte Außengrenze zuständig, sondern außerdem für eventuelle Krisen im schon eroberten Territorium, und mussten dabei Kräfte an andere Krisenherde abgeben. Es gab schlicht mehr Imperium zu behaupten als zuvor. Neue Offensiven in diese Aufgabe einzupassen, war entweder nur in günstigen Momenten möglich oder führte zu Risiken an anderen Schwerpunkten; die Berufsarmee massiv auszubauen, verbot sich aus Gründen der Ökonomie (wie auch der Sicherung gegen Usurpationsgelüste) und war der Reichsbevölkerung, was die Rekrutierungsnöte von 9 n.Chr. gezeigt hatten, schwer zu vermitteln. Die Legionäre länger unter Waffen zu halten, beschwor noch ganz andere Gefahren herauf. Im Jahr des Herrscherwechsels, 14 n.Chr., kam es bei zahlreichen Legionen zu Meutereien; überlange Dienstzeiten und die Dauerbelastung der Feldzüge gehörten zu ihren wichtigsten Beschwerden.

Der Krieg – und das hatte sich durch Augustus verändert – gehörte als temporäre Nebensache, die Triumphzüge und lukrative Provinzen abwarf, an die Peripherie. Als Dauererscheinung drohte er die ‚Grundvereinbarung' des Prinzipats zu sprengen: seine menschlichen und finanziellen Kosten waren für eine Nicht-Bürgerkriegsgesellschaft untragbar. Nicht die großen Operationen in Germanien durften die militärische Norm sein, sondern Aktionen wie gegen die Gaetuler an der Nahtstelle der Provinz Africa mit dem Königreich Mauretanien – tagtägliche Sicherungsmaßnahmen und die Abwehr kleinerer Raubzüge, unterbrochen durch wirklich große Konflikte wie den der Jahre 5/6 n.Chr., der dem Prokonsul von Africa, Cossus Cornelius Lentulus, den Siegesbeinamen Gaetulicus eintrug.

Unangreifbar konnte das Imperium nicht werden. Es blieb bei chronisch ‚heißen' Teilen der Außengrenzen, am Mittel- und Niederrhein und an Teilen der Donau, wo Rom ebenso wie im Übergang zur nordafrikanischen Wüstenregion ständig mit Kämpfen auf Bagatellebene zu rechnen hatte, die in den massiven Angriff eines oder mehrerer Völker übergehen konnten. Tagtäglich ruhiger, doch als potenzielle Drohung gravierend war die Euphratgrenze zu den Parthern. Augustus hatte die Gefahrenstellen Hunderte von Kilometern von den Grenzen Italiens wegverschoben, konnte aber Rom weder an jeder einzelnen Stelle zur automatischen Siegerin machen noch gar in eine Welt ohne Feinde hineinwachsen lassen. Für ihn jedoch war offenkundig noch lange nicht Schluss mit dem Wachstum; der Princeps (Tiberius), unter den die Kreuzigung fiel, nicht Augustus, der Zeitgenosse der Geburt Christi, würde jenes Innehalten praktizieren, das im Geschichtsgedächtnis mit der Friedensdevise des Jahrzehnts nach Actium verschmolz.

» *Geantwortet wurde von der Versammlung (der Soldaten), sie habe ihre Anweisungen dem Zenturio Clemens übermittelt, der sie weiterleiten sollte. Der beginnt (gegenüber Drusus, dem Sohn des Tiberius) von einer Entlassung nach 16 Jahren zu reden, von Geldzahlungen zum Dienstende, von einem Denar pro Tag als künftigem Sold, davon, man dürfe die Veteranen nicht in Einsatzbereitschaft halten.* «

Tacitus, *Annalen* 1,26

Während am 30. Januar 9 v.Chr. der beklemmend schöne Altar für die *Pax Augusta* eingeweiht wurde, war der frischgebackene Konsul Drusus im Begriff, zu seinem vierten Germanenfeldzug zu rüsten. Es wurde die letzte Kampagne seines Lebens; die erste war mit dem Senatsbeschluss zur Errichtung der Ara Pacis zusammengefallen. Sollte die Politologie nicht lieber von einer „tiberianischen Schwelle" sprechen?

Seismische Tätigkeit

Augustus und die permanente Instabilität

Die römische Welt, wie der Princeps sie hatte einrichten wollen und wie sie selbst sich wahrnehmen sollte, ähnelt – wie die römische Geschichte in augusteischer Sicht – jener Festprozession, die sich über die Reliefplatten der Ara Pacis zieht. Jedes einzelne Mitglied hatte seinen festen Platz, Zweifel an der Reihenfolge oder gar Proteste gegen sie gab es nicht, und alle Teilnehmer vereinigten sich zu einer fließenden, würdevollen Bewegung, in der die griechischen Bildhauer nur ein einziges subtiles Stocken einfügten: den Stillstand rund um die Person des Augustus, der zum Opfer für und vor allen schreitet – Inbegriff römischer Frömmigkeit, Fokus des Geschehens, der alle anderen auch im Bild überragt.

‚Natürlich' hatte Augustus (der im richtigen Leben hohe Spezialschuhe trug, um etwas Länge zu gewinnen) hier nicht als Princeps den ikonographischen Vortritt, sondern als Pontifex maximus und Mitglied aller Priesterkollegien. Gerade ein Kunstwerk von derart ‚kaiserlicher' Qualität musste seine Hauptperson sozusagen selbstlos und hinter der eigenen Funktion zurücktretend zeigen. Von „überheblicher Bescheidenheit", *adrogans moderatio*, sollte Tacitus beim Begräbnis des Princeps sprechen, wenn maßlose Ehrenbezeigungen beantragt wurden, um in der Durchführung auf halbe Maßlosigkeit zu schrumpfen. So auch hier: Ein merklich, aber nicht erdrückend großer Augustus (auch die Götter auf dem Parthenonfries in Athen zeigen nur jenes kleine Extra an Statur), dem nicht etwa seine Familie direkt folgte – denn man lebte ja in keiner Monarchie –, sondern erst die Inhaber der höchsten Priesterämter, und gleich darauf, was bereits „das Haus der Caesaren" hieß. Alle würdig und gesammelt, die Kinder artig (aber nicht unnatürlich konzentriert) an der Hand eines Elternteils. Streit und Unsicherheit gab es in dieser Familie nicht. Agrippa kam vor Livias Söhnen aus erster Ehe, Tiberius und Drusus, und als Nächste im Protokoll warteten die beiden Antoniae, die Töchter von Augustus' Schwester Octavia mit dem auf Abwege geratenen Triumvir – die jüngere, weil Drusus' Gattin, hatte den bildhauerischen Vortritt vor der älteren. Senatoren und Würdenträger folgten. So stabil und auf eine halb individuelle, halb zeitlose Art fehlerfrei sollte die Großfamilie des Reiches sein.

Zweimal im Jahr bekam der Altar der Pax Augusta, wenn unglückliche Umstände eintraten, nasse Füße. Im Frühjahr und im Herbst führte der Tiber Hochwasser; das Marsfeld war die natürliche Flutzone des Flusses, dessen Schlamm die Altarplatten nach dem Ende der Antike unter sich begrub und konservierte. Jede größere Überschwemmung zog eine Krankheitswelle nach sich, außerdem – die Getreidespeicher standen aus Logistikgründen dicht am Ufer – Teuerung, wenn nicht gar offenen Hunger. Mit den Krisen rund um die Dynastie, die Augustus ins Leben rief, zerbröckeln sah und immer wieder neu formieren musste, ging es weniger regelmäßig zu. Aber auch sie zogen Kreise bis ins Alltagsleben, so wie die Nachrichten neuer Kriege und – in der Spätzeit der langen Herrscherjahre – verheerender Rückschläge. Es gab wieder und wieder die Notwendigkeit, die Stabilität und Spannungsfreiheit des Reiches zu beschwören;

nicht selten war genau jene Mitte schuld, die sich unentbehrlich gemacht hatte.

Verbündete und Verwandte

In den Jahren des Triumvirats hatten die Einwohner Roms und Italiens mit vielem fertigwerden müssen: Aushebungen, Gefallenen, einer Hungerblockade, Steuern, Gewalt auf den Straßen und immer neuen Drohungen, es könnte noch schlimmer werden. Erst der Sieg über Sextus Pompeius von 36 v. Chr. beseitigte den Würgegriff, in den die Kompromisslosigkeit der Triumvirn das Kernland gebracht hatte; im Jahr 40 v. Chr. hatte das Volk sie dafür mit Steinen beworfen. Mit der Aussicht auf das schier unerschöpfliche Getreide Ägyptens und dem Ende des Bürgerkriegs schienen ruhige Zeiten anzubrechen.

Dann kam es ganz schlimm. Nicht zufällig trafen in den Jahren 23 und 22 v. Chr. Naturkatastrophen mit einer Krise der jungen Alleinherrschaft zusammen. Beide Jahre brachten in ganz Italien Epidemien mit zahlreichen Todesopfern, in beiden überflutete der Tiber mitsamt dem Müll und Abwasser der Millionenstadt die niedrig liegenden Gebiete Roms. Anfang 23 v. Chr. bezahlte Augustus ausnahmsweise aus eigener Tasche Getreiderationen, weil das Marktangebot und die üblichen Gratislieferungen an einen Teil der Römer zusammengenommen nicht auszureichen drohten.

In dieser kritischen Lage flog eine Verschwörung gegen den Princeps auf. Die Hauptbeteiligten, Fannius Caepio und ein „(Licinius) Murena“, den die moderne Forschung überwiegend mit dem zweiten

86 Ara Pacis, Fries der Südseite – die ‚Royal Family‘: Agrippa (mit bedecktem Haupt, weil prominent und schon tot); C. Caesar, das Kind, entweder mit Livia oder mit Iulia; Tiberius; Unbekannter im Mittelgrund; Antonia minor und der kleine Germanicus, gefolgt von Drusus (bloßer Schenkel); zwischen beiden im Mittelgrund ein Unbekannter, der die Kinder zum Schweigen mahnt. Bis heute sind zahlreiche der porträtierten Personen nicht sicher identifiziert.

87 Mit einiger Wahrscheinlichkeit stellt dieser Bildtyp Marcellus, den Neffen des Augustus, dar. Die Marmorbüste mit dem glatten Haarabschluss gibt die üblichen Signale der – auch optischen – Verwandtschaft mit dem Princeps.

imperium proconsulare

Da es zu wenige Konsuln und Praetoren gab, um außer den Amtsgeschäften in Rom auch noch die Provinzen zu verwalten, setzte der Senat der späten Republik immer öfter Statthalter „anstelle eines Konsuls" (*pro consule*) ein, die außerhalb Roms und Italiens dieselben politischen und – was entscheidend war – militärischen Befugnisse hatten (*imperium* = „Befehlsgewalt"). Im Fall des Augustus wurden Laufzeit und Bindung an die übertragenen Provinzen großzügiger denn je behandelt; unter seinen Nachfolgern verlieh der Senat die Kompetenz von Anfang an auf Lebenszeit.

Konsul des Jahres 23 v. Chr., Maecenas' Schwager Terentius Varro Murena, identifiziert, flohen aus Rom, noch während man sie in einem Schnellverfahren zum Tode verurteilte – nicht wegen versuchten Mordes, sondern wegen „Verletzung der Majestät des römischen Volkes" als Hochverräter: so identisch waren Augustus und *res publica* schon geworden. Vielleicht markiert dieses Datum das Verschwinden des Maecenas in die zweite Reihe. Jedenfalls gab es Anlass, sich Gedanken um eine eventuelle Nachfolge zu machen; nichts konnte Verschwörer mehr entmutigen als ein bereitstehender Erbe.

Marcus Agrippa, der überragende Militär und Organisator, gleichaltrig mit dem Princeps und bei den Römern bestens eingeführt, erschien als natürlicher Kandidat – in diesem Jahr wurde er vierzig. Bereits 25 v. Chr. jedoch hatte Augustus sein einziges Kind Iulia mit seinem jungen Neffen Marcus Claudius Marcellus verheiratet. Genealogisch gesehen vereinigte das Paar ungleich mehr dynastisches Kapital als Agrippa, der ‚nur' der engste Freund des Augustus war und – abermals ‚nur' – die Schwester des Marcellus zur Frau bekommen hatte. Marcellus, Kind eines Caesarfeindes aus bester Familie und geboren im Jahr von Philippi, wurde vom Senat mit Privilegien überhäuft und begann seine Laufbahn im Blitztempo; zugleich erhielt Tiberius einen nicht so extravaganten Zeitnachlass auf das Mindestalter für die Senatsämter. Die Vorentscheidung lag darin, wie eindeutig die bloße Verwandtschaft zählte – und das beschwor eine Kraftprobe mit den Stützen und Mitgewinnern der Bürgerkriegszeit herauf.

Agrippa stand, wie es scheint, dicht vor einem Zerwürfnis mit dem Princeps; was ein Rückzug ins Privatleben oder gar ein offener Widerstand ausgelöst hätte, ist schwer abzusehen – die Erschütterung wäre bedrohlich ausgefallen. Der Sieger von Sizilien und Actium konnte sich ausrechnen, bis wann er noch als Platzhalter für Marcellus gebraucht wurde. Als der Konflikt reif war, brach der kränkelnde Augustus im Sommer 23 v. Chr. zusammen, geschwächt von seinen Aktivitäten in Spanien. Der Tod schien nahe. Seinen Siegelring und damit den Auftrag, als sein Erbe zu fungieren, sandte er –

Marcus Agrippa; der noch nicht zwanzigjährige Marcellus hätte allein gegen einen Zirkel erprobter Generäle keine Chance gehabt. Die Versöhnungsgeste wurde angenommen – und Augustus erholte sich. Kurz darauf ließ er Agrippa vom Senat mit dem *imperium proconsulare* ausstatten – damit war unstrittig, wer die Nummer zwei im Imperium war, zumindest für die folgenden fünf Jahre. Er selbst beendete die schier endlose Serie aus Konsulaten und verließ sich ganz auf das Bündel der neuen Sonderkompetenzen. Neue Spannungen vermied Agrippas Abreise in die Provinzen des Ostens, wo er den Oberbefehl führte. Marcellus fiel nur Wochen nach diesem Arrangement einer grassierenden Epidemie zum Opfer.

Augustus trauerte um den jungen Erben wie um einen Sohn; Vergil setzte Marcellus ein literarisches Denkmal in der *Aeneis*. Für Rom gingen die Heimsuchungen aus der Natur ins zweite Jahr. Als die verzweifelte Stadtbevölkerung 22 v. Chr. den Senat regelrecht belagerte, sah sich der Princeps genötigt, die persönliche Verantwortung für Roms Getreideversorgung zu übernehmen (man hatte ihn als Censor, gar als Dictator verlangt), und gab sie nie wieder ab. Gleich danach reiste auch er über Sizilien in den Ostteil des Reiches und blieb der Hauptstadt lange fern.

Die Erbfolge sollte und musste neu geregelt werden. Agrippa bekam 21 v. Chr. zu seinen Befugnissen auch Iulia, die ‚Kronprinzessin', dazu. Er selbst und er allein begab sich nach Rom, um dort ein Auge auf die Vorgänge zu haben und die Ehe zu vollziehen. Zu den Kindern aus zwei früheren Ehen gebar Iulia ihm im Lauf der Jahre fünf weitere, die lang ersehnten Enkel für Augustus. Die Nachricht des diplomatischen ‚Sieges' über die Parther fiel ins selbe Jahr wie die Geburt des ersten Sohnes – drei Jahre später, 17 v. Chr., folgte ein zweiter, und umgehend adoptierte ihr Großvater beide unter den klingenden Namen Gaius und Lucius Caesar. Wiederum war (oder schien) völlig klar, wie die Zukunft sich entwickeln würde; sollte Augustus früh sterben, würde Agrippa seine Stelle einnehmen, dann als Vormund der eigenen leiblichen Söhne.

An der Unersetzlichkeit des einen Mannes änderte das nichts; die systematische Überhöhung der Person Augustus steigerte eher noch das Empfinden existentieller Abhängigkeit. Als Augustus im Jahr 19 v. Chr. endlich nach Rom zurückkehrte, gelobte der Senat einen Altar für die Göttin Fortuna – Schicksal und Wohlergehen des römischen Volkes fiel in eins mit dem seines Princeps. Fortuna Redux, die „Heimgeleitende" – oder kehrte Fortuna selbst an der Seite des Augustus heim? – wurde in späteren Jahrhunderten zur Chiffre für das Ende einer Kaiserreise.

Auf der Welle aus Sehnsucht und Wiedersehensfreude ruhte Augustus sich nicht aus – 18 v. Chr. wurde das Jahr, in dem er den Senat verkleinerte und Rom die einschneidenden Moralgesetze zumutete. In den seit Langem geplanten *ludi saeculares*

» *Und hier sprach Aeneas – denn neben diesem sah er einen jungen Mann gehen, überaus schön von Gestalt und mit blitzenden Waffen, aber zu wenig Frohsinn um die Stirn und mit niedergeschlagenen Augen: ‚Wer ist das, Vater, der den schreitenden Mann so begleitet? (…)' ‚Wehe, armer Knabe – ach zerreiß doch dein hartes Geschick! – du wirst Marcellus sein. Bringt ihm Lilien mit vollen Händen; ich selbst will purpurrote Blüten verstreuen und die Seele meines Erben wenigstens mit diesen Geschenken überhäufen, will meine Pflicht erfüllen, die nichts bewirkt.* «

Vergil, *Aeneis* 6,860–64; 867–70; 882–86
(Die Seele des Marcellus wartet in der Unterwelt auf ihre Geburt)

88 Augustus und Agrippa Seite an Seite. Der Denar des Jahres 13 v. Chr. verdeutlicht das soeben verlängerte *imperium proconsulare* der beiden durch die nebeneinander auf die Rednertribüne am Forum gestellten Amtssessel.

89 Drusus, der 9 v. Chr. verstorbene jüngere Bruder des Tiberius, wird in den Quellen als die sympathischere Version seines begabten, aber zurückhaltenden und verletzlichen Bruders beschrieben.

des folgenden Jahres schwang auch Erleichterung mit, diese heikle Phase ohne größeren Widerstand durchlaufen zu haben.

Rund um den Kern des werdenden Herrscherhauses formierten sich die entfernteren, aber gleichwohl nützlichen Verwandten. Augustus' Stiefsöhne wuchsen in eine aktive Rolle hinein und bekamen reichlich Gelegenheit, während der Feldzüge dieser Jahre Präsenz und Können stellvertretend für die ganze Dynastie zu zeigen. Die Nachkommen der beiden Schwestern des Princeps und die Verwandtschaft Agrippas wurden dazu eingesetzt, Brücken zu prominenten Familien zu schlagen oder den Ehebedarf der Söhne Livias zu decken.

Nützliche Stiefsöhne, auserwählte Enkel

Inmitten dieser klaren Verhältnisse traf die Dynastie ein schwerer Schlag. Der robuste Agrippa erkrankte im Frühjahr 12 v. Chr. auf dem Weg zum Illyrerfeldzug und starb. Der beste Mitstreiter des Princeps war tot, seine als Thronfolger auserwählten Söhne trennte noch mindestens ein Jahrzehnt von der nötigen Reife. Die Lücke mussten Tiberius und Drusus füllen, ein Bruderpaar, das sich nicht nur ausgezeichnet verstand und reichlich eigene Herrscherqualitäten aufwies, sondern charismatische Ausstrahlung mitbrachte – Drusus zumindest war eine mitreißende Persönlichkeit und wurde im Militär regelrecht geliebt (was sich auf seine Nachkommen übertrug), während der ältere Tiberius mit seinem methodischen, durchdachten Vorgehen tiefes Vertrauen, aber nicht unbedingt Begeisterung weckte.

Ein wesentlich dümmerer Mann als Livias ältester Sohn hätte sich ausrechnen können, ab wann seine Attraktivität als Aushängeschild der Dynastie stetig sinken würde. Drusus' tödlicher Unfall auf dem Feldzug des Jahres 9 v. Chr., kaum dass die familiären Arrangements der Ara Pacis in Stein gemeißelt waren, nahm Tiberius den Menschen, der ihm vermutlich am nächsten stand, abgesehen von seiner geliebten Frau Vipsania Agrippina, Agrippas Tochter aus erster Ehe. Sie hatte er schon vorher verloren – Augustus hatte ihn nach Agrippas Tod schnellstmöglich in die Heirat mit Vipsanias Stiefmutter Iulia gezwungen. Hier ging es hauptsächlich um die Sicherheitsvorkehrung, Iulia nicht ungebunden, also für Nachfolgeansprüche zum Schaden ihrer Söhne ‚verwertbar' zu lassen, falls auch Augustus etwas zustoßen sollte.

Die Ehe war von beiderseitigem Widerwillen gegen ihre Umstände durchzogen. Als Thronwärmer für Gaius Caesar – in seinem Namen und seiner Anwesenheit hatte Augustus der Rheinarmee vor den Augen des Tiberius 8 v. Chr. ein üppiges Geldgeschenk gemacht – fühlte sich Iulias Mann desto schlechter behandelt, je näher die unerwünschten Stiefsöhne ihrem ersten Konsulat und der Chance auf ein eigenes Kommando kamen. 6 v. Chr., nach Tiberius' Germanentriumph, spitzten sich die Dinge zu. Livias Sohn erhielt auf fünf Jahre die *tribunicia potestas*, eine Auszeichnung, die auf den ersten Blick an Agrippas Bevollmächtigung von 23 v. Chr. erinnerte. Aber zur selben Zeit bedrängte das Volk Augustus, Gaius Caesar ‚endlich' – mit 14 Jahren! – zum Konsul zu machen.

90 Am 1. Januar 7 v. Chr. feierte Tiberius einen Triumphzug in Anerkennung für seine und Drusus' Erfolge in Germanien. Der kurz darauf für eine Person aus der Führungsschicht, vielleicht sogar dem Kaiserhaus selbst angefertigte Becher aus dem Schatz von Boscoreale zeigt den Feldherrn an den Zügeln seiner Quadriga.

Für die Öffentlichkeit schien es absurd oder purer Undank, dass Tiberius auf diesem neuen Höhepunkt seiner Macht, statt sich wie geplant nach Armenien schicken zu lassen, Augustus um „Urlaub" bat, alle Bitten und halben Befehle überging und sich auf die Insel Rhodos begab. Tiberius war ein vorausdenkender und empfindlicher Mann; Resignation angesichts des nahen Schattendaseins wäre eine Erklärung, ein halber Erpressungsversuch – um beispielsweise ein Imperium für weite Teile des Ostens zu erhalten wie einst Agrippa – eine andere. Mit Rhodos suchte er sich einen Knotenpunkt der Verkehrs- und Nachrichtenwege aus. Er konnte auf starke Unterstützung rechnen: seine Mutter Livia, wiewohl nicht im wärmsten Verhältnis zu ihm, würde sich aus Familienstolz keine Brüskierung ihres Sohnes bieten lassen.

Was immer aber seine Pläne waren, sie schlugen fehl. Augustus schrieb ihn praktisch ab; Jahr um Jahr verstrich, während die beiden Caesares heranwuchsen. Tiberius wurde nicht benötigt. Im Jahr 2 v. Chr. beschenkte der Senat seinen Augustus mit dem bis dahin nur Marius und Cicero zuerkannten Ehrentitel *pater patriae* als Neugründer der Stadt. Bewegt beteuerte der Princeps, der die Annahme lange aufgeschoben hatte, sein Lebensglück sei vollkommen, und akzeptierte diese Unterstellung der Republik unter seine persönliche Autorität als neuen Titel.

Dabei blieb es nicht. Ausgerechnet in diesem Jahr ging Augustus gegen einen Skandal im eigenen Haus vor, den er – wenn die Vorwürfe der Wahrheit entsprachen – lange ignoriert haben muss. Seine einzige Tochter Iulia klagte er öffentlich des Ehebruchs mit einer ganzen Serie prominenter Senatoren an, darunter Iullus Antonius, Exkonsul und Sohn des Triumvirn, dem es ans Leben ging. Andere wurden verbannt; Iulia schickte der eigene Vater kraft seines Hausrechts auf eine Insel. Tiberius erfuhr aus der Post, er habe sich von seiner untreuen Gattin scheiden lassen; Rom durfte rätseln, wo die Grenze zwischen Machtdemonstration, Verschwörungsvorwürfen und Kampagne gegen öffentliche Unmoral lag.

Der Einsame von Rhodos durfte weder neu heiraten noch, als er darum bat, die Insel verlassen. Dagegen erhielt er im folgenden Jahr Besuch von Gaius Caesar höchstselbst, der im Besitz des *imperium proconsulare* in den Osten reiste, um die Dynastie würdig zu vertreten, ohne mit seinen knapp 19 Jahren zuvor auch nur Konsul gewesen zu sein. Das holte er im Jahr 1 n. Chr. fern von Rom nach, am Tempo gemessen in den Fußstapfen seines Großvaters. Tiberius' eigene Befugnisse waren mittlerweile ausgelaufen; sein Empfang als Privatmann durch den Ex-Stiefsohn war demütigend bis bedrohlich. Inzwischen wurde der Aufenthalt geradezu als Exil bezeichnet.

Iulias Söhne überschütteten Senat und Reichsstädte inzwischen mit Ehrungen bis hin zur Umwidmung ganzer Tempel (wie der Maison Carrée in Nîmes); die *principes iuventutis* – diesen neu kreierten Titel hatten sie mit der Volljährigkeit erhalten – würden den Princeps aller Römer beerben. Auch sie waren Sterbliche, aber die Nachfolge stand auf vier Augen, war also sicher, und ob einer oder sogar alle beide herrschen sollten, konnte ihr Großvater im Licht der nächsten Jahre beizeiten festsetzen. Römische Testamente wurden in kurzen Abständen nachjustiert, und der Nutznießer von Caesars (und Antonius') Testament überließ nichts dem Zufall, was in seiner Hand lag. So fest konstruiert war der Plan, dass der Princeps dem erniedrigten Tiberius endlich gestattete, Rhodos zu verlassen – unter der Auflage, auch in Rom keinerlei öffentliche Aufgaben wahrzunehmen. Gaius, so ließ man Tiberius wissen, habe sich gnädig für ihn verwendet, während er in Armenien die Interessen Roms wahrte.

Doch auch dieser Plan scheiterte – das Mausoleum des Augustus nahm neue Gäste auf. Während

91 Der Denar verewigt einen doppelten Prestigegewinn für Augustus und sein Haus: die Verleihung des – mehr als nur ehrenden – Titels *pater patriae* sowie die Zusage künftiger Konsulate für die Enkel des Princeps, die als „Principes der (römischen) Jugend" einen neuartigen Titel führten.

sich Gaius Caesar mit der verzwickten Lage im Osten auseinandersetzte und neue Thronwirren in Armenien zu bereinigen suchte, reiste Lucius im August 2 n. Chr. nach Spanien, um dort erste Regierungserfahrung zu sammeln. Kurz nach der Abfahrt aus Massilia (Marseille) erlag er einer rasch fortschreitenden Krankheit. Die Gerüchteküche brodelte; die Zeitgenossen, aber mehr noch die Nachwelt haben bei diesem und jedem weiteren Todesfall gern den Namen Livias ins Spiel gebracht – hundert Jahre nach den Ereignissen stand „der weibliche Odysseus", wie Caligula diese faszinierende und leicht beängstigende Frau später gern nannte, im Ruf, aus Vergnügen und Familienehrgeiz den Weg für Tiberius freigemordet zu haben.

Gut ein Jahr später belagerte Gaius Caesar die armenische Festung Artagira, die sich der romtreuen Seite widersetzte. Im September 3 n. Chr. zog er sich eine leichte Wunde zu – die zu aller Erstaunen nicht heilen wollte. Möglicherweise war es eine Infektion, die aus dem Zweiundzwanzigjährigen binnen weniger Wochen einen erschöpften Invaliden machte. Er wünsche sich umgehend ins Privatleben zurückzuziehen, meldete er nach Rom. Augustus, der nicht auch noch den dritten Ersatzsohn so einfach verlieren wollte, bat ihn zu sich. Der frisch zum Imperator Ausgerufene hielt durch, bis sein Schiff Limyra an der lykischen Küste erreicht hatte; dort starb Gaius Caesar Ende Februar des Jahres 4.

Die letzten Jahre: Erben und Katastrophen

Augustus war ins Herz getroffen, soweit er in dynastischen Dingen etwas Derartiges hatte. Das Reich überbot sich in Trauerbekundungen; gleichwohl konnte der alternde Princeps sich nicht dem Schmerz überlassen. Kaum war Gaius' Urne beigesetzt, wurde Tiberius zu Gesprächen zitiert. Er war der mit Abstand beste Mann für die Thronfolge, wie beide wussten, und zugleich – Augustus ließ das bis an sein Lebensende immer wieder

92 Kaum ein Tempel im Römischen Reich ist so gut erhalten wie die – später so genannte – Maison Carrée von Nemausus (Nîmes). Die Umwidmung des Kultbaus zu Lebzeiten der beiden Caesares, im Jahr 1 n. Chr., war angesichts des auf Augustus zentrierten Kaiserkults ein Akt von enormer Tragweite.

durchblicken – bestenfalls die vierte Wahl nach Marcellus und den Kaiserenkeln. Wie schon so oft zwang der Stiefvater Tiberius in eine ungeliebte Familienkonstellation. Augustus war zur Adoption bereit; nur so wurde die Designation des Vierundvierzigjährigen zur Nachfolge unwiderruflich, und es würde kein neues 6 v. Chr. geben. Dafür verlangte er aber von Tiberius, seinerseits den Drusussohn Germanicus zu adoptieren – und damit Tiberius' eigenem Sohn Drusus einen etwas älteren Bruder vor die Nase zu setzen. Germanicus war ein leiblicher Verwandter des Augustus (und der Schwager des toten Gaius Caesar), Drusus der Jüngere nicht – und Augustus, dessen Zuneigung Germanicus galt, machte keine Anstalten, eine Frau für Tiberius zu finden, die die Lage durch weitere Söhne komplizierte. Tiberius war ein Mittel zum Zweck, Augustus' Nachkommen und die seiner Schwester zur Macht zu bringen.

Über diese Absicht wurde nicht diskutiert. Im Gegenteil baute Augustus seine neue und letzte Nachfolgeregelung vom Juni 4 n. Chr. in *zwei* Doppeladoptionen aus: Sein letzter überlebender Enkel, der noch nicht sechzehnjährige Agrippa Postumus, wurde zusammen mit Tiberius Adoptivsohn. Der Claudier – er brach sofort in eine neue Serie von Feldzügen auf – war damit bei all seinem Zuwachs an Status festgelegt und eingezwängt; wäre Augustus am nächsten Tag gestorben, Tiberius hätte sich offen gegen seinen neuen Vater wenden müssen, um mehr zu sein als Vizekönig und Statthalter des Toten. Eine so starre Ordnung – Anfang 138 n. Chr. hat der Augustusbewunderer Hadrian sie mit mehr Erfolg kopiert – würde auf den Inhaber einer umfassenden Macht, wie der Princeps sie zu vererben gedachte, zwangsläufig provozierend wirken.

Es war für lange Zeit die letzte rundum glanzvolle Stunde der Dynastie. Erdbeben und ein Tiberhochwasser suchten Italien 5 n. Chr. heim und trübten die Siegesstimmung wegen Germanien. Im Jahr darauf traf die Schreckensnachricht des pannonischen Aufstands mit dem Beginn einer Versorgungskrise zusammen, die der Hauptstadt eine gefährliche Nahrungsknappheit bescherte – als Verzweiflungsmaßnahme wies Augustus unnütze Esser aus Mittelitalien aus. Manches Opfer der Zwangsrekrutierungen zur Armee war vielleicht dankbar, wenigstens wieder satt zu werden. Für die Oberschichten brachte das Jahr die Einführung einer verhassten Erbschaftssteuer von sagenhaften 5 % für Vermächtnisse an entferntere Verwandte; noch jahrelang trug der Princeps Kämpfe mit den nach wie vor oft kinderlosen Senatoren aus. Im Frühjahr 7 n. Chr. besserte die Ernährungslage sich etwas – dann schlug die Teuerung von Neuem zu.

Mitten in dieses Jahr platzte der nächste Skandal im Kaiserhaus: Augustus schickte seinen Adoptivsohn Agrippa Postumus ohne Angabe von Gründen ins Exil; mehr als Vermutungen über einen aufbrausenden Charakter gab es nicht. Am ehesten hatte der junge Mann – der Livia respektlos-aggressiv als (böse) „Stiefmutter" wie in einer griechischen Tragödie bezeichnete – sich nicht damit abfinden können, zwar nominell dicht am Thron zu stehen, aber nicht annähernd denselben steilen Aufstieg zu nehmen wie seine verstorbenen Brüder im selben Alter oder Germanicus. Kaum hatte die Aufregung sich gelegt, wurde 8 n. Chr. auch Agrippas Schwester Iulia unter Ehebruchsvorwürfen verbannt. Der angeblich betrogene Gatte, Aemilius Paullus, wurde als Verschwörer hingerichtet (eine seltsame Wiedergutmachung), der Liebhaber – mit Decimus Iunius Silanus ein weiterer *nobilis* – mied Rom, ohne weiter belangt zu werden. Ovid zählte zu den weiteren Opfern, die wegen oder anlässlich des Skandals kommentarlos bestraft wurden. Inmitten der Atmosphäre aus Geheimnissen und Gerüchten war allein die Absicht des Augustus klar erkennbar, seine unumschränkte Entscheidungsmacht zu demonstrieren. Einen Sohn hatte er nicht, aber das Sagen – bis zuletzt. Auch die Nichtverbannten seines Hauses, die für keine prominente Rolle bestimmt waren, bekamen das zu spüren; der gehemmte, introvertierte Claudius, Germanicus' jüngerer Bruder, wurde unverblümt als Familienidiot behandelt und aus der Öffentlichkeit ferngehalten.

Einem Jahr der Entspannung – auf dem Getreidemarkt – folgte 9 n. Chr. die nächste Krisensituation; der Krieg, hieß es, hatte die Lage verschärft, wohl weil die Armee in Dalmatien Lebensmittel-

93 Durch die Nachfolgeregelung des Augustus wurde der Drusussohn Germanicus zum älteren Erben des Tiberius. Zwischen Onkel und Neffe entwickelte sich eine spannungsreiche Beziehung.

lieferungen erhielt, die Italien fehlten. Ehe die Nachricht vom Kriegsende für Entspannung und ein Ende der Spekulation mit den Kornpreisen sorgen konnte, schlug der Blitz aus Germanien ein. Ersatz für über 15 000 Gefallene musste ausgehoben werden, die bisher an der Donau verbrauchte Nahrung würde man an den Rhein umdirigieren.

» *Und da keiner der Männer im Wehrdienstalter sich der Aushebung fügen wollte, ließ er sie Lose ziehen, und von denjenigen, die noch nicht 35 waren, nahm er jeweils jedem Fünften, von den Älteren jedem Zehnten, auf den das Los fiel, den Besitz und die Bürgerprivilegien. Und zuletzt, als ganz viele auch danach noch keinen Respekt vor seinen Befehlen zeigten, ließ er einige töten. Aus den bereits gedienten Soldaten und den Freigelassenen loste er Leute aus, so viel er konnte, und schickte sie umgehend mit Tiberius in Eilmärschen nach Germanien.* «

Cassius Dio, Römische Geschichte 55(56), 23,2–3 (zum Jahr 9 n.Chr.)

94 Die Gemme mit dem Bild des ersten Princeps (im Mittelalter um das aufgelegte Diadem ergänzt) zeigt Augustus mit göttlichen Waffen. Kameen dieser Größe waren vielleicht für einige Dutzend Reiche erschwinglich.

Diesmal brach regelrechte Panik unter den Männern im wehrfähigen Alter aus. Es kam zu Ausreisewellen oder gar Selbstverstümmelung. Der wutentbrannte Augustus, nun 71 Jahre alt, ließ alle Häfen sperren und rückte den zahlreichen ‚Drückebergern' zu Leibe. Tiberius eilte mit allen erhältlichen Truppen nach Norden, wo seine Erfolge der nächsten Jahre die Invasionsangst beseitigten und den Druck auf den Kornpreis dämpfen halfen.

Irgendwann um diese Zeit entschloss sich Augustus, einen hauptberuflichen Funktionär aus dem Ritterstand als *praefectus annonae* für Transport, Lagerung und Verteilung des Gratisgetreides wie für die im freien Verkauf benötigten Mengen zuständig zu machen. Irgendwo im Reich wurde jedes Jahr ge-, wenn nicht verhungert, aber Rom war fortan in dieser Hinsicht so sicher wie kaum ein anderer Ort davor und lange danach. Wenn das Essen für Ägypten selbst nicht reichte, exportierte die Provinzverwaltung dennoch – wie heute allzu viele Entwicklungsländer – unerbittlich den Weizen, an dem Ruhe und Loyalität in der Hauptstadt hingen. Wer die wieder und wieder enttäuschte Erwartung der Römer, von Existenzangst frei leben zu können und nicht in den nächsten Krieg zu ziehen, als käufliche Dekadenz bezeichnen möchte, setzt sich Fragen nach der eigenen Bedürfnislosigkeit aus. Es war die Art Stabilität, die so wenig auf den Marmor der großen Monumente passte wie die Mittel, mit denen Ordnung geschaffen und von ihren eigenen Garanten immer wieder erschüttert wurde – Stabilität und Anpassungsfähigkeit blieben die beiden unsichtbaren Bürgerkriegsparteien des augusteischen Systems.

Kollateralschäden

Die Liste der Opfer in diesem Krieg war lang. Nicht allein die Verlierer aus der erweiterten Familie des Princeps – ob temporäre wie Tiberius und Claudius oder endgültig Verstoßene – zählen dazu. Auch mit echten und vorgeblichen Verschwörern von 23 und 2 v.Chr. oder mit dem Umkreis der jüngeren Iulia, den es 8 n.Chr. traf, ist man nicht am Ende. Senatoren aus großer Familie bekamen keine Triumphe mehr oder sahen sich von den Ämtern ferngehalten, die ein Politikerleben bisher bestimmt hatten. Veteranen der Bürgerkriege, die es unter Octavian bis nach oben gebracht hatten, wurden durch Augustus als zu unappetitlich aus den oberen Ständen gedrängt. Soldaten dienten länger als versprochen, um die Toten vieler Feldzüge und die Rekrutierungsprobleme aufzuwiegen.

Auch enge Freunde des Princeps waren nicht sicher: Maecenas, ob politisch suspekt oder nicht, war lange vor seinem Tod 8 v. Chr. ein verblasster Stern; Cornelius Gallus, ein Jugendfreund wie Agrippa, hatte als erster Präfekt der von Augustus selbst abhängigen Schlüsselprovinz Ägypten allzu viel Selbstbewusstsein gezeigt und erfuhr eines Tages, Augustus habe ihm offiziell die Freundschaft gekündigt – er war politisches Freiwild. Was aus ihm werden sollte, wartete Gallus nicht ab, während der Senat Anklagen gegen ihn sammelte, nahm er sich 26 v. Chr. das Leben. Ein anderer früher Weggefährte, Salvidienus Rufus, hatte es bis zum Statthalter von Gallien gebracht, als Octavian 40 v. Chr. Gerüchten Glauben schenkte, der Freund habe einen Verrat an Antonius geplant, und ihn zur Hinrichtung nach Rom bestellte.

Es gab – das hatte sich seit den Tagen der Kriegswirren nicht geändert – kein Patentrezept, um auf der Seite des Erfolgs zu bleiben; das bestmögliche, aber nicht perfekte bestand darin, alles von Augustus zu erwarten. Das galt für hoch und niedrig gleichermaßen. In den letzten Lebenstagen des Princeps, berichtet Sueton, fuhr das Schiff des Augustus im Golf von Neapel dicht an der Besatzung eines Handelsschiffs aus Alexandria vorbei. Mit Kränzen geschmückt wie zu einem Opfer verbrannten sie angesichts des – in den Provinzen – als lebender Gott Verehrten Weihrauch und brachen in gebetsartige Sprechchöre aus: „dank ihm seien sie am Leben, dank ihm könnten sie zur See fahren, dank ihm erfreuten sie sich der Freiheit und ihres guten Geschicks“. Der hocherfreute Princeps, auf den all diese Dankbarkeiten sich richteten, war vielleicht auch Gegenstand der Sorge. Würde er sie mit sich ins Grab nehmen und die Dinge von Neuem ins Schwanken geraten lassen? Alles hing am gegenwärtigen, leibhaftig anwesenden Retter, vielleicht mehr denn je. Genau darauf hatte er sein langes Leben über hingearbeitet.

» *Mein Schicksal, Caesar, wird dann glücklich sein, wenn du der wichtigste Teil der römischen Geschichte sein wirst, und nach deiner Rückkehr werde ich die bereicherten Tempel vieler Götter, mit deiner Beute behängt, durchwandern. (...) endlich haben die Musen Lieder gedichtet, die es verdienen, dass ich sie meiner Herrin (Lycoris) zu Füßen lege (...).* «

Cornelius Gallus, Gedichtfragment (*Papyrus Qasr Ibrim* inv.78-3-11/1, Z. 2-7)

In Stein gemeißelt

Apotheose und Nachleben

Das absehbare Ende einer Epoche kam im Sommer 14 n. Chr. und fand alle Akteure im menschenmöglichen Umfang wohlvorbereitet. Augustus, mit fast 76 Jahren nach den Maßstäben der Zeit schon ein hochbetagter Mann, hatte Tiberius im Vorjahr zum ersten Mal ein *imperium proconsulare* verleihen lassen, das mit dem eigenen auf einer Stufe stand. In der Nachfolgefrage konnte es keine Zweifel mehr geben. Nun schickte sich der späte Erbe an, ein weiteres Mal die Region zwischen Adria und Donau zu übernehmen. Augustus gab ihm das Geleit; während beide eine gute Woche lang am Golf von Neapel blieben, begann der Princeps zu kränkeln. Kurz nach dem Abschied rief man Tiberius hastig zurück; Augustus war außerstande, den Weg bis nach Rom zurückzulegen, und die Ärzte hatten keine Hoffnung. Im kampanischen Städtchen Nola starb der Adoptivsohn Caesars am 19. Tag des Monats, der seinen Namen trug, im Sterbezimmer eines halbvergessenen Senators aus dem ebenso kleinen Velitrae, nämlich dem seines Vaters Octavius. Niemals war Rom Bühne und Gegenstand eines Spektakels von solchen Dimensionen und mit einer derartigen Fülle an dramatischen Momenten gewesen.

» *An seinem letzten Tag erkundigte er sich immer wieder, ob es seinetwegen draußen schon Unruhe gebe; er verlangte einen Spiegel, gab Anweisung, ihm die Haare zu kämmen und die einfallenden Wangen zu kaschieren, und als man seine Freunde zu ihm gelassen hatte, befragte er sie, ob es ihnen so vorkomme, als habe er die Komödie des Lebens gefällig hinter sich gebracht, und er fügte (auf Griechisch) die Floskel hinzu: ‚Wenn das Spiel aber etwas Angenehmes hatte, gebt Applaus und verabschiedet uns alle mit Wohlwollen.' Dann schickte er alle weg (...) und die Kräfte verließen ihn, mitten während er Livia küsste und diese Worte sprach: ‚Livia, im Gedenken an unsere Ehe lebe und leb wohl.'* «

Sueton, *Leben des göttlichen Augustus* 99

Ein Schauspiel entfaltete sich auch um seinen Tod. Witwe und Stiefsohn geleiteten die Leiche des Augustus in Nachtmärschen nach Rom, der Sommerhitze zum Trotz. Selbst dort behielt der Tote die Initiative; noch während er unbestattet vor seinem Haus aufgebahrt lag, wurde Anfang September ein ganzes Konvolut von Dokumenten eröffnet: Anordnungen für seine Beisetzung, eine Art Politisches Testament für den Nachfolger Tiberius, eine Bilanz über Militärpotenzial und Geldmittel des Imperiums, der Lebensrückblick für die Augen der Öffentlichkeit, den wir als *Res gestae* kennen – und das eigentliche Testament mit seinen Vermächtnissen und Erbbestimmungen. Tiberius selbst verkündete dem Senat die Fülle an Geldgeschenken. Anders als 44 v. Chr. lag die nötige Summe diesmal bis zum letzten As auszahlungsbereit. Wichtiger als der Geldregen für Bürger, Hauptstädter und Armee war die Verfügung, Livia erbe ein Drittel der Hinterlassenschaft, Tiberius etwas mehr als die Hälfte. Um dieses Erbe überhaupt antreten zu können, wurde die Witwe zur Adoptivtochter ihres Mannes – und übernahm den exklusivsten seiner Titel. Aus Livia Drusilla wurde Iulia Augusta, und ihr Sohn und Adoptivbruder hatte zu überlegen, wie ihre Sonderrolle in der Praxis auszusehen hatte – oder drohte.

Der Staatsakt selbst sprengte, wie zu erwarten, alle Dimensionen. Ein großes Militäraufgebot begleitete und überwachte die Feierlichkeiten. Die für prominente Römer übliche Prozession der Ahnenbilder reichte dank der dynastischen Ansprüche des Augustus bis zu Romulus, Sohn des Mars, zurück; für den Trojaner Aeneas, Sohn der Venus mit Anchises, gab es offenbar keine Wachsmaske. Mit Caesar dem Dictator schritten also gleich drei zu Göttern aufgestiegene Menschen dem Toten voran. Zu der langen Reihe stummer Gestalten in Amtsgewändern gesellte sich aber, einem letzten Triumphzug ähnlich, eine zweite Gruppe: Große Schilder verkündeten die wichtigsten Leistungen des Princeps, und mit ihnen kamen Schauspieler im Kostüm der Völker, die er unterworfen hatte – Gallier, Ägypter, Iberer, Dalmater, die Stämme an Alpen und Donau, außer den Römern selbst eigentlich alle. Die übliche Totenrede reichte nicht aus, es wurden zwei gehalten, durch Tiberius auf der neuen Rednertribüne vor dem Tempel Caesars, durch seinen Sohn Drusus gegenüber auf den Rostra, von wo aus man Roms große Verstorbene seit Jahrhunderten verabschiedete. Senatoren waren die Leichenträger auf der letzten Etappe; nicht weit vom schon lange wartenden Mausoleum nördlich des Marsfelds brannte der Scheiterhaufen. Eine Prise Caesar, ein wenig Sulla und reichlich Augustus waren die Zutaten dieser Inszenierung.

95 Der Gott auf dem Kleingeld. Dieser As des Tiberius stellt den neuen Princeps in bescheidenen Kleinbuchstaben auf der Rückseite dar. Als Götterstatue auf einem Prunkwagen, gezogen von vier Elefanten, rollt Augustus in den Circus Maximus oder über die Straßen Roms.

Wachwechsel unter alten Vorzeichen

Der Weg vom Forum in die Urne war nur das Vorspiel zum absehbaren letzten Schritt dieser erstaunlichen Karriere. Am 17. September 14 n. Chr. vollzog der Senat die Erhebung des toten Princeps unter die Staatsgötter, gestützt auf einen Augenzeugen, der Augustus aus dem Leichenfeuer hatte gen Himmel fahren sehen – ohne Erklärungen unter Eid funktionierte ein solcher Akt der Konsekration nicht.

Vor dem Grabmal, das den sterblichen Teil des *Divus Augustus* enthielt, wurde der Text der *Res gestae* auf Bronzetafeln aufgestellt; unter ihrer Schutzschicht aus Wachs glänzten sie in den ersten Jahren wie pures Gold. Der Unsterbliche hatte Anspruch auf einen Tempel; die Planungen für den Bau begannen umgehend. Für den Kult der Gottheit entstand ein ganzes Priesterkollegium, die *sodales Augustales*, in dem sich die soziale Prominenz der Zeit zusammenfand, wie es die vergangene Generation in den *fratres Arvales* getan hatte.

Ein wichtiger Gott hatte jedoch auch Anspruch auf einen persönlichen, sozusagen hauptberuflichen Priester. Dieser erschien in Gestalt seiner Witwe – mit wenigen Ausnahmen wie den Vestalinnen erfüllten Frauen öffentliche Kultfunktionen sonst fast immer nur als ‚Anhang' ihres Gatten. Livia, die *flaminica divi Augusti*, konnte sich mit vollem Recht berufen fühlen, über das Andenken ihres Mannes zu wachen: in allen Angelegenheiten, die eine religiöse Seite hatten (bei der simplen Weihung einer Statue angefangen), aber auch im erweiterten Sinn.

Tiberius musste seinen Handlungsspielraum also nicht nur gegenüber den Vorgaben eines zum Gott aufgestiegenen Toten wahren. Machtinstinkt und politisches Können waren von Iulia Augusta nicht einfach abgefallen; als Verbindung in die vergangenen Jahrzehnte war sie unentbehrlich, dank ihrem Einfluss auf alte und junge Freunde und Schützlinge in den oberen Ständen nicht zu umgehen. Wie nah oder fern sie und ihr überlebender Sohn einander auch stehen mochten – die von Augustus geschaffene Konstellation, die eine Aufpasser- oder zumindest Beraterrolle nahelegte (so

96 Über den Tod des Augustus hinaus blieb Livia im Zentrum der römischen Politik. Die Zuständigkeit für den Kult und das Andenken ihres Mannes gaben Roms erster Augusta die Legitimation, ins Tagesgeschehen einzugreifen – immer öfter zum Ärger ihres Sohnes Tiberius.

gereizt die römische Gesellschaft sonst auf politisch einflussreiche Frauen reagierte), war für beide eine Belastung. Nicht von ungefähr ist Tiberius' kaiserliche Selbstverbannung nach Capri 27 n. Chr. auch als Ausweichen vor dem Dauerkonflikt mit seiner Mutter betrachtet worden; Livia, vital, aktiv und willensstark wie eh und je, überlebte bis 29 n. Chr. Ihr Sohn machte keine Anstalten, ihr mehr als ein Staatsbegräbnis zu verschaffen.

Livias übergroße Gestalt erschwerte die Hauptaufgabe für Tiberius noch mehr – eine Neuinterpretation des augusteischen Erbes. Die Geschichte, wie der Senat seines Vorgängers und er aneinander vorbeiredeten, wäre ein Buch für sich. Praktisch im selben Moment, da Tiberius das lebenslange *imperium proconsulare* erhielt (und die Senatoren damit einen neuen Schritt in Richtung offener Monarchie unternahmen), machte er Anstalten, eine Grundsatzdiskussion über die Aufgaben des Princeps zu eröffnen. Niemand nahm ihm das ab; Tiberius *war* schon der Princeps, ob er wollte oder nicht. Andeutungen eines Zurück hinter den erreichten Machtumfang erschienen unter diesen Vorzeichen entweder absurd oder als Heuchelei; keine der tonangebenden Stimmen äußerte republikanische Sehnsüchte, und zumindest die römische Geschichtsschreibung sah – spätestens sobald sie den ersten kaiserzeitlichen Bürgerkrieg von 68/69 n. Chr. hinter sich hatte – als einzige Alternative zum Princeps Tiberius lediglich einen anderen Princeps. Er wehrte sich gegen den Imperatortitel als Vornamen (in besagtem Bürgerkrieg änderten das seine Nachfolger), er verweigerte die Annahme des *pater patriae*-Titels, er probierte Rezepte aus, den Senat in die Staatsgeschäfte einzubinden, und ließ Vertraute so lange als Statthalter im Amt, wie Augustus das niemals riskiert hätte – das alles ‚rettete' ihn nicht aus den Fußstapfen des Vorgängers. Gleich zu Beginn hatte der Senat den Titel Augustus auch ihm übertragen, schon weil er schlecht hinter Livia zurückstehen konnte.

Tiberius hielt das Imperium zusammen, ohne je wieder Italien zu verlassen, und wurde einige Jahre älter als der Dynastiegründer. Mit seiner Position war er, wie selbst die bösartigsten antiken Stimmen einräumen, zutiefst unglücklich. Politische Prozesse, notgedrungene und vom Zaun gebrochene, durchzogen seine Herrschaftszeit; wieder wurden Verwandte verbannt, scheiterten Nachfolgepläne, und der ehrgeizige Prätorianerpräfekt Aelius Seianus kam erst kurz vor dem Aufstieg zum Alleinerben (oder dem Putsch) zu Fall. Doch der Beweis war erbracht, den Augustus nicht hatte führen können: die Langlebigkeit eines Herrschaftsmechanismus, der sich von der Einzelperson lösen ließ.

97 Die größte erhaltene antike Gemme überhaupt, der Grand Camée de France, vereinigt lebende und tote Angehörige des Herrscherhauses in einer Sichtweise, die ihn zwischen 23 und 26 n. Chr. stellt. Tiberius thront mit Livia im Zentrum, von der Familie des Germanicus umgeben, während über ihnen Augustus schwebt, gerahmt von Germanicus und dem Tiberiussohn Drusus. Der Auftraggeber des Prunkstücks – die Herstellungszeit wird auf ein Jahr geschätzt – ist unbekannt.

Unverzichtbarkeit

Die julisch-claudische Dynastie überstand weitere drei Jahrzehnte, obwohl Caligula, der Sohn des Germanicus, und nach ihm der Germanicusenkel Nero in gezielter Provokation gegen die Spielregeln des Prinzipats verstießen. Als die Flavier siegreich aus dem Bürgerkrieg hervorgingen, erschienen Kompetenzen und Befugnisse des Ersten Römers bereits als eine komplette Garnitur, die unverblümt von einem Moment auf den anderen übertragen werden konnte. Der Titel Augustus war dabei, das exklusive Merkmal des Herrschers selbst zu werden, während „Caesar", bis Nero praktisch der Familienname der Dynastie, sich zur Bezeichnung von Trägern eingeschränkter Befugnisse entwickelte, besonders des Thronfolgers. Wobei es nie einen Thron gab, so wenig wie ein einzelnes lateinisches Wort für „Kaiser" in allen Facetten des Begriffs.

Ein einziges Mal wurde angeblich eine Rückkehr zur Republik ernsthaft erwogen – nach Caligulas Ermordung 41 n. Chr. Schon zu diesem Zeitpunkt hatte der stetig wachsende Kriegs- und Verwaltungsapparat unter direkter Kontrolle des Princeps dermaßen viele vitale Aufgaben übernommen, dass ein radikales Umsteuern hoch riskant bis unmöglich gewesen wäre, ganz abgesehen von den monarchisch geprägten Denkmustern buchstäblich aller Entscheidungsträger. Es gab keinen Brutus, es gab nur *capaces imperii* (die unter den Senatoren das waren, was vor einer Papstwahl „papabili" unter den Kardinälen sind), deren Ansehen und Einfluss einen erzwungenen Machtwechsel denkbar machten.

98 Die Panzerstatue aus Livias Villa im heutigen Primaporta – das mit Abstand bekannteste Porträt des Augustus – vereinigt die wichtigsten Versprechen der Militärmonarchie. Begleitet von seinem Genius, der göttlichen Tatkraft, tritt der Princeps vor seine Truppen. Das Hauptmotiv des Brustpanzers feiert Augustus' Unüberwindlichkeit: Es zeigt die Herausgabe der verlorenen Feldzeichen durch die Parther 20 v. Chr.

Seit Augustus war der Princeps die Lebensversicherung gegen militärische Niederlagen, einfallende Barbaren, Hunger in Rom, Naturkatastrophen, aggressive Nachbarstädte und eigenmächtige Beamte. Er schenkte, strafte und begnadigte, gab Richtlinien vor, beantwortete Anfragen, würdigte verdiente Personen, war siegreich und hielt durch seine rastlose Tätigkeit das Ganze zusammen – wenn er tat, was er sollte. Zwangsläufig ließ er sich weder als Person noch als Institution klar von Imperium und politischer Struktur Roms trennen. Alle Umdeutungen und Neuerfindungen des Kaisertums konnten diese Entwicklung auf lange Sicht nur verstärken.

Es gab einen Preis dafür zu zahlen, der über den Verlust der politischen Freiheit von Städten, Wählern oder Aristokraten hinausging. Während die späte Republik die politischen Bedingungen im Zentrum des Imperiums von denen der Peripherie förmlich entkoppelt hatte, setzte das augusteische System auf eine Fülle permanent bereitgehaltener Machtmittel, die (auch da, wo sie diskret zum Tragen kamen) geradezu einen Sog auf die Entscheidungsmöglichkeiten aller anderen Ebenen ausübten. Überall war der Princeps die letzte Berufungsinstanz; genau das machte ihn mehr und mehr von vornherein zum alleinigen Entscheider, zu einem – geographisch mobilen – Zentrum, das fast beliebig viel Arbeit auf sich laden konnte, ohne das einmal Übernommene so leicht wieder loszulassen. Die spätantike Vervielfachung des Kaisertums suchte dieser Zentralismusfalle zu entkommen – keine Einzelperson konnte wirklich alles entscheiden, geschweige denn mehrere Krisenregionen zugleich kontrollieren, je stärker die Rückbindung aller Ebenen an sie wuchs.

Auch das Problem, wer über Erfolg und Scheitern eines Kaisers das letzte Wort hatte, war seit Augustus zum eingebauten Systemzwang geworden. Der Prinzipat stützte sich auf den Rückhalt bei gleich mehreren Instanzen – Armee, Senat und Einwohner Roms, in zweiter Linie auch auf die Eliten des Reiches, die für Städte und Regionen sprachen – und suchte auf diese Art seine Integrationskraft zu steigern, seine Abhängigkeit zu minimieren. In letzter Konsequenz hatte die Armee in Legitimitätskrisen wie auch auf der Prioritätenliste des Kaisers dennoch regelmäßig die Nase vorn – der Prinzipat war und blieb im Stillen jene Militärmonarchie, die ihren Anfang mit der „aus privaten Mitteln und auf persönlichen Beschluss" aufgestellten Putschistenarmee des jungen Octavian genommen hatte. Je länger, je öfter machten begünstigte Teile der Garde oder der Legionen den Princeps, und das Militärische in dessen Selbstdarstellung nahm über die folgenden Jahrhunderte wieder zu – abgerundet um die Götter (oder später den einzigen Gott) als die einzig legitimierende Instanz, welche die anderen zu bloßen Untertanen abwertete.

Und schließlich: Mit der Anzahl der Lebensrisiken und Aktionsfelder, für die sich Augustus und seine Nachfolger zuständig machten, vervielfachte sich die Möglichkeit des Scheiterns. Ein fast göttlicher Hoffnungsträger konnte viel leichter enttäuschen (und den Ruf nach Ersatz provozieren) als ein ‚nur' übermenschlicher Friedensstifter und Inhaber zahlreicher Privilegien. Es konnte nicht jeder wie Augustus ‚liefern' und eine Zeit des Chaos, selbstgeschaffen oder nicht, in eine Phase vorherrschender Sicherheit verwandeln. Die Erwartungen wurde der Kaiser deshalb nicht los; *jeder* hätte eine Ära der sorglosen Stabilität einleiten oder zumindest fortführen müssen, und ihre Münzen erhoben diesen Anspruch mit schöner Regelmäßigkeit. Die zugestandene Zeit, ihn einzulösen, sank im Lauf der nächsten Jahrhunderte rapide.

Geburt und Tod des Augustusmythos

Augustus blieb für jeden künftigen Kaiser das Maß aller Dinge. Schon angesichts der Vollständigkeit der von ihm errichteten Herrschaftsarchitektur war jeder seiner Nachfolger ganz zwangsläufig auch ein Nachahmer. Principes, die sich auch ausdrücklich als *imitatores Augusti* bekannten, gab es gleichwohl immer wieder – wenn überhaupt, zensierte die Überlieferung diesen Anspruch weg, sofern es sich aus Senatssicht um einen schlechten Kaiser gehandelt hatte. So verschwand der augusteische Anspruch aus den Beschreibungen des als Sittenwächter und

99 Die Münze aus der Mitte der Regierungszeit Hadrians ist auf äußerste Schlichtheit reduziert – die Legende identifiziert den Kaiser mit seinem großen Vorbild.

100 Währung und Porträtstil haben sich geändert, aber der „max(imus) Aug(ustus)“ Konstantin führt auf diesem Solidus aus Arelate (Arles) Namen und Selbstdarstellung des Reichsgründers weiter: VICTOR OMNIVM GENTIVM, „Sieger über alle Völker“.

Erweiterer des Reiches auftretenden Domitian (81–96 n. Chr.), der allzu offensichtlich als Monarch gelebt hatte und die nächsten drei Jahrzehnte als Negativfolie für die Nachfolger herhielt. Unter ihnen kombinierte Traian (98–117 n. Chr.) die Aura des geborenen Feldherrn (was er nicht war) und eine lange Bilanz von Eroberungen mit dem Bild einer harmonischen Kaiserfamilie sowie zuvorkommenden Gesten an den Senat, die an der fortschreitenden Machtverschiebung natürlich nichts änderten. Hadrian (117–138 n. Chr.), unter dem so gut wie sicher die wichtige Augustusvita Suetons entstand, stellte nach wenigen Jahren seine Münzen auf die knappe Legende HADRIANVS AVGVSTVS um und konnte als Einziger mit der schier weltweiten Reise- und Inspektionstätigkeit des ersten Princeps durch die Provinzen mithalten. Nicht viel weniger berief sich der auf Italien zentrierte Antoninus Pius (138–161 n. Chr.), der beachtliche Akzentverschiebungen vornahm, sichtbar auf die augusteische Wiederbelebung der Mythologie des imperialen Kernlandes. Gut ein Jahrhundert später glich Gallienus (260–268 n. Chr.) seinen Anblick auf Münzbildern vorsichtig einem wohlvertrauten Bildschema an. Die Reihe ließe sich fortsetzen. Weitere hundert Jahre danach vermerkt der Hofbeamte Eutropius in seinem Abriss der römischen Geschichte, bis in die Gegenwart ehre der Senat die Kaiser mit Sprechchören wie „Glücklicher als Augustus, besser als Traian“. Konstantin (306–337 n. Chr.), selbst nicht wegzudenken aus der antiken Geschichte, reagierte auf den langen Schatten des Reichsgründers mit Spott und gab ihm den Spitznamen „ein Universum des Zufalls“. Jemand, der große Teile seines Lebens im Kampf um die Alleinherrschaft zugebracht und blutige Familienkrisen ausgekämpft hatte, zweifelte notgedrungen an der Idealisierung seines Schicksalsgenossen, von schlichtem Neid einmal abgesehen.

Gerade Konstantin bahnte wie kein anderer den Weg dazu, dass Augustus Bedeutung weit über die Grenzen der römischen Herrschaft und Kultur hinaus erhielt. Im Geburtsbericht des Lukasevangeliums war der Princeps längst genannt; Konstantin persönlich erklärte die *Vierte Ekloge* Vergils zur Verheißung nicht eines Menschen oder Gottes, sondern von Gottes Sohn. Binnen weniger Jahrzehnte avancierte Augustus zum (heidnischen) Werkzeug des Schöpfers, das der Ausbreitung des Christentums die Wege hatte ebnen müssen – durch die Errichtung einer Friedensherrschaft über die antike Welt. Aus der Versuchung, damit dem römischen Imperium selbst Heiligkeit zusprechen zu müssen, brach die Geschichtstheologie mit Augustinus' *Gottesstaat* aus: Die weltliche Herrschaft, ja die ganze Blütezeit Roms hatte den Zwecken Gottes nur gedient und war an sich verzichtbar.

Gleichwohl, die Parallele zwischen dem von Engeln verkündeten Frieden auf Erden und der *Pax Augusta* blieb im christlichen Denken auch des Mittelalters unwiderstehlich. Als sich am 25. Dezember 800 im Westen ein neues Kaisertum etablierte, waren nicht allein die Münzen des fränkischen Herrschers mit Augustus-Anklängen überhäuft, Karl der Große wetteiferte auch in Kulturfragen mit ihm, und der Gelehrtenkreis mit seinem halbfesten Zentrum in der Aachener Pfalz wählte seine Pseudonyme mal aus dem Umfeld Davids und Salomos, mal aus dem Goldenen Zeitalter, das auch eines der lateinischen Literatur gewesen war. Natürlich orientierte sich Einhards Karlsvita am Augustusbild Suetons, und damit war der Herrscherbiographie des gesamten Mittelalters die Richtung vorgegeben.

Auf die „karolingische Renaissance" im fränkischen Westeuropa folgte die „staufische" rund um Friedrich II. im römisch-deutschen Reich samt Italien – und etwas früher ein französischer König namens Philippe II. (1180–1223), dem die Zeitgenossen den Beinamen *Auguste* zulegten. Als das Herrschaftsverständnis nach und nach seine sakralen Elemente verlor, traten – gerade dank des klassisch-lateinischen Stilideals, das die ‚echte' Renaissance und der Humanismus auf den Thron hoben – Person und Zeit des Augustus noch leuchtender hervor. Nie wieder war jemand so formvollendet gerühmt und gepriesen worden; Staaten und Monarchen der frühen Neuzeit, deren Machtmittel ein bisher unbekanntes Niveau erreichten, lernten davon. Die absolutistischen Anwärter auf den Titel einer politischen und kulturellen Klassik standen Schlange: voran das Länder und Zeitgeschmack erobernde Frankreich des Sonnenkönigs, der nicht zufällig gern in der Rolle des Apollo glänzte. Wie von London aus Koalitionen gegen die französische Hegemonie geschmiedet wurden, so erhob auch die englische Literatur der ersten vier Jahrzehnte des 18. Jahrhunderts Konkurrenzansprüche – sie verschmolz das Denken der Aufklärung, gefühlsbetonte Individualität und ein klassisch-römisches Stilideal zur attraktiven Legierung des „Augustan Age". Weder das Jahrhundert des British Empire noch die Vormächte des Imperialismus sind ohne gründliche Seitenblicke auf *das* Imperium schlechthin ausgekommen.

Die grellsten und lautstärksten Anleihen nahm Benito Mussolinis überschaubares *Impero Romano* – mit Spätfolgen über den Ruin des faschistischen Regimes hinaus. Im allgemeinen Geschichtsverständnis sind Imperien seitdem zum Sündenfall einer unachtsamen Demokratie geworden, den es rückgängig zu machen oder gleich zu vermeiden gilt. Ob Antikenfilme oder der *Star-Wars*-Kosmos, stets lauert der Alleinherrscher mit Massenaufmärschen und totalen Mordgelüsten auf einen schläfrigen Moment der Freiheit. Hollywood hat die wohlwollenden Statthalter mit britischem Akzent aus dem Programm gestrichen; das Führen von Provinzen ist eine schmutzige Angelegenheit für Legionärs-Vietnamfilme geworden, so wie die zwei Staffeln der Fernsehserie *Rome* (2005/06) das marmor- und mosaikglänzende Rom ins Reich der Dokumentarfilme verbannt haben. Hauptintrigantin der mafiosen Urbs, lüstern, herzlos und in ihrem Machthunger beinahe verspielt, ist „Atia von den Iulii", die Mutter eines fischblütigen Octavian, der von allen Römern der gefährlichste, weil moralischste ist.

Die Epoche in einer Person

Der jahrhundertelangen Kaiserbegeisterung hat nicht allein ihre Usurpation durch den Totalitarismus das Genick gebrochen, auch die Alte Geschichte war federführend beteiligt. In einer der mitreißendsten historischen Darstellungen, die je geschrieben wurden, hat Ronald Syme im Tonfall eines Tacitus des 20. Jahrhunderts den ‚Führer' Octavian, seine Märsche auf Rom und die Mobilisierung Roms gegen den Osten in ein Wechselspiel aus Machtgruppen, Inszenierungen und Doppelmoral, in den Sieg einer Revolutionärsclique um einen „militärischen Abenteurer" zurückverwandelt. Eine letzte Verteidigungslinie wurde durchbrochen: Octavian und der vermeintlich geläuterte Augustus waren seitdem wieder eine Person. *The Roman Revolution* von 1939 hat noch in George Orwells *1984* Spuren hinterlassen.

101 Die Rückkehr zu antiken Formen sucht dieser seltene Denar Karls, der seit 800 die Kaiserwürde im Westen wiederaufleben ließ. Eine tempelartig dargestellte Kirche und die Devise „Christiana religio" auf der Rückseite verraten den fundamentalen Unterschied des fränkischen Augustus zum römischen.

Der Schlächter an den Altären von Perusia ist nicht nur der gleiche Mann, dem die alexandrinischen Schiffer zujubelten, er ist derselbe. Das Versprechen des Augustus bestand unter anderem darin, dass sich etwas wie er selbst nicht mehr wiederholen werde; er rettete Rom vor Octavian und seinesgleichen, nachdem Octavian es rettungsbedürftiger denn je gemacht hatte. Hierin hatte er Erfolg wie kein führender Römer vor und nach ihm, und das Geheimnis, dass der Prinzipat ein erfolgreich beendeter Bürgerkrieg war, der sehr wohl neu ausbrechen konnte, hielt so lange stand, bis jede Alternative zur Monarchie endgültig unmöglich war.

102 Die Marmorstatue von Jean Warin, aufgestellt 1682 in Versailles, zeigt Ludwig XIV. in Tracht und Pose eines Imperators.

Vielleicht war das lange genug, um die Waffengänge der Zukunft auf das Duell zwischen konkurrierenden Monarchen zu reduzieren – ein aussichtsreicher Versuch, das politische System radikal zu ändern, hätte Opferzahlen wie im 1. Jahrhundert v. Chr. gefordert statt ‚nur' vier- oder fünfstellige Zahlen auf den Schlachtfeldern der Usurpatoren. Eine Epoche nie gekannter Stabilität und großen Wohlstands war eingeleitet, wie sich zeigen sollte; kein Weg führt vorbei an den Errungenschaften einer Zeit, in der es sogar den Sklaven – immer im Durchschnitt gesehen – schrittweise besser ging.

Wie in allen Epochen der Prosperität ist die Frage nach Gewinnern und Verlierern unausweichlich, ebenso die nach den Voraussetzungen und Umständen – in welcher die Frage nach dem Preis des Wohlstands steckt. Für die Blütezeit des Prinzipats (die in manchen und zeitweise in allen Regionen immer wieder einmal Kriegs- und Krisenzeit war) wurden sozusagen laufende Kosten fällig: an politischer Freiheit und Personenrechten, an Starre in der sozialen Ordnung und ihren Rollenverteilungen, an ins System eingebetteter Gewalt, an Ausgegrenzten und Angegriffenen. Dazu kommt eine Vorauszahlung: Den höchsten Preis hatte die Generation vom Rubikon bis Actium entrichtet. Nur aus dem Kriegs- und Bedrohungszustand hatte sich der Prinzipat etablieren lassen, und „nie wieder Instabilität" blieb ein Motiv für Festreden und Münzprägungen wie „nie wieder Krieg und Gewaltherrschaft" im demokratischen Europa nach 1945. Es ist nicht möglich, die Marmortempel, das Wachstum der Städtekultur und die literarischen Meisterwerke von der Gewalterfahrung zu lösen, die Freiräume für sie schuf und auf die sie teilweise eine Antwort waren. Die Geschichte ging, betrachtet man ihre Anfänge, erstaunlich gut aus, und wesentliche Impulse dazu kamen von denselben handelnden Personen, die sich zuvor als Zerstörer betätigten.

Geplant oder gar vorherbestimmt war das Goldene Zeitalter nicht; Rom war, Augustus voran, um eine Wegbiegung gestürzt, hinter welcher ohne Weiteres die nächste Kriegskatastrophe hätte warten können. Der Tod des Princeps hätte sie zu einem Dutzend Zeitpunkten so sicher ausgelöst wie die Ermordung Caesars, und daran war nicht die Schwäche der Republik schuld, sondern die Machtkonzentration auf ihren Bezwinger. Genial war das Krisenmanagement des Augustus, sein Gespür für das in und für Rom Erreichbare, und sein Talent, fähige Personen zu gewinnen; der mit Abstand gefährlichste Krisenfaktor war er und blieben seine Erben, die er mit allen Mitteln noch stärker machen wollte, als sie es nach ihm ohnehin sein mussten. Doch das blieb außer Sichtweite einer Bevölkerung, für die das Leben nun wieder weniger lebensgefährlich geworden war – und die Erleichterung unter Landbesitzern, Dichtern und Passanten, mit heiler Haut eine neue Zeit erreicht zu haben, war keine Gefälligkeitslyrik. Rom war, um einen alten Kalauer zu zitieren, vom Rand des Abgrunds aus einen Schritt weitergekommen – mitten hinein für die Republik, auf festeren Boden für die Millionenschar der Überlebenden.

Das Glück der Kinder des augusteischen Zeitalters, sich wie die Menschen aller Zeiten in ihrer Umgebung häuslich einrichten zu können, war echt und kam mit einigen leuchtenden Farbtönen daher, nur perfekt und ohne Schatten war es nicht. Aber die Geschichte konnte weitergehen – mit bleibenden Erfolgen. Was uns spontan einfällt, wenn wir an Rom denken, ist das Rom des Augustus.

103 Nicht zufällig bildet eine Augustusgemme den Mittelpunkt des Lotharkreuzes im Aachener Domschatz, das bei den Königskrönungen des Mittelalters – der Vorbedingung für die Kaiserwürde – dem angehenden Herrscher vorangetragen wurde. Das um 1000 n. Chr. wohl von Otto III. gestiftete Kreuz ist nach einem karolingischen Siegelstempel für Lothar I. oder II. benannt – Ottos Devise lautete *Renovatio imperii Romanorum*, „Erneuerung des Römerreiches“.

Anhang

Literatur

F. Ausbüttel, Die Gründung und Teilung der Provinz Germania. Klio 93 (2011), 392–410.

E. Baltrusch, Herodes. König im Heiligen Land. Eine Biographie. München 2012.

T. Bechert, Die Provinzen des Römischen Reiches. Einführung und Überblick. Mainz 1999.

J. Bleicken, Augustus. Eine Biographie. Berlin 1998 (Ndr. 2000; Reinbek 2010).

H. Botermann, Wie aus Galliern Römer wurden. Leben im römischen Reich. Stuttgart 2005.

K. Bringmann, Augustus. Darmstadt 2007.

G. Camodeca, Il senatore augusteo C. Paccius Balbus di Teanum Sidicinum: rilettura di Eph. Ep. VIII 883. Zeitschrift für Papyrologie und Epigraphik 185 (2013), 267–270.

M. Clauss, Kaiser und Gott. Herrscherkult im Römischen Reich. Stuttgart/Leipzig 1999 (Ndr. München 2001).

W. Dahlheim, Augustus. Aufrührer – Herrscher – Heiland. Eine Biographie. München 2010.

W. Eck, Augustus und seine Zeit. München 2009.

J. Edmondson (Hg.), Augustus. His Contributions to the Development of the Roman State in the Early Imperial Period. Edinburgh 2009.

A. Eich, Der Wechsel zu einer neuen „grand strategy" unter Augustus und seine langfristigen Folgen, Historische Zeitschrift 288 (2009), 561–611.

ders., Die verborgenen Schulden des Römischen Imperiums, in: Th. Beigel/G. Eckert (Hg.), Vom Wohl und Wehe der Staatsverschuldung. Erscheinungsformen und Sichtweisen von der Antike bis zur Gegenwart. Münster 2013, 49–63; 284–287.

D. Fishwick, The Imperial Cult in the Latin West. Studies in the Ruler Cult of the Western Provinces of the Roman Empire. (4 Bde.) Leiden 1987–1992.

K. Galinsky, Augustan Culture: An Interpretive Introduction. Princeton, N.J. 1998.

ders. (Hg.), The Cambridge Companion to the Age of Augustus. Cambridge 2005.

L. Giuliani/G. Schmidt, Ein Geschenk für den Kaiser. Das Geheimnis des Großen Kameo. München 2010.

L.-M. Günther, Herodes der Große. Darmstadt 2005.

H. Halfmann, Marcus Antonius. Darmstadt 2011.

F. Jacques/J. Scheid (Hg.), Rome et l'intégration de l'Empire, 44 av. J.-C.-260 ap. J.-C. Tome 1: Approches régionales du Haut-Empire romain. Paris 1990. – dt.: Rom und das Reich in der hohen Kaiserzeit 44 v.Chr.–260 n.Chr. Die Struktur des Reiches (übs. P. Riedlberger). München/Leipzig 1998 (Ndr. mit dem Untertitel Staatsrecht, Religion, Heerwesen, Verwaltung, Gesellschaft, Wirtschaft. Hamburg 2008).

M. Jehne, Der Staat des Dictators Caesar. Köln/Wien 1987.

ders., Die Neukonstruktion der Tradition als Machterhaltungs- und Machtsteigerungspolitik des Augustus, in: G. Melville/K.-S. Rehberg (Hg.), Dimensionen institutioneller Macht. Fallstudien von der Antike bis zur Gegenwart. Köln/Wien/Weimar 2012, 59–83.

M. Junkelmann, Die Legionen des Augustus. Der römische Soldat im archäologischen Experiment. Mainz 1986 (viele Nachdrucke).

H. Kenzler/St. Berke/St. Burmeister (Hg.), 2000 Jahre Varusschlacht. Imperium – Mythos – Konflikt. (3 Bde.) (Ausstellungskatalog Haltern/Detmold/Kalkriese 2009.) Stuttgart 2009.

D. Kienast, Augustus. Prinzeps und Monarch. Darmstadt 1982 (^{4}2009).

A. Kolb (Hg.), Augustae – machtbewusste Frauen am römischen Kaiserhof? (Akten der Tagung in Zürich 18.–20. 9. 2008. Herrschaftsstrukturen und Herrschaftspraxis 2.) Berlin 2010.

D. Kreikenbom/K.-U. Mahler/P. Schollmeyer u. a. (Hg.): Augustus – der Blick von außen. Die Wahrnehmung des Kaisers in den Provinzen des Reichs und in den Nachbarstaaten. (Akten der internationalen Tagung an der Johannes-Gutenberg-Universität Mainz vom 12. bis 14. Oktober 2006.) Wiesbaden 2008.

C. Kunst, Livia. Macht und Intrigen am Hof des Augustus. Stuttgart 2008.

C. Lepelley (Hg.), Rome et l'intégration de l'Empire, 44 av. J.-C.–260 ap. J.-C. Tome 2: Approches régionales du Haut-Empire romain. Paris 1998. – dt.: Rom und das Reich in der hohen Kaiserzeit 44 v.Chr.–260 n.Chr. Die Regionen des Reiches (übs. P. Riedlberger). München/Leipzig 2001 (Ndr. Hamburg 2006).

B. Levick, Augustus. Image and Substance. London 2010.

F. Millar, The Roman Near East (31 BC–AD 37). Cambridge, Mass. 1993.

H. Münkler, Imperien. Die Logik der Weltherrschaft – vom Alten Rom bis zu den Vereinigten Staaten. Berlin 2005 (Ndr. Reinbek 2007; Köln 2013).

D. W. Roller, The World of Juba II and Kleopatra Selene. London/New York 2003.

A. N. Sherwin-White, The Roman Citizenship. Oxford ^{2}1973.

A. J. Spawforth, Greece and the Augustan Cultural Revolution. Cambridge/New York 2012.

M. Strothmann, Augustus – Vater der Res publica. Zur Funktion der drei Begriffe restitutio – saeculum – pater patriae im augusteischen Principat. Stuttgart 2000.

R. Syme, The Roman Revolution. Oxford 1939 (Ndr. 1952 u. ö.). – dt.: Ch. Selzer/U. Walter (Hg.), Die römische Revolution. Machtkämpfe im antiken Rom (übs. F. W. Eschweiler/H. G. Degen). Stuttgart 2003.

ders., The Augustan Aristocracy. Oxford 1986 (Ndr. 1989).

A. Wallace-Hadrill, Rome's Cultural Revolution. Cambridge 2008.

L. Wamsler (Hg.), Die Römer zwischen Alpen und Nordmeer. Zivilisatorisches Erbe einer europäischen Militärmacht. (Ausstellungskatalog Rosenheim 2000.) Mainz 2000.

U. Walter, Der Princeps als Produkt und Gestalter. Augustus, Tiberius und ihre neueren Biographen, in: A. Winterling (Hg.), Zwischen Strukturgeschichte und Biographie. Probleme und Perspektiven einer neuen Römischen Kaisergeschichte 30 v.Chr. – 192 n.Chr. München 2011, 235–252.

K. Welch, Magnus Pius. Sextus Pompeius and the Transformation of the Roman Republic. Swansea 2012.

W. Will, Julius Caesar. Eine Bilanz. Stuttgart 1992.

P. Zanker, Augustus und die Macht der Bilder. München ^{5}2009.

Anmerkungen und Zitatnachweise

„Kriege, grausige Kriege …" –
Roms Weg durch die Spätzeit der Republik

Überschrift: Vergil, Aeneis 6,88. Der hier angekündigte mythologische Krieg – Geburt eines neuen Volkes und Voraussetzung zur Entstehung Roms – überhöht und rechtfertigt die gewaltsame Einigung Italiens durch Octavian-Augustus.

Gewalt Gast auf den Straßen:
Appian, Der Bürgerkrieg 1,148.

Pompeius sammelte nicht mehr Städte und Adelsfamilien, sondern ganze Provinzen als Klienten: Cicero, Briefe an seine Bekannten 9,9,2.

Häutungen eines Naturtalents –
Von Octavius zu Augustus

„es sei Zeit zum Sterben" (moriendum esse): Sueton, Divus Augustus 15,1.

„Caesar soll mir im Zentrum stehen …" –
Die Herrscherideologie des Augustus

Vergil aus Mantua, „das dem …": Ekloge 9,28; „ein Gott …": 1,6f. „Tempel" für Octavian inmitten eines Epos: Georgica 3,16 (dort auch das Zitat der Überschrift).

Horaz über sein „Stückchen Land" (agellum), die Villa in den Sabiner Bergen: Satire 2,6.

Ein neues Bild für Rom –
Der Wiederaufstieg als gebaute Realität

Flucht zu den Inseln der Seligen: Horaz, Epode 16 (38 v. Chr.).

Livius, Augustus und die spolia opima: Livius, Römische Geschichte 4,20,5f.

Formierte Gesellschaft –
Aufsteiger, Überlebende und Verlierer

Kineas zur „Versammlung von Königen": Plutarch, Leben des Pyrrhos 19.

Paccius Balbus: vgl. Camodeca, Il senatore augusteo. Zu M. Staius aus Nola siehe zusätzlich H. Dessau (Hg.), Inscriptiones Latinae Selectae 6124. Eine Verwandtschaft mit dem republikanischen Flottenkommandeur Lucius Staius Murcus, getötet 40/39 v. Chr., ist theoretisch denkbar, aber alles andere als zwingend.

Sitte und Anstand –
Die öffentliche Moral und ihre Probleme

Antonius an Octavian, „Was hat Dich so verstimmt?": Sueton, Divus Augustus 69.

Brutus auf Zypern: vgl. nur Cicero, Briefe an Atticus 5,21; 6,1–2.

Ermahnungen an Cicero nach Tullias Tod: so im Trostbrief des Ser. Sulpicius Rufus (Cicero; Briefe an seine Bekannten 4,5. Trauer um eine ‚Muräne' (vermutlich ein Neunauge): L. Licinius Crassus, cens. 92 v. Chr. laut Plutarch, Über den Verstand der Tiere (= Moralia 976a).

Vedius Pollio und der Sklave: Seneca, Über den Zorn 3,40.

Cato, Caesar, Servilia: Plutarch, Leben Catos des Jüngeren 24; Leben des Brutus 5.

Maecenas, „Steh endlich …": Cassius Dio, Römische Geschichte 55,7,2.

„carmen et error": Ovid, Tristia 2,207. „Süß und ehrenvoll …": Horaz, Oden 3,2,13.

Labienus, Cassius Severus, Cremutius Cordus: vgl. Syme, The Roman Revolution, 486f. (Kap. 31).

Von allem nur das Beste –
Die ‚augusteische' Klassik

Portlandvase: Für eine rein mythologische Lesart jüngst H.-Chr. v. Mosch, „Outdoorsex" unter dem Pfirsichbaum? Die Portlandvase im Lichte einer sensationellen Neuentdeckung. Quaderni Ticinesi 39 (2010), 195–222. An die Verführung des Antonius dachte S. Walker, The Portland Vase. London 2004.

Pax Augusta –
Die Expansion und ihre Grenzen

Augusteische Schwelle: vgl. Münkler, Imperien.

„das Imperium in seinen …": Tacitus, Annalen 1,11.

„wenn im gesamten …": Res gestae divi Augusti 13.

Seismische Tätigkeit –
Augustus und die permanente Instabilitat

adrogans moderatio: Tacitus, Annalen 1,8 (vgl. 1,10 zur domus Caesarum).

„Urlaub" (commeatus) des Tiberius: Sueton, Tiberius 10,2.

„Odysseus in Frauenkleidern": Sueton, Caligula 23,1.

„Stiefmutter" Livia laut Agrippa Postumus: Cassius Dio 55,32,2.

„dank ihm seien sie …": Sueton, Divus Augustus 98,1.

In Stein gemeißelt –
Apotheose und Nachleben

Konstantin über Augustus: Petrus Patricius nach Anonymus post Dionem, Fragmenta Historicorum Graecorum IV 199 Nr. 15,2. Das Epithet κόσμος τύχης ist ohne seinen ursprünglichen Kontext vieldeutig; es könnte auch „Welt des Glücks" (für einen Spottnamen etwas positiv) heißen. Ich ziehe „System/Universum des Zufalls" vor: Augustus als ein Mann, der aus kontingenten Ereignissen ein planmäßiges Ganzes zusammenbaute.

„den militärischen Abenteurer": Syme, The Roman Revolution, „Introduction", 4 („Posterity, generous in oblivion, regards with indulgence […] the military adventurer who betrayed and proscribed his ally." Vgl. 2: „the seizure of power and redistribution of property by a revolutionary leader."

Die Väter – und einige Mütter – des Goldenen Zeitalters

L. Aelius Lamia
(ca. 30 v. – 33 n.Chr., cos. ord. 2 n.Chr., praef. urbi 32) Enkel eines reichen Ritters, Sohn eines Legionskommandeurs im Kantabrerkrieg; Patrizier, langjähriger Legat in Germanien (4–6, 10/11 v.Chr.). Repräsentant der augusteischen Aufsteigerfamilien.

C. Asinius Pollio
(ca. 76 v. – 5 n.Chr., cos. 40 v.Chr.) Republikaner, durch die Freundschaft mit Caesar auf dessen Seite im Bürgerkrieg. Eigener Machtfaktor ab 44 v.Chr., mehrmalige Interventionen auf der Seite des Antonius. Früher Förderer Vergils, Stifter der ersten öffentlichen Bibliothek in Rom. 39 v.Chr. Sieg und Triumph in Illyrien, Rückzug ins Privatleben. Verfasser einer – im Ton skeptisch-distanzierten – ausführlichen Zeitgeschichte der Jahre ab 60 v.Chr.

L. Calpurnius Piso der Pontifex (48 v. – 33 n.Chr., cos. 15 v.Chr. praef. urbi 13–32 n.Chr.) Als Kind Schwager Caesars; langjähriger Statthalter verschiedener Provinzen, siegreiche Feldzüge in Thrakien. Wichtiger Vertreter der überlebenden republikanischen *nobiles.*

Ti. Claudius Nero
(ca. 80–33 v.Chr., praet. 42 v.Chr.) Patrizier, Kommandeur Caesars im Bürgerkrieg. Ab 44 v.Chr. Republikaner, Überläufer zu Antonius. Teilnahme am *bellum Perusinum*, 40 v.Chr. Flucht nach Sizilien. 39 v.Chr. Rückkehr nach Rom und Abtretung seiner hochschwangeren Frau Livia an Octavian.

Tiberius Claudius Nero
(42 v. – 37 n.Chr., cos. V ord. 31 n.Chr.; imp. procos. mit Unterbrechungen seit 8 v.Chr., Princeps 14–37 n.Chr.) Sohn des Vorigen, Stiefsohn des Augustus. Langjährige militärische Karriere mit eigenständiger Kommando- und Feldzugserfahrung seit 20 v.Chr. in Armenien, Gallien, in den Alpen und Voralpen, in Pannonien, Dalmatien und Germanien (wiederholt). Ovatio 9 v.Chr., Triumphe 7 v. und 12 n.Chr. Zurückgezogen auf Rhodos und in Ungnade 6 v. – 2 n.Chr., designierter (Mit-)Erbe des Augustus seit 4 n.Chr.

Nero Claudius Drusus
(38–9 v.Chr., cos. ord. 9 v.Chr., imp. procos. seit 10 v.Chr.) Bruder des Tiberius, Oberbefehl des Feldzugs in Rätien 15 v.Chr. und Statthalter in Gallien; 12–9 v.Chr. Operationen in Germanien und dessen Erschließung für eine Provinzialisierung. Drang als erster Römer bis zur Elbe vor.

Nero Claudius Drusus Germanicus
(15 v. – 19 n.Chr., cos. II ord. 18 n.Chr., imp. procos. seit 14 n.Chr.) Sohn des Drusus, bevorzugter Erbe des Augustus in der zweiten Generation. Oberbefehl ab 7 n.Chr. in Illyricum, 11 und 13–17 in Germanien. Germanentriumph 17 n.Chr., 18/19 *imperium proconsulare (maius)* in den östlichen Reichsprovinzen. Vater des späteren Kaisers Caligula, Großvater Neros.

L. Cornelius Balbus
(maior, vor 95 (?) – nach 32 v.Chr., cos. suff. 40 v.Chr.) Geldgeber und Helfer Caesars aus Gades in Spanien, römischer Bürger seit 72 v.Chr., mit Oppius Zentrum seines römisch-italischen Nachrichtennetzes. Wichtiger Unterstützer Octavians in der Frühphase seit 44 v.Chr., erster nicht italischer Konsul überhaupt.

L. Cornelius Balbus
(minor, vor 72 – nach 19 v.Chr., praet. vor 21) Neffe des älteren Balbus. Caesarianer im Bürgerkrieg. 43 – ca. 21 v.Chr. aus der Überlieferung verschollen. Sieg und Triumph 19 v.Chr. – der letzte außerhalb der *domus Caesarum* – über die Garamanten. Erbauer des Balbustheaters in Rom.

C. Cornelius Gallus
(69/68–27/26 v.Chr.) Offizier, Lyriker und literarischer Protégé des Asinius Pollio, ab 39 v.Chr. im Dienst Octavians, Aufstieg in den Ritterstand. 30 v.Chr. Oberkommando der Invasionsarmee in Ägypten, danach erster Präfekt der Provinz. Vorstöße nach Nubien. 27/26 v.Chr. Freundschaftsentzug des Augustus aus dubiosen Gründen, Suizid des Gallus nach Einleitung eines Senatsprozesses.

Cossus Cornelius Lentulus
(ca. 33 v. – nach 36 n.Chr., cos. ord. 1 v.Chr., praef. urbi 33-36), Patrizier und Vertrauter des Tiberius, ca. 6–8 n.Chr. erfolgreiche Feldzüge in Nordafrika.

L. Domitius Ahenobarbus
(ca. 40 (?) v. – 25 n.Chr., cos. ord. 16 v.Chr.) Sohn eines mehrfachen Seitenwechslers im Bürgerkrieg, Gatte der Antonia maior. Statthalter in Africa, Illyricum (6 v. – 1 n.Chr.) und Germanien (1–3, operierte dort schon vorher). Großvater Neros.

Herodes
(I., der Große, ca. 73–4 v.Chr., König von Judäa, Galiläa und Samaria seit 43 v.Chr.), Sohn des Antipatros. Widerstand gegen Rivalen und parthische Einfälle, Seitenwechsel von Antonius zu Octavian 32 v.Chr. Gleichgewichtspolitik zwischen Hellenismus, jüdischer Autonomie, Dynastieinteressen und Klientelstatus.

Q. Horatius Flaccus
(Horaz, 65–8 v.Chr.) Freigelassenensohn aus Venusia, nach 44 v.Chr. Republikaner, Mitkämpfer bei Philippi, enteignet. Nach der Rehabilitation (39? v.Chr.) Schreiber. Förderung durch und Freundschaft zu Maecenas. Nahverhältnis zu Augustus und der politischen Führungsschicht, gleichzeitig Verfechter eines Lebens in Zurückgezogenheit und größter Lyriker.

Iuba
(II., ca. 50 v. – 23 n.Chr., seit 25 v.Chr. König von Mauretanien) In Rom ab 46 v.Chr. als Mündel Caesars und seiner Erben aufgezogen; vielseitig gebildeter, als Historiker, Geograph und Naturforscher tätiger Klientelkönig mit Modellcharakter.

Iulia
(Tochter des Augustus, 39 v. – 14 n.Chr.) Einzige Vermittlerin dynastischer Legitimität in den arrangierten Ehen mit Marcellus, Agrippa und Tiberius; keins ihrer leiblichen Kinder überlebte sie. 2 v.Chr. von Augustus nach Pandateria und später Rhegion verbannt, wo sie nach Tiberius' Herrschaftsantritt ein Opfer ihrer verschärften Haftbedingungen wurde.

Kleopatra Selene
(ca. 40 – ca. 5 v./5 n.Chr., Königin) Tochter von Kleopatra VII. und Marcus Antonius, als Waise ab 30 v.Chr. von Octavia großgezogen, 25–20 v.Chr. Ehe mit Iuba II.; führte am mauretanischen Königshof ein ägyptisches Traditionselement ein.

M. Licinius Crassus
(ca. 60 – nach 27 v.Chr., cos. ord. 30 v.Chr.) Enkel von Crassus dem Reichen, Kampfgefährte des Sextus Pompeius, seit 36 v.Chr. des Antonius. Überläufer zu Octavian kurz vor Actium, erfolgreicher Feldzug als Statthalter von Macedonia 30–28 v. Chr. Triumph über die Bastarner 27 v.Chr., aber um sein Recht auf die *spolia opima* gebracht.

Livia Drusilla
(ab 14 n.Chr. Iulia Augusta, 58 v. – 29 n.Chr.) 38 v.Chr. Scheidung und Heirat mit Octavian unter kritisierten Umständen; wichtigste Beraterin des Princeps und Stütze seiner dynastischen Politik, Mittelpunkt des ersten kaiserzeitlichen „Matronage"-Netzes aus Vertrauten und geförderten Aufsteigern. Ab 14 n.Chr. in politisch-sakraler Rolle als Hüterin des Augustus, dadurch wiederholt im Konflikt mit ihrem Sohn Tiberius.

T. Livius
(64/59 (?) v. – 12/17 (?) n.Chr.) Privatgelehrter aus Patavium (Padua), schrieb sein monumental-staatstragendes Geschichtswerk *Ab urbe condita*

(bis 9 n. Chr. und aus zunehmend augusteischer Perspektive) unter jahrzehntelanger Förderung des Augustus.

C. (Cilnius) Maecenas
(ca. 70–8 v. Chr.) Vertrauter und schwerreicher Geldgeber des jungen Octavian mit etruskischen Wurzeln. Wiederholte Übernahme diplomatischer Missionen und der De-facto-Statthalterschaft in Rom und Italien während der Bürgerkriege, ohne je zum Senator aufzusteigen. Durch Finanzkenntnis und Beziehungen einer der mächtigsten Helfer des Augustus. Förderer der Literatur (u. a. Vergil, Horaz, Properz, Varius Rufus) mit provokant luxuriösem Lebensstil; die letzten Lebensjahre verbrachte er zurückgezogen.

L. Munatius Plancus
(vor ca. 79 v. – ca. 15 v. Chr., cens. 22) Legat Caesars seit dem Gallischen Krieg, 44–42 v. Chr. als Statthalter der Gallia Comata Schlingerkurs zwischen den Konfliktparteien. Anschluss an Antonius. Statthalter in Asia und Syria 40–34 v. Chr., wiederholte Niederlagen und zweideutige Manöver. 32 v. Chr. Überläufer zu Octavian, für den er den Augustustitel beantragen durfte. Gilt als Prototyp des „Höflings" und Karrieristen in allen Lagern.

Octavia
(minor, Schwester des Augustus, 69–11/10 v. Chr.) Mutter des Marcellus aus erster Ehe, später 40–32 v. Chr. Frau des Antonius und wiederholt ausgleichende Kraft zwischen den Triumvirn, dann ehelose zweite Dame der Dynastie neben Livia. Beliebte und wichtige Figur im sozialen Beziehungsgeflecht Roms, vor allem als „Prinzenerzieherin" und Patronin.

C. Oppius
(vor ca. 80 v. – nach 43/32 (?) v. Chr.) Spionagechef Caesars in Gallien, ab 54 v. Chr. sein Auge in Rom; mit Cornelius Balbus wiederholt in einer inoffiziellen Stellvertreterrolle. 44/43 v. Chr. einer der frühesten und wichtigsten Berater Octavians in der Umbruchzeit.

P. Ovidius Naso
(Ovid, 43 v. – 17 (?) n. Chr.) Von Messalla Corvinus geförderter Vertreter der jüngeren augusteischen Literatengeneration. Sein umfangreiches, teils dosiert provokantes Werk schließt die Aneignung der hellenistischen Form- und Qualitätsvorgaben ab. 8 n. Chr. von Augustus unter undurchsichtigen Umständen nach Tomi (Constanţa) verbannt.

C. Proculeius
(vor 56 v. – nach 23 v. Chr.) Verwandter führender Senatoren und römischer Ritter. Seit spätestens 36 v. Chr. in Octavians Umgebung, 31 v. Chr. mit Kommando bei Actium und 30 v. Chr. als Chefunterhändler mit Kleopatra. Als Ehekandidat für Iulia gehandelt und wegen seines Einflusses bei Augustus angefeindet.

Sex. (Aurelius?) Propertius
(Properz, ca. 48 v. – ca. 16./1 v. Chr.) Wohlhabender, von den Enteignungen der Triumvirn betroffener Sohn einer Ritterfamilie aus Umbrien im Umfeld des Maecenas. Seine zwischen ca. 28 und 16 v. Chr. erschienene Liebeslyrik integriert einzelne zeithistorische Anspielungen.

P. Quinctilius Varus
(47/46 v. – 9 n. Chr., cos. ord. 13 v. Chr.) Angeheirateter Verwandter des Kaiserhauses mit früh beginnender Militärkarriere. Statthalter in Africa, Syrien und (7–9 n. Chr.) Germanien. Nach der Vernichtung seiner Armee durch Arminius zum Alleinschuldigen gestempelt.

C. Sallustius Crispus
(ca. 50 v. – 20 n. Chr.) Großneffe Sallusts des Historikers, enger Freund des Augustus und wichtiger Berater seit ca. 5 v. Chr., liquidierte 14 n. Chr. Agrippa Postumus.

Q. Salvidienus Rufus Salvius
(ca. 65–40 v. Chr., cos.des. 39 v. Chr.) Begleiter Octavians seit 44 v. Chr., Flottenpräfekt 42 v. Chr. und Akteur im *bellum Perusinum* 41 v. Chr. Zum Konsulat ohne vorheriges Senatsamt bestimmt, nach Denunziation durch Antonius vermutlich von Octavian hingerichtet.

T. Statilius Taurus
(vor 60 – nach 10 v. Chr., cos. II ord. 26, praef. urbi 16–10) Offizier Octavians, Statthalter in Africa, Befehlshaber der Landarmee bei Actium, Feldherr im Kantabrerkrieg, Erbauer des ersten permanenten Amphitheaters in Rom.

Scribonia
(ca. 66 v. – 16 n. Chr.) Verheiratet mit zwei Cornelii und seit 40 v. Chr. mit Octavian. Am Tag nach der Geburt ihrer Tochter Iulia von Octavian zugunsten Livias über die Scheidung informiert; begleitete Iulia 2 v. Chr. aus freien Stücken in die Verbannung.

M. Terentius Varro
(116–27 v. Chr., praet. ca. 68) Universalgelehrter, Freund und Offizier des Pompeius. Von Caesar begnadigt, von Antonius 43 v. Chr. proskribiert, von Octavian wieder begnadigt. Freund Ciceros. Varros riesiges Schriftencorpus lieferte die Möglichkeit zur augusteischen Aneignung vergessener römischer Traditionen.

A. Terentius Varro Murena
(†24/23 v. Chr., cos. des. 23) Sieger über die Salasser und Eroberer des Aostatals 25 v. Chr., Schwager des Maecenas und Halbbruder des Proculeius. Problematisch ist die Identifikation mit Murena, dem Verschwörer gegen Augustus.

M. Valerius Messalla Corvinus (ca. 64 v. – ca. 8 n. Chr., cos. suff. 31) Proskribierter, nach Philippi Anhänger des Antonius, dann Octavians. Statthalter zahlreicher Provinzen, Triumph über aquitanische Aufständische 27. Beantragte 2 v. Chr. den Titel *pater patriae* für seinen engen Freund Augustus. Autor und Literaturförderer, Spender für Bauten und Infrastrukturmaßnahmen.

P. Vedius Pollio
(† 15 v. Chr.) Freigelassener, später römischer Ritter. Angefeindeter Finanzexperte und Freund des Augustus, der sich als sein Erbe postum auf Pollios Kosten profilierte. Sein holzschnittartiges Bild folgt dem Klischee des grausamen Exsklaven.

P. Ventidius (Bassus) P. f.
(vor 89 v. – vor 32 v. Chr., cos. suff. 43 v. Chr.) Zulieferer und Offizier Caesars seit dem Gallischen Krieg. Anhänger des Antonius, Feldherr im *bellum Perusinum* 41 v. Chr.; befreite die Ostprovinzen 39/38 v. Chr. von der parthischen Invasion. Triumphzug 38 v. Chr. nach Ablösung durch den eifersüchtigen Antonius.

P. Vergilius Maro
(Vergil, 70–19 v. Chr.) Bäuerliches, rhetorisch gebildetes Enteignungsopfer der Triumvirn aus Mantua. Seit ca. 40 v. Chr. in Neapel ansässig, Freund zahlreicher Dichter in Rom, von Maecenas protegiert. Als römischer Homer und anerkannter Höhepunkt der lateinischen Literatur integrierte er das Lob von Octavian-Augustus an zentralen Stellen in sein Werk, dessen Charakter als ‚Regimekunst' heftig umstritten ist.

M. Vinicius
(ca. 55 v. – nach 4 n. Chr., cos. suff. 19 v. Chr.) Aufsteiger in den Senat, durchlief eine lange Militär- und Verwaltungskarriere. 14–8 v. Chr. Kommandos in Pannonien und Illyricum, 1–3/4 n. Chr. Statthalter in Germanien.

M. Vipsanius Agrippa
(64/63–12 v. Chr., cos. III ord. 27 v. Chr., imp. procos. ab 23 v. Chr., trib. pot. ab 18 v. Chr.) Engster Freund Octavians, seit 41 v. Chr. in Kommandopositionen belegt. Führender Caesarianer in Marineoperationen, Sieger bei Naulochos 36 v. Chr. und Actium 31 v. Chr. Langjähriger Feldherr und Statthalter in Spanien, Gallien und den Ostprovinzen; Initiator und Finanzier umfangreicher Bauprogramme in Rom. Seit 23 v. Chr. absehbarer Nachfolger des Augustus, seit 21 v. Chr. sein Schwiegersohn.

Register

Kursive Seitenzahlen verweisen auf Abbildungen bzw. Bildlegenden.

Stammbaum der frühe

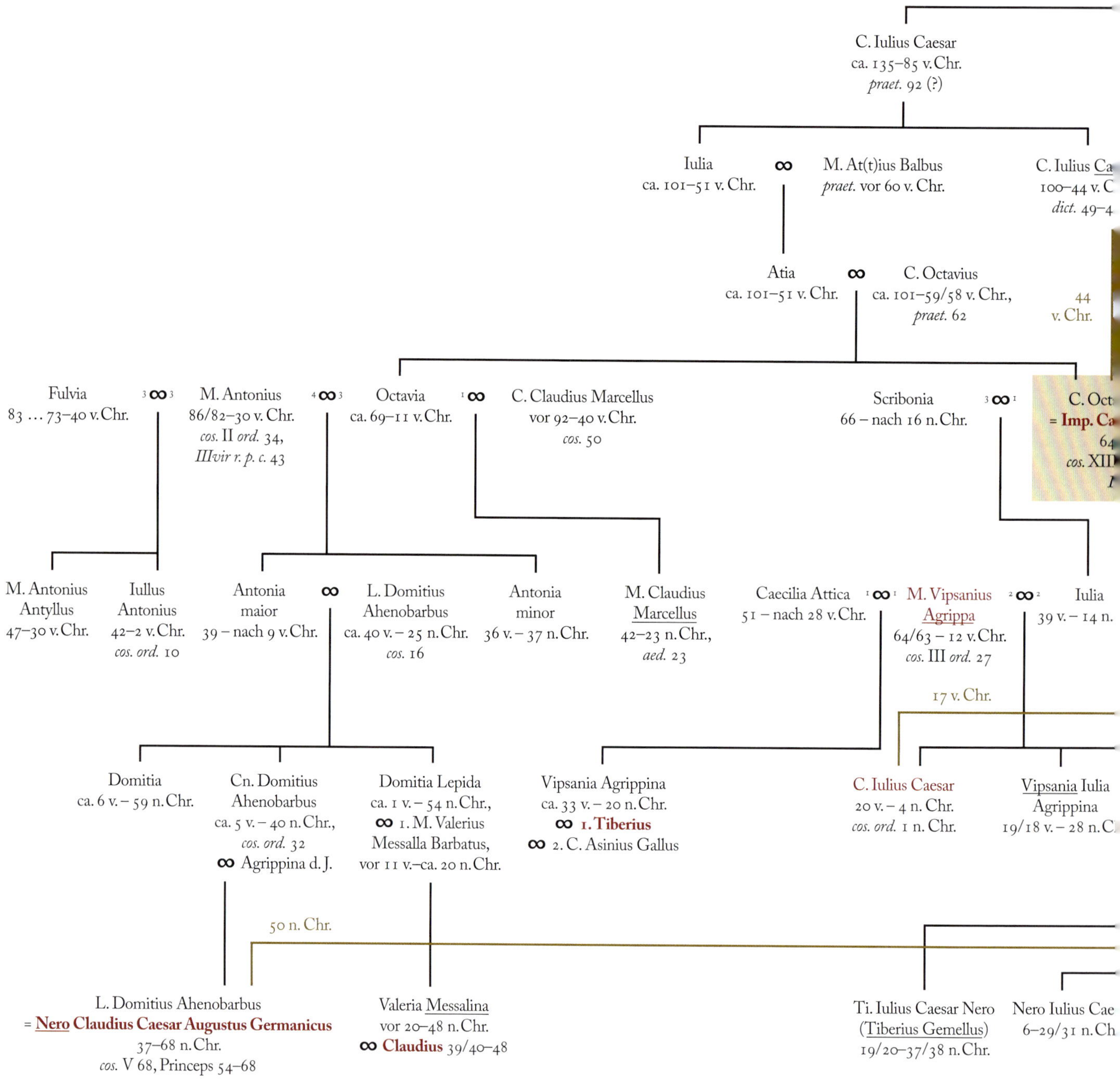

Gold: Adoption (mit Jahreszahl)
Rot: Inhaber von Teilen der Kaisergewalt. **Zusätzlich fett: Kaiser**
Die Namenselemente, unter denen eine Person allgemein geläufig ist, sind unterstrichen. Die Nachfahren aus den Seitenlinien der *domus Caesarum* und früh verstorbene Kinder erscheinen nur in Auswahl

Hochgestellte Zahlen neben dem Ehesymbol Verheirateter (¹ ∞ ³) geben die laufende Nummer der betreffenden Ehe an und beziehen sich jeweils auf die Person, auf deren Seite sie steht. So ist z. B. Fulvia in 3. Ehe mit M. Antonius verheiratet, für den dies ebenfalls die 3. Ehe ist. In seiner 4. Ehe war er mit Octavia verheiratet. Mehrfachehen sind nicht in allen Fällen vollständig aufgeführt.

lisch-claudischen Dynastie

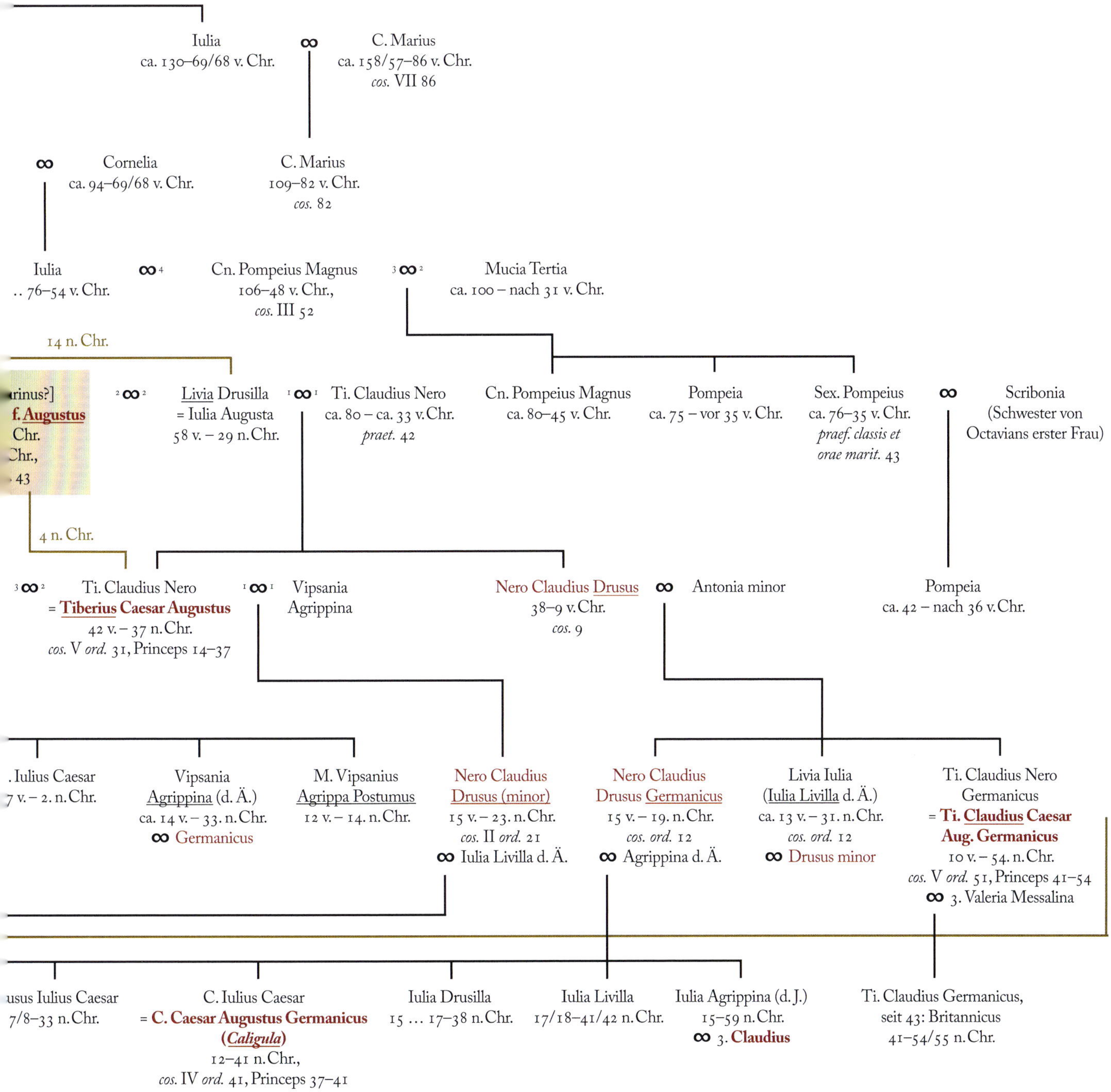

Abkürzungen

cos.	Konsul	*IIIvir r. p. c.*	Triumvir zur Wiederherstellung der Republik
cos. ord.	*consul ordinarius*	*dict.*	Dictator
praet.	Prätor	*praef. classis et orae marit.*	
aed.	Aedil		Präfekt der Flotte und der Meeresküste

Das Imperium Romanum beim Tod des Augustus (14 n. Chr.)

Bosporanisches Reich
Mare Caspium
Troesmis
mium
Roxolanen (Geten)
Tomis
inacium
Pontus Euxinus
Colchis
Iberien
Albanien
Danuvius
Oescus
Novae
Moesia
12 v. Chr.
Serdica
Sinope
Artagira
Artaxata
Bithynia
Pontus
Armenia
Thracia
Satala
Byzantium
Nicopolis
Philippi
Nicomedia
hachium
Macedonia
Ancyra
llonia
Thessalonice
Sophene
Cyzicus
Cappadocia
Melitene
Ilion
Asia
Caesarea
Assyria
irus
Lesbos
Pergamum
Samosata
copolis
Pharsalus
Commagene
Actium
Mare Aegaeum
Galatia
25 v. Chr.
PARTHERREICH
Smyrna
Ephesus
Tarsus
Osrhoëne
Corinthus
Athenae
Pamphylia
Antiochia
Tigris
Achaia
Cilicia
Sparta
Lycia
Dura Europos
Seleucia
Ctesiphon
Rhodos
Syria
Euphrat
Cyprus
Creta
Cnossus
Damascus
Tetrachien der Herodes-Erben
Mare Internum
Judaea
Caesarea
Sebaste (Samaria)
Hierosolyma
lemais
Cyrene
Gaza
6 n. Chr.
Berenice
Alexandria
NABATÄERREICH
CYRENE
Memphis
Araber
AEGYPTUS
30 v. Chr.
Nilus
Rotes Meer
0
100
200
300
400
500 km

Die Reisen des Augustus

Mare Caspium
Bosporanisches Reich
Pontus Euxinus
Colchis
Iberien
Albanien
Troesmis
Tomis
Roxolanen (Geten)
Danuvius
Oescus
Novae
Moesia
Serdica
Thracia
Sinope
Bithynia
Pontus
Artagira
Artaxata
Armenia
Byzantium
Nicomedia
Nicopolis
Philippi
Thessalonice
Ancyra
Sophene
Cyzicus
Cappadocia
Melitene
Ilion
Asia
Caesarea
Assyria
Lesbos
Pergamum
Pharsalus
Actium
Mare Aegaeum
Smyrna
Ephesus
Galatia
Commagene
PARTHERREICH
Corinthus
Athenae
Pamphylia
Tarsus
Osrhoëne
Achaia
Sparta
Samos
31/30
30/29
21/20
20/19
Lycia
Cilicia
Antiochia
Rhodos
Syria
Tigris
Dura Europos
Seleucia
Ctesiphon
Euphrat
Cyprus
Creta
Cnossus
Damascus
Mare Internum
Judaea
Caesarea
Sebaste (Samaria)
Hierosolyma
Gaza
Cyrene
Berenice
CYRENE
Alexandria
NABATÄERREICH
Memphis
AEGYPTUS
Araber
Nilus
Rotes Meer
0 100 200 300 400 500 km

Bildnachweis

Nach Bildnummern: 1, 2: akg-images/Erich Lessing; 3: akg-images; 4: coinarchives; 5, 6: akg/De Agostini Pict. Lib.; 7: akg-images; 8: World History Archive /IAM/akg; 9: akg/De Agostini Pict. Lib.; 10: akg-images/Peter Connolly; 11: wikimedia commons; 12: coinarchives; 13: IAM/akg; 14: akg-images/Nimatallah; 15: coinarchives; 16: coinarchives; 17: akg-images/Erich Lessing; 18: Pitt Koch (Bildanfragen an: info@dantesitalien.de); 19: coinarchives; 20: wikimedia commons; 21: coinarchives; 22: coinarchives; 23: wikimedia commons; 24: coinarchives; 25: akg-images/Gilles Mermet; 26: akg-images; 27: coinarchives; 28: akg-images/Erich Lessing; 29: akg/De Agostini Pict. Lib.; 30: akg-images/Nimatallah; 31: akg-images; 32, 33: Michael Larvey; 34: akg/Bildarchiv Steffens; 35, 36: akg/De Agostini Pict. Lib.; 37: nach: John R. Clarke, Roma antiqua, Darmstadt 2009; 38: coinarchives; 39: coinarchives; 40: coinarchives; 41: wikimedia commons; 42: picture alliance/Arco Images; 43: nach Karl-Wilhelm Weeber: Luxus im alten Rom. Die Schwelgerei, das süße Gift …, Darmstadt ^{2}2009; 44: wikimedia commons; 45: akg-images/Peter Connolly; 46: Michael Larvey; 47, 48: akg/De Agostini Pict. Lib.; 49, 50: Michael Larvey; 51: akg/De Agostini Pict. Lib.; 52: bpk/Münzkabinett, SMB; 53: wikimedia commons; 54: akg-images/Electa; 55: akg-images/Peter Connolly; 56: Karl-Wilhelm Weeber: Luxus im alten Rom. Die Schwelgerei, das süße Gift …, Darmstadt ^{2}2009; 57: wikimedia commons; 58: akg-images; 59: wikimedia commons; 60: coinarchives; 61: wikimedia commons; 62: picture alliance/CHROMORANGE; 63: akg-images/Manuel Cohen; 64: wikimedia commons; 65: picture alliance/CHROMORANGE; 66: akg-images/Nimatallah; 67: coinarchives; 68: coinarchives; 69: coinarchives; 70: wikimedia commons; 71: akg-images/Erich Lessing; 72: akg-images/Peter Connolly; 73: wikimedia commons; 74 coinarchives; 75: akg-images/Erich Lessing; 76: nach: Philip Matyszak, Legionär in der römischen Armee. Der ultimative Karriereführer, Darmstadt ^{2}2011; 77: bpk/Münzkabinett, SMB/Dirk Sonnenwald; 78: coinarchives; 79: Hervé Champollion/akg-images; 80: nach: Krieg und Frieden. Kelten – Römer – Germanen, Ausstellungskatalog, Bonn/Darmstadt 2007; 81: wikimedia commons; 82, 83: nach: Krieg und Frieden. Kelten – Römer – Germanen, Ausstellungskatalog, Bonn/Darmstadt 2007; 84: A. Thünker, DGPh; 85: akg-images/Erich Lessing; 86: akg/De Agostini Pict. Lib.; 87: wikimedia commons; 88: coinarchives; 89: akg-images/Gilles Mermet; 90: wikimedia commons; 91: coinarchives; 92, 93: wikimedia commons; 94: Album/Oronoz/AKG; 95: akg/De Agostini Pict. Lib.; 96, 97: wikimedia commons; 98: picture alliance/John Ross/Robert Harding; 99: coinarchives; 100: coinarchives; 101: coinarchives; 102: wikimedia commons; 103: akg-images

Karten auf S. 156/157 und 158/159:
Peter Palm, Berlin